R2012a

MATLAB® & SIMULINK®

STUDENT VERSION

MATLAB & Simulink
Student Version Software 포함

ALSO INCLUDES:

- Control System Toolbox™
- DSP System Toolbox™
- Image Processing Toolbox™
- Optimization Toolbox™
- Signal Processing Toolbox™
- Simulink Control Design™
- Statistics Toolbox™
- Symbolic Math Toolbox™

MATLAB & Simulink 입문

A-JIN 도서출판 아진

MathWorks®
Accelerating the pace of engineering and science

MATLAB® & SIMULINK®

학생용 버전 판매

가격 55,000원

본 MATLAB® & Simulink® 학생용 버전은 대학 및 대학원 과정의 학생들이 개인 용도로 사용 시에만 구매 가능합니다.
학교 연구용, 교육용으로는 사용이 불가능합니다.

구매 시 학생증 사본을 제출해 주세요.

도서출판 아진 A-JIN

- 판매처 : 도서출판 아진 02)737-0663
- 구매처 : 구내서점
- A/S 및 설치문의 : www.ajin.to

MathWorks

R2012

MATLAB® 을 활용한

의사결정

이 재길 저

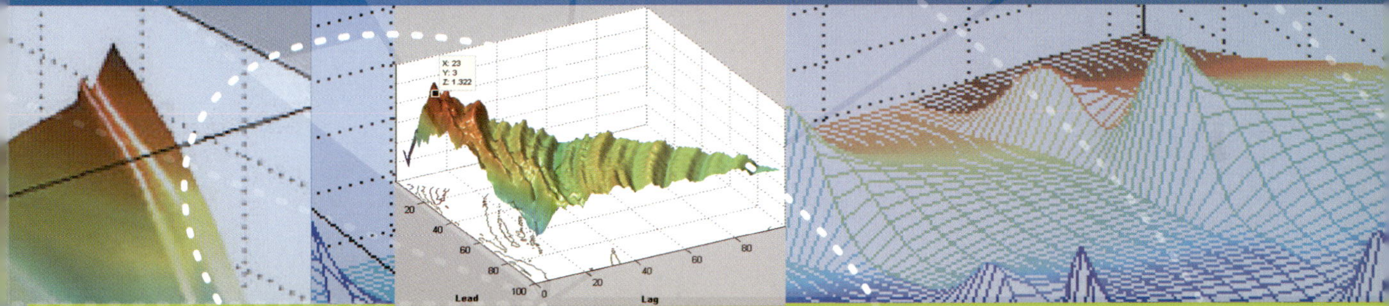

MATLAB Recipes for Decision Making

- Linear Programming
- Quadric Programming
- Non-Linear Programming
- DEA
- PERT/CPM
- Demand Estimation
- AHP
- Markov Process
- Integer Programming
- Goal Programming
- Transportation Model
- Network Analysis
- Inventory Analysis
- Game Theory
- ANP
- Simulation

A-JIN 도서출판 아진

"내가 가는 길을 그가 아시나니 그가 나를 단련하신 후에는 내가 순금 같이 되어 나오리라 (욥23 : 10)"

머리말

컴퓨터 매뉴얼 같은 책에 웬 머리말 ? - - 그래도 한마디 하려고 합니다.

헤밍웨이의 "킬리만자로의 표범 : The Snows of Kilimanraro"은 이렇게 시작됩니다. "킬리만자로의 높이는 19,710 피트, 눈에 뒤덮인 산으로 아프리카 대륙의 최고봉이라 한다. 서쪽 봉우리는 마사이어로 '누가예누가이', 즉 '신의 집'이라 불리어지고 있는데, 이 봉우리 가까이에는 말라 얼어붙은 한 마리의 표범 시체가 놓여있다. 도대체 그 높은 곳에서 표범은 무엇을 찾고 있었는지 설명해 주는 사람은 아무도 없었다"

2012년, 어느 조그만 산의 중턱에는 상처입은 짐승 한 마리가 겨우 숨을 쉬며, 그늘에 엎드려 3년째 꼼짝않고 있었다고 합니다. 처음에는 많은 동료들이 걱정하였지만, 마지막에는 홀로 남겨졌다고 합니다. 어느 날, 예전에 알았던 어린 동료 두 마리가 찾아와, 한 나절을 보내고 떠났다고 합니다. 그날 밤, 상처깊은 짐승은 자리를 털고 일어나 현기증나는 몸을 이끌고 다시 길을 나섰다고 합니다. 그 상처깊은 짐승이 왜-, 무엇 때문에-, 무엇을 찾아서-, 다시 길을 떠났는지 설명해 주는 것은 아무것도 없었다고 합니다.

"의사결정" - 사막의 태양처럼, 피도 눈물도 없는 불모지대의 사상이라 생각하였지만, 인생사 절반이 계량적이기에 피할 수 없는 분야라 여겨져, 배우고 각종 기법을 연마하였습니다. 인위적인 변수를 동원하고, 복잡한 알고리즘을 구상하여도, 결국은 목적함수를 위한 몸부림인 것을 . . 상황이 바뀌고 제약조건이 바뀌면, 기존의 최적해는 헌신짝처럼 버려지고, 소중했던 자원의 가치마저 급격히 변하고 마는 . . 풀 한포기 나지 않는 불모의 사상 . . 그 상대적 가치관에 멀미를 느껴, 절대적인 자유와 변하지 않는 실상을 향하여 벽에 머리를 박아보았지만 남는 것은 이마의 퍼런 멍뿐이었습니다. 결국, 불확실하며 급변하는 현실상황 속에서, 냉철하게 분석하고 합리적인 의사결정을 위한 방안이 아직은 쓸모가 있다는 생각에, 그동안 강의하면서 기록한 노트를 정리하여 이 책을 꾸며 보았습니다. 특히, 보다 쉽고 편하게 각종기법을 응용하기 위한 MATLAB을 활용하는 방법을 중심으로 정리하였습니다.

MATLAB®을 처음 접하면서, 생소함과 막연한 어려움이 있었습니다. 그동안 습득하였던 Fortran, C, Visual Basic 등과는 다른 체계이었고, 광범위한 적용범위에 당혹하였던 적이

많았습니다. 그러나 MATLAB은 접근하기 어려운 프로그래밍 언어가 아니었고, 점차 익숙해지면서 현재 이공계 중심의 분석에 쓰이고 있지만, 의사결정을 비롯한 사회과학 분야에서도 활용성이 높을 것이라는 판단이 들었습니다. 그동안 프로그래밍의 한계에 부딪혀 어려움을 겪는 후배들에게 작은 도움이 되었으면 하는 바람으로 책을 꾸며보았습니다.

세상은 인간의 이상적인 생각을 적용시켜 헌집 수리하듯 그렇게 될 수 있는 대상이 아니며, 감성이나 의리, 도덕적 당위성 같은 단일의 가치관에 따른 의사결정으로 모든 것을 복종시키는 기계는 아닐 것입니다. 하나의 가치관이 다른 가치관을 압도하고, 자유가 자유를 억압하는 현실에서, 기존 선배들이 연구하였던 제반기법을 중심으로, 객관적이며 수리적인 분석의 틀을 가지고 사고의 한계를 넓히고자 합니다. 이 책에서의 모든 오류는 저의 오류이며, 어떠한 지적도 달게 수용하겠습니다. 많은 지도와 편달을 부탁드립니다.

그 동안 살아오면서 인생에서 가장 소중한 것은 무엇인가 하는 생각을 하였던 적이 있습니다. 오래 살지는 않았지만, 제 생각으로는 삶에서 가장 소중한 것은 돈이 아니요- 권력도 아니요- 명예도 아니요- 사람이 제일 소중하다는 생각을 하였습니다. 서진옥, 정재학, 조지현, 김지은, 고인호, 이상현, 이경일, 민웅지, 박선 등 젊은 세대 여러분들에게 작은 도움이 되었으면 합니다.

논어에서, "지나간 학문만을 골똘히 공부하고 새 시대를 알지 못하면, 그 학문은 맹목이며, 시대를 알기위해 부단히 사색하되 경험적 학문의 구축이 없으면 그 사색은 공허하다"고 적혀 있습니다. 이 책에서 다루는 대부분이 새로운 것이 아니며, 기존의 기법들을 MATLAB이라는 프로그램에 응용한 것입니다. 향후, 맹목적이지 않으면서 공허하지 않은, 새로운 의사결정 기법들의 창조적 발전을 꿈꾸며 머리말을 마칩니다.

"人間自有充天氣, 不向先人行不行 : 인간으로 태어났다는 사실은 자신 스스로 우주 기운이 몸에 충만한 것이다. 선배가 갔던 길을 바라보며 그 것에 집착하지 말고, 선배들이 가지않은 그 길을 개척하라."

(우면산 기슭에서)　　　이 재 길

목 차

PART III

APPENDIX

PART I

우리의 일상생활은 의식적이건, 무의식적이건 의사결정의 연속이다.
1부는 계량적 의사결정의 서론에 해당되는 내용을 중심으로 구성하였다.
의사결정은 무엇이며, 어떠한 특성이 있으며, 절차는 어떠한지 검토한다.
그리고, 불확실한 상황에서 합리적인 의사결정을 위한 방안을 살펴본다.
아울러, 이공계를 중심으로 널리 쓰이는 MATLAB®의 개요를 살펴본다.

CHAPTER 1

의사결정

1.1 의사결정 문제

일상생활을 영위하기 위한 제반행동은 호흡과 같이 무의식적인 행동을 제외하면, 의사결정의 연속이라고 하여도 과언은 아니다. 행동은 목적을 수반하며, 목적을 달성하기 위한 방안이 하나밖에 없는 경우, 행동을 취할 것인가, 아닌가의 의사결정을 하게 된다. 목적을 달성하기 위한 방안이 복수인 경우, 어떠한 방안을 선택할 것인가, 그리고 어떠한 행동을 취할 것인가의 보다 복잡한 의사결정을 하게 된다. 이와 같이, 의사결정은 행동과 관련한 제반사항을 체계적으로 분석, 검토하여 최선의 방안을 선택하는 과정에 관한 것이다.

행동에 따른 결과가 중요하지 않을 경우, 의사결정은 쉽게 이루어지지만, 그렇지 않을 경우, 복잡한 의사결정 과정을 거치게 된다. 예를 들어, 주택을 구입할 경우, 주택의 규모, 가격, 형태, 좌향, 건축년도, 시설 노후도, 주변지역의 자연환경, 교육환경, 교통시설 접근성, 판매시설 접근도 등 의사결정을 위한 다양한 정보가 필요하며 이를 토대로 합리적인 의사결정을 위한 노력이 필요할 것이다. 그리고 의사결정의 결과가 개인적 차원을 넘어서 사회적 차원으로 확대될 경우, 의사결정은 직관적이며 주관적인 방법보다 과학적이며 객관적인 방법이 요구될 것이다.

경영과학, 사회과학 등의 관련분야에서는 과거의 직관적이며 주관적인 방법에서 벗어나, 과학적이며 체계적인 접근방법으로 최적의 합리적인 의사결정을 위한 다양한 방법을 제안하고 있다. 특히, 컴퓨터 기술의 발달에 따라 수리적, 통계적인 접근방법을 토대로 불확실하면서도 다양한 현실적 상황에 대한 과학적인 분석과 제한된 조건에서의 과학적, 객관적인 의사결정이 가능하도록 도움을 주고 있다.

이 책은 의사결정자가 합리적인 의사결정을 하도록 도움을 주기 위하여 당면한 문제에 대한 분석기법을 소개하고, 예제를 통하여 당면문제 해결의 제반방법을 살펴본다. 특히, 최근 그 적용성에 대하여 여러 분야에서 활용가치가 높아지고 있는 MATLAB을 이용하여 보다 쉽고 빠르게 문제해결 방안을 구상하고자 한다. 이 책에서는 MATLAB 활용을 중심으로 의사결정 방법들을 살펴보았기에, 의사결정 기법들의 알고리즘 등 심층적이며 분석적인 내용을 다루지는 못했다. 이에 대해서는 관련서적 등을 참조하여 주기 바란다.

1.2 의사결정의 종류

의사결정은 의사결정의 주체, 의사결정의 대상, 분석을 위한 접근방법 등에 따라 다양하게 구분될 수 있다. 이 책에서는 의사결정의 종류를 크게 기술적 의사결정, 규범적 의사결정을 구분하여 그 특성을 간략히 요약한다.

가. 기술적 의사결정론 (Descriptive Decision Theory)

기술적 의사결정론은 조직의 의사결정 과정을 분석, 기술하여 이를 이론화하는 접근방법론이다. 기술적 의사결정은 조직이론, 기업행동이론 등으로 발전되었으며, 규범적 의사결정론에 대응되는 개념이다. 기술적 의사결정론에 따른 분석모형은 마르코프 연쇄모형, 대기행렬모형, 모의실험 등이 있으며, 그 특징은 다음과 같이 요약된다.

(1) 조직 내에서 인간이 의사결정을 어떻게 하는 가를 기술, 분석하는 방법이다. 규범적 의사결정론은 목적 달성을 위해 최적의 대안선택을 규범으로 제공하지만, 생산량, 신제품 개발 등의 결정은 조직 내의 사람이 결정하는 것이므로, 의사결정에 영향을 주는 조직구조, 정보체계, 동기부여 등을 연구대상으로 수행한다.

(2) 조직의 의사결정을 분석, 기술하는 과정지향적 접근방법으로, 다음과 같이 구분된다.
첫째, 문제발견 과정이다. 중요한 현실문제가 소홀히 다루어져 의사결정이 늦어질 경우, 문제가 확대될 우려가 있기에, 문제발견 과정은 기술적 의사결정의 분석대상이 된다.
둘째, 문제해결의 대안 구축과정이다. 실현가능한 모든 대안이 처음부터 구상되고 산정될 수 없는 것이기에, 대안 구축을 위한 정보수집, 분석과정은 기술적 의사결정의 분석대상이 된다.
셋째, 대안의 평가과정이다. 규범적 의사결정론은 대안의 실행결과를 가정하여, 최선의 실행결과를 대안으로 선택한다. 그러나 현실적으로는 대안의 실행결과는 불확실하며, 이러한 불확실한 상황에서의 대안 평가과정은 기술적 의사결정의 분석대상이 된다.

(3) 의사결정은 사람에 의하여 결정되기에, 의사결정에 있어서 인간행동을 과학적으로 분석하려는 것이다. 최적화 원리를 중심으로 수행되는 규범적 의사결정론과는 달리 만족화 원리, 문제지향적 분석, 정보의 순환, 불확실성 회피, 위기관리 등의 의사결정 방법을 구상한다.

나. 규범적 의사결정론 (Normative Decision Theory)

규범적 의사결정은 불확실한 상황에서 실천적인 선택원리를 추구하려는 이론으로서, 경영과학과 사회과학 등을 중심으로 많은 연구가 진행되어 왔다. 규범적 의사결정론에서 규범은 윤리적인 의미의 규범이 아니라, 의사결정에 의하여 목적을 최선으로 달성하기 위하여 대안을 선택하는 실천적인 의미로서의 규범이다. 규범적 의사결정론은 기술적 의사결정론에 대응되는 개념으로서, 이를 적용하는 모형으로는 선형계획모형, 정수계획모형, 이차계획모형을 비롯한 비선형계획모형, 네트워크 모형, 목표계획모형 등이 있으며, 그 특징을 요약하면 다음과 같다.

(1) 규범적 의사결정론은 결과지향적 접근방법이다. 기술적 의사결정론은 과정지향적인 접근방법인데 비하여, 규범적 의사결정론은 대안의 실행결과를 정확하게 파악할 수는 없지만, 어느 정도 확실하게 파악할 수 있다는 가정 하에서, 단일의 목적, 또는 복수의 목적을 달성하기 위하여 최선의 대안이 무엇인가를 선택하는 접근방법이다. 이와같이 규범적 의사결정론은 목적 달성을 위하여 제한된 범위내에서 최선의 대안을 선택하는 선택기준과 선택방안을 규범으로 설정하는 접근방법론이다.

(2) 규범적 의사결정론은 목적을 최선으로 달성하기 위한 최적의 대안을 도출할 수 있는 알고리즘 중심의 접근방법이다. 즉, 규범적 의사결정론은 최적화 원리에 의거하여 일련의 수학적 계산절차에 따라 제반 의사결정 과정을 수행한다. 다시 말해서, 목적달성을 위하여 한정된 제약 조건하에서 최선의 대안을 탐색하는 체계적이며 일정한 산정기준, 수리적이며 반복적인 계산절차 등을 과학적, 체계적, 수리적, 통계적으로 구성한 고유의 산정과정인 알고리즘을 중심으로 문제를 해결하려는 접근방법론이다.

이 책에서는 앞에서 기술한 기술적 의사결정론 보다는 규범적 의사결정론에 기반을 두는 제반 의사결정 기법을 중점적으로 검토하였다. 특히 수리적인 계산방안을 중심으로 한 알고리즘에 대해서는 MATLAB의 다양한 함수를 활용하는 기법을 중심으로 구성하였다. 이 책에서 다루지 못한 기술적 의사결정론을 비롯한 알고리즘 등의 구체적인 내용에 대해서는 관련문헌 등을 참조하여주기 바란다.

1.3 의사결정 과정

의사결정 과정은 의사결정의 분석대상이나 의사결정의 주체, 그리고 이를 연구하는 연구자 등에 따라 4단계에서부터 7단계에 이르기까지 다양하게 구분된다.

이 책에서는 의사결정 과정을 개략적으로 다음과 같이 5단계로 구분하였다. 합리적인 의사결정을 위하여 고안되는 기법들은 5단계 과정 중에서 4단계 과정에서 필요한 방안들로서, 한정된 자원의 제약 속에서 단일의 목적, 또는 복수의 목적을 위하여 최적의 대안을 선정하는 다양한 방안들로 구성된다. 그리고 의사결정 기법에는 고유의 수학적 산정절차로 구성되는 알고리즘을 필요로 하는데, 이 책에서는 의사결정론, 알고리즘 등에 대한 논의와 분석보다는 MATLAB을 활용하는 의사결정 기법을 중심으로 수행하였다.

1단계 : **문제와 상황의 인식 및 단계**

다양하면서도 복잡한 현실의 문제를 인식하고, 상황을 객관적이며 과학적인 접근방법으로 분석하는 단계이다.

2단계 : **정보, 자료 수집단계**

당면한 현실의 문제와 관련된 제반정보 및 자료를 광범위하고 체계적으로 수집하고 분석하는 단계이다.

3단계 : **목적, 대안 설정단계**

현재 당면한 현실의 문제, 또는 장래 예상되는 문제의 해결을 위하여 지향해야 할 목적과 이를 달성하기 위한 대안을 설정하는 단계이다.

4단계 : **최적대안 선정단계**

단수 또는 복수의 목적을 최선으로 달성하기 위하여 한정된 자원의 제약 속에서 최적의(최대화, 또는 최소화 등) 대안을 선정하는 과정이다. 이에대해서는 최적화 기법을 비롯하여 통계적, 수리적 제반기법 등이 고려된다. 이 책에서는 중점적으로 이에대해 살펴본다.

5단계 : **최적대안 실행단계**

최적대안의 실행에 따른 실제적인 방안을 구축하는 단계이다.

1.4 의사결정론 모형

의사결정론을 위한 제반기법들은 분석모형에 의거하여 고유의 산정과정을 거치게 되는데, 분석모형은 그 특성에 따라 다음의 표와 같이 구분된다. 이 책에서는 분석모형의 구축과 그 접근방법을 다음의 절차로 구분하였다.

- **결정변수** : 목적을 달성하기 위하여 결정되어야 하는 변수로서, 체계의 목적과 제약조건의 관계에서 설정한다.
- **목적함수** : 의사결정 대상이 되는 체계의 목적을 단일 또는 복수로 설정하고, 이를 함수의 형태로서 구성한다.
- **제약조건** : 의사결정에 필요한 정보, 자료들을 분석하여 목적을 달성하는데 제약이 되는 조건을 탐색하여 수식으로 구성한다.
- **최적해** : 탐색된 제약조건 속에서 목적함수를 최선으로 달성할 수 있는 최적상태의 결정변수 값을 탐색한다.
- **추후분석** : 최적상태에서의 결정변수 값, 즉 기저 실행가능해 (Basic Feasible Solution)에 대한 민감도분석 등을 수행한다.

특성	구분	내용
선형성	선형모형 (Linear Model)	의사결정에 필요한 정보, 자료 등이 선형적으로 구성되어 있는 경우의 모형
	비선형모형 (Nonlinear Model)	의사결정에 필요한 정보, 자료 등이 비선형적으로 구성되어 있는 경우의 모형
확률성	결정론적 모형 (Deterministic Model)	의사결정에 필요한 정보, 자료 등이 결정론적으로 구성되어 있는 경우의 모형
	확률론적 모형 (Probabilistic Model)	의사결정에 필요한 정보, 자료 등이 확률론적으로 구성되어 있는 경우의 모형
동태성	정태모형 (Static Model)	변수들의 정태적인 상태를 고려하여 체계의 특성을 규명하는 경우의 모형
	동태모형 (Dynamic Model)	변수들의 동태적인 상태를 고려하여 체계의 특성을 규명하는 경우의 모형

1.5 MATLAB® 적용

MATLAB®은 그동안 국내에서 이공계를 중심으로 사용되어온 프로그래밍 기법으로 알려져 왔다. MATLAB은 그 내용이 방대하여 적용범위가 광범위하면서 높은 수준의 테크니컬 컴퓨팅 언어로 알려져 왔으며, 알고리즘 개발, 데이터 분석, 수치계산, 통계분석, 그리고 최적해 산정 등을 위한 대화식 컴퓨터 환경의 특징을 가지고 있다. 이러한 특징을 가진 MATLAB을 이용할 경우, 기존의 Visual Basic, C++, Fortran 등과 같은 프로그램 언어를 사용했을 때보다 더 쉽고, 빠르게 문제를 해결할 수 있다는 장점이 있다.

특히, Operation Research 등 경영과학, 사회과학 등의 분야에서 개발된 의사결정의 제반기법들은 MATLAB을 이용하면, 보다 쉽고 빠르게 응용할 수 있다. 그리고 선형계획법 중심의 컴퓨터 패키지에 비하여 MATLAB 은 비선형계획법 등의 적용이 용이하며, 이외 의사결정 과정에서 많이 사용되는 Regression, AHP, DEA 등을 위한 일반적인 프로그래밍의 적용이 가능하다는 장점이 있다.

MATLAB®은 이미 세계적으로 그 적용성이 입증된 바와 같이, 매우 유용하며 다양한 문제해결의 도구로서 MATLAB에 대해 조금만 알고 있을 경우, 이를 응용하여 상당히 많은 과제를 해결할 수 있을 것이다. 그러나 MATLAB을 신속히 사용하고자 할 경우, 그 내용이 방대하여 광범위한 분야의 수백개에 달하는 함수에 대해 어떠한 기능을 가지고 있으며, 그 결과는 어떠한 성질의 것인지 파악하기 어려운 단점도 존재한다.

이 책에서는, 광범위하며 다양한 성격의 MATLAB 함수들 중에서, 의사결정을 위한 기법을 중심으로 MATLAB의 활용성을 중점적으로 다루었다. 특히, MATLAB과 함께 제공되어 있는 Tool 중에서 일반적인 의사결정의 최적해 산정을 위하여 개발된 *Optimization Tool*과 기술통계학은 물론 다변량 통계분석을 위하여 개발된 *Statistics Tool*을 활용하여 의사결정의 제반기법들을 다루었다.

이 책에서 제시하는 예제와 연습문제 등은 가공의 자료이나 가급적 현실적인 내용을 포함하도록 구성하였다. 이 책은 경영과학, 사회과학 등의 계량분석을 위한 연구자, 실무자에게 도움이 되기를 바라며, 향후 보다 발전된 의사결정의 관련연구를 기대한다. MATLAB 운용에 관한 활용법은 부록과 관련서적을 참조하기 바란다.

1.6 "MATLAB® 활용 의사결정"의 구성

이 책에서는 규범적 의사결정론에 기반을 두고, MATLAB을 활용한 의사결정 기법을 중심으로 내용을 구성하였다. 각 장에서는 제반기법의 개요와 산정 알고리즘의 소개, 그리고 MATLAB Syntax를 해설하고 전형적인 사례를 (Prototype Example) 중심으로 분석한 내용을 기술하였다. 이 책은 크게 4개의 PART로 구분하여 구성하였다.

PART I에서는 의사결정 개요, MATLAB의 간단한 운용법을 기술하였다.

PART II에서는 그 동안 의사결정 과정에서 많이 사용되었던 최적화 기법을 중심으로 기술하였다. 대표적인 기법으로는 선형계획법 (LP- Linear Programming), 정수계획법 (IP-Integer Programming), 이차계획법 (QP-Quadric Programming), 목표계획법 (GP - Goal Programming), 비선형계획법 (NLP - Non Linear Programming) 등이다.

PART III에서는 최적화 기법을 응용하는 제반 기법들을 중심으로 구성하였다. 대표적인 기법들로서는 수송계획법 (TP-Transportation Problem), DEA (Data Envelopment Analysis), 네트워크 분석 (Network Analysis), PERT / CPM, 재고분석 (Inventory Analysis) 등이다.

PART IV에서는 최적화 기법과 함께 의사결정 과정에서 많이 사용되었던 통계적, 수리적 기법들을 중심으로 기술하였다. 대표적인 기법들로서는 회귀분석 (Regression Analysis), 비선형 회귀분석 (Non-Linear Regression), 계층적 의사결정 (AHP - Analytic Hierarch Process), 네트워크 분석적 의사결정 (ANP - Analytic Network Process), 게임이론 (Game Theory), 마르코프 과정분석 (Markov Process), 시뮬레이션 (Simulation) 등이다.

부록에서는 MATLAB 활용을 위한 기본적인 내용을 중심으로 기술하였다. 특히, MATLAB을 활용하여 의사결정 기법을 적용하는 과정에서 실수하기 쉬운 변수의 설정과 산정방법, Function의 구축과 활용, 행렬의 산정 등에 관하여 사례를 중심으로 그 내용을 구성하였다. 향후 보다 발전된 의사결정 연구와 MATLAB의 활용을 기대한다.

CHAPTER 2

MATLAB® 이해

2.1 MATLAB® 소개

MATLAB®은 그동안 국내에서 이공계를 중심으로 사용되어온 프로그래밍 기법으로 알려져 왔다. MATLAB은 그 내용이 방대하며, 적용범위가 광범위한 높은수준의 테크니컬 컴퓨팅 언어로 알려졌으며, MATLAB은 알고리즘 개발, 데이터 분석, 수치계산, 통계분석, 그리고 최적해 산정 등을 위한 대화식 컴퓨터 환경의 특징을 가지고 있다. 이러한 특징을 가진 MATLAB을 이용할 경우, 기존 Visual Basic, C++, Fortran 등과 같은 프로그램 언어를 사용했을 때보다 더 쉽고, 빠르게 문제를 해결할 수 있다는 장점이 있다.

특히, 경영과학, 사회과학 등의 분야에서도 기존의 의사결정 제반기법들을 MATLAB에 적용할 수 있다. 그리고 선형계획법 중심의 컴퓨터 패키지에 비하여 MATLAB은 비선형계획법 등의 적용이 용이하며, 이외 의사결정 과정에서 많이 사용되는 회귀분석, AHP, DEA 등의 일반적 프로그래밍 적용이 가능하다는 장점이 있다. MATLAB은 이미 세계적으로 그 적용성이 입증된 바와 같이, 매우 유용하며 다양한 문제해결의 도구로서 MATLAB에 대해 조금만 알고 있을 경우, 이를 응용하여 상당히 많은 과제를 해결할 수 있을 것이다. 그러나, MATLAB을 신속히 사용하고자 할 경우, 그 내용이 방대하여 광범위한 분야의 수백개에 달하는 함수에 대해 어떠한 기능을 가지고 있으며, 그 결과는 어떠한 성질의 것인지 파악하기 어려운 단점도 존재한다.

이 책에서는, 광범위하며 다양한 성격의 MATLAB 함수들 중에서, 의사결정 기법을 중심으로 그 활용성을 중점적으로 다루었다. 특히, MATLAB과 함께 제공되는 Tool 중에서, 일반적인 의사결정의 최적해 산정을 위하여 개발된 "*Optimization Tool*"과 기술통계학은 물론 다변량 통계분석을 위하여 개발된 "*Statistics Tool*" 을 활용하여 의사결정의 제반기법들을 다루었다. 이 책에서 제시하는 예제와 연습문제 등은 가공의 자료이나 가급적 현실적인 내용을 포함하도록 구성하였다. 이 책은 경영과학, 사회과학 등의 계량분석을 위한 연구자에게 도움이 되기를 바라며, 향후 보다 발전된 의사결정의 관련연구를 기대한다. MATLAB의 운용에 관한 활용법은 부록과 관련서적을 참조하기 바라며, 이 책에서 중점적으로 다루는 의사결정 과정에 필요한 자료의 입출력 등을 중심으로 MATLAB 운용법을 간략히 요약한다.

2.2 MATLAB®에서의 자료 입력

(1) 자료의 입력 : Command Window 이용

- MATLAB®에서 자료의 입력은 “Command Window” 화면에서 다음과 같이 입력이 가능하다. 예를들어 다음과 같이 입력하였을 경우 aa는 100, A는 Matrix 로서 [1 2 3] 내용이 입력된다. “ ; ”는 입력에 따른 컴퓨터의 대응결과를 보여주는데, “ ; ”을 입력하지 않으면 결과를 화면으로 보여준다. B는 Matrix A의 전치행렬 행태로서 A'로 입력하면 된다.

```
>> aa = 100 ;
>> A = [1 2 3] ;
>> B = A'

B =

     1
     2
     3

>>
```

- MATLAB의 “Command Window” 화면에서 변수와 내용을 입력하면, “Work Space” 화면에 다음과 같이 변수이름과 자료형태가 나타난다.

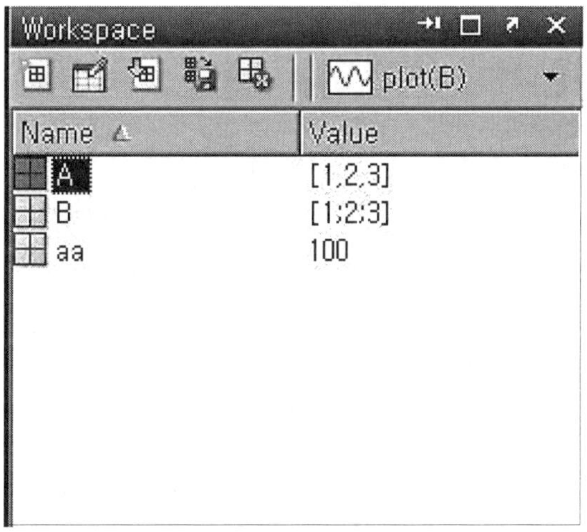

(2) 입력된 자료의 수정 : Work Space 활용

- 입력된 자료를 확인하거나 수정할 경우, "Work Space" 화면의 해당 변수를 "더블클릭" 하면, 해당변수의 편집창이 뜬다. 편집창은 일반적인 Spread Sheet 형태로서, Excel에서와 같이 편집하면 쉽게 수정이 가능하다. 입력하여 편집한 자료는 툴바의 "File - Save"를 선택하면 파일로 저장이 가능하다. 예를들어 "Work Space"에서 MATRIX B를 더블클릭하였을 경우이며, 이를 사용자에 의하여 지정된 파일로 저장한다.

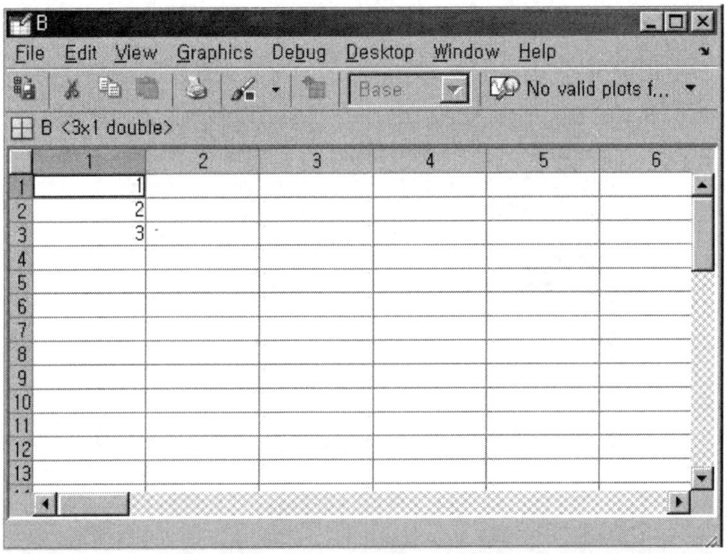

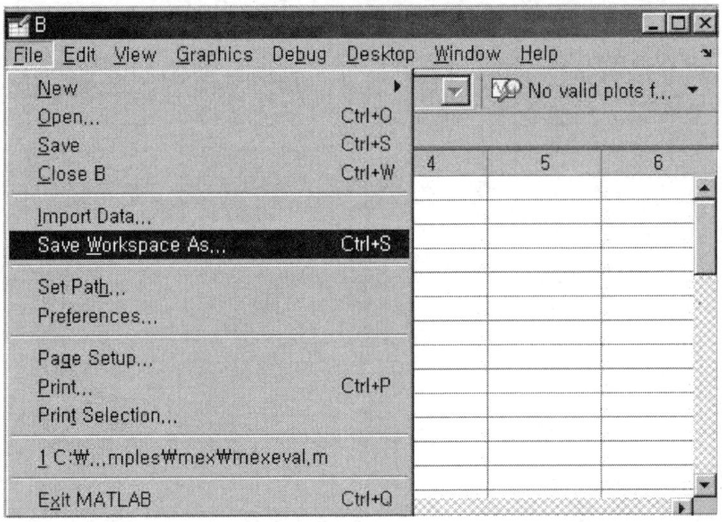

(3) MATLAB®에서의 자료 입력 - Work Space 이용

- 자료가 많거나 또는 복잡할 경우, MATLAB "Command Window" 화면에서 다음과 같이 변수를 입력을 하여 Work Space 에서 그 내용의 입력이 가능하다. 예를들어 다음과 같이 입력하였을 AA 라는 이름으로 빈 Matrix가 입력된다. Work Space에서 AA를 더블클릭하여 자료를 입력한다.

```
>> AA = [ ];
>>
```

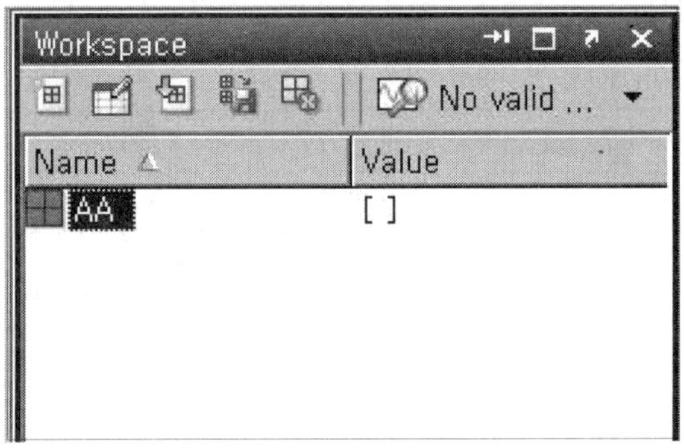

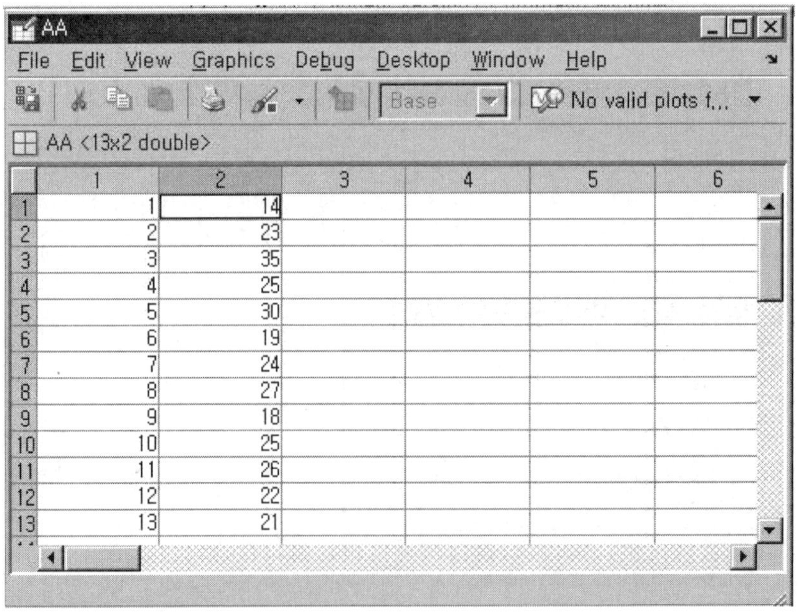

(4) Excel 자료의 불러들이기 - 자료전체 불러들이기

- 외생지표를 비롯한 대부분의 자료들이 Excel로 구성되어져 있거나, 혹은 다른형태로 구성되어져있을 경우, 이를 MATLAB으로 불러들이는 방법은 간단하다. 먼저 Excel에서 "test"라는 파일이름으로 다음과 같이 자료를 입력하였을 경우, 변수는 V1, V2, V3 이며 자료는 9개씩 입력된다.

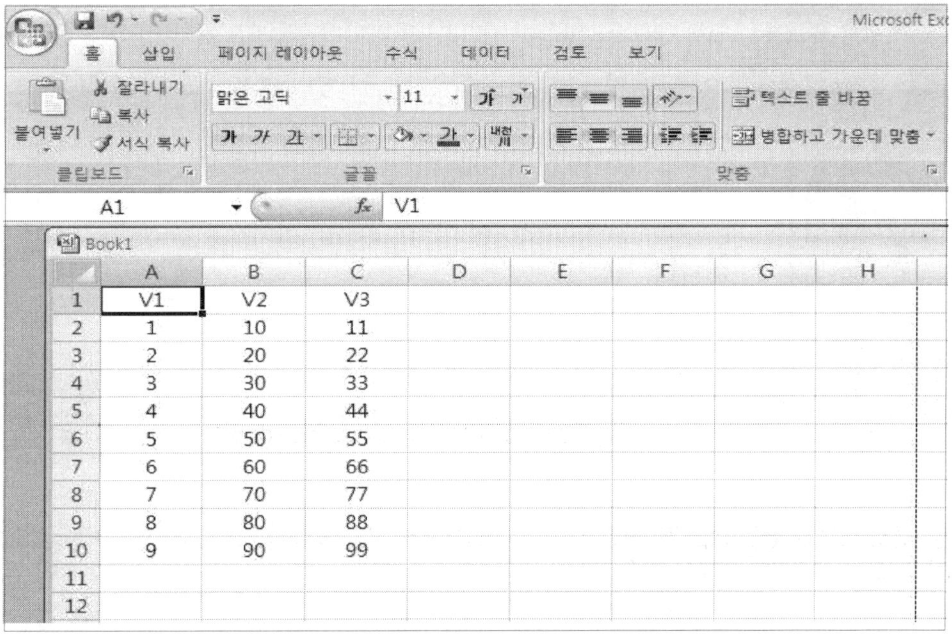

- MATLAB®에서는, "File - Import Data"에서 작성된 파일을 불러들인다.

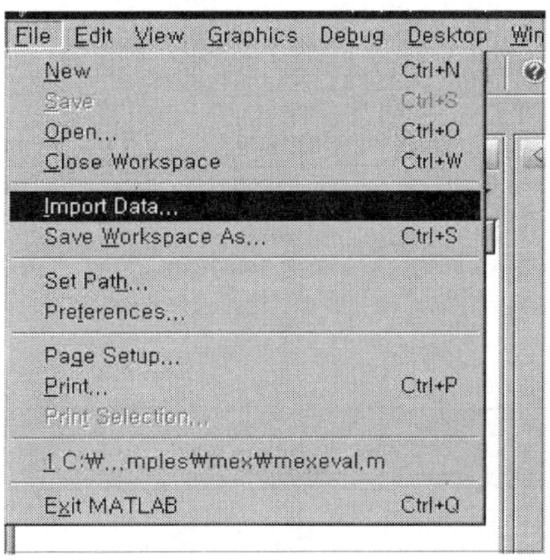

- MATLAB®에서는 Excel에서 작성한 파일을 Import Data를 수행할 때, 파일형식은 **"Spreadsheet (*.csw, *.xls, *.xlsx, wk1)"**로 지정한다. 그러면, MATLAB에서 "Import Wizard"가 작동하여 Excel 자료를 불러들인다.

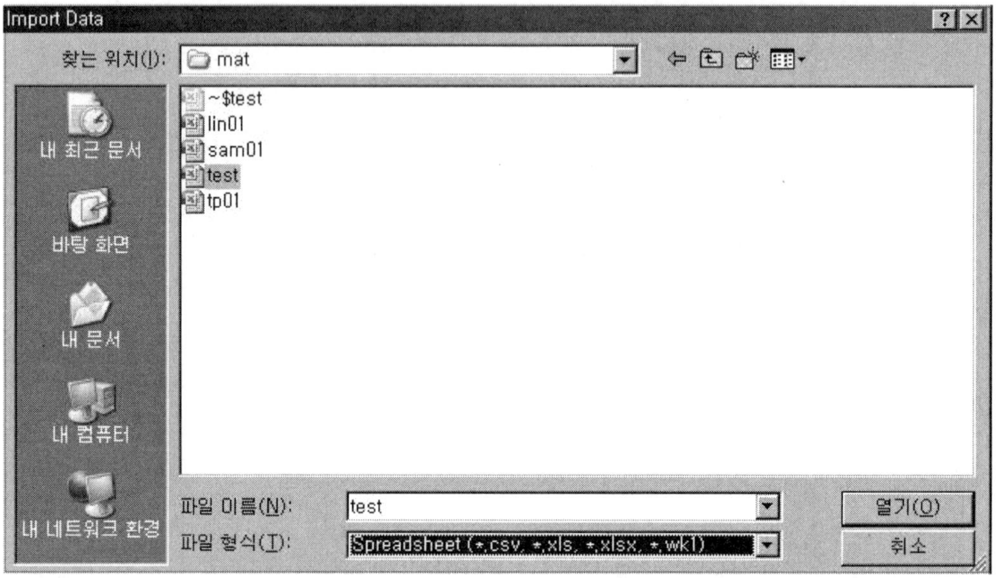

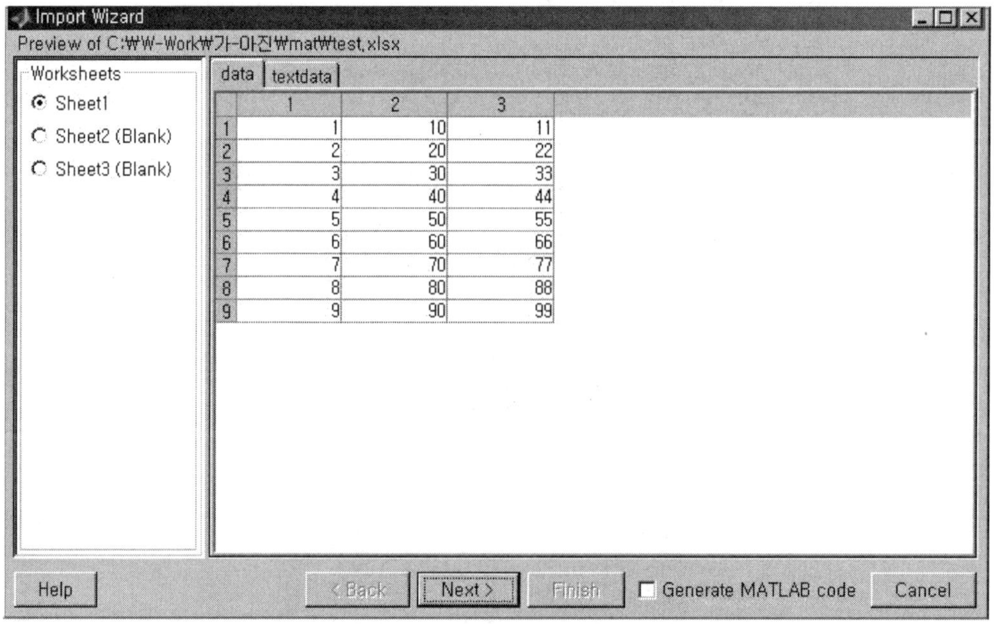

- 이때, Import Wizard에 의하여 다음의 두 가지 방식으로 불러올 수 있는데, "Create Vectors form each column using column names"를 선택하면, Excel 에서 설정한 변수이름, V1, V2, V3으로 자료를 불러올 수 있다.

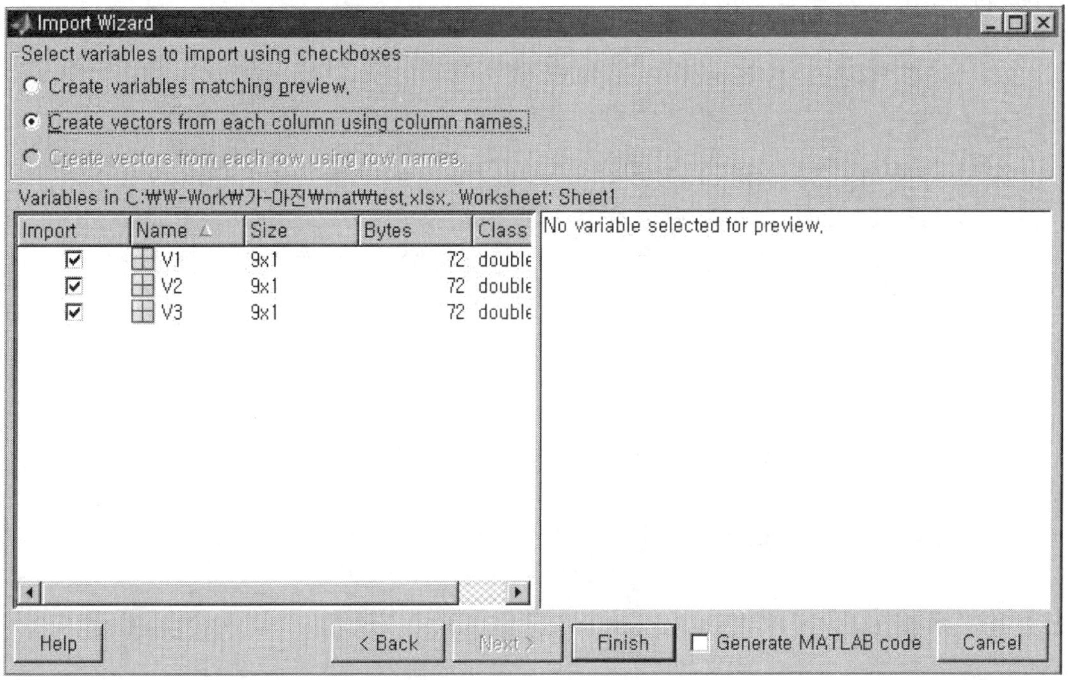

- Import Wizard에 의한 결과는 Work Space에서 다음과 같이 표현된다.

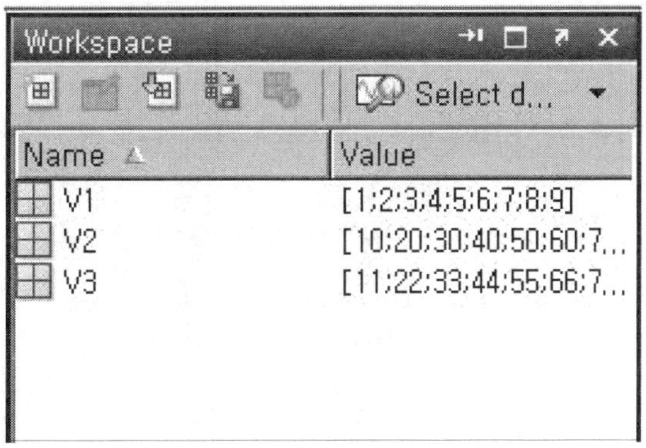

(5) Excel 자료의 불러들이기 - 자료 일부를 불러들이기

- Excel에서 작성된 자료를 파일 전체가 아닌 부분적으로 불러들일 경우, 다음의 방법을 이용하면 쉽게 자료를 불러들일 수 있다. 먼저 Excel에서 부분적으로 불러들일 자료의 범위를 선택하여 복사를 수행한다.

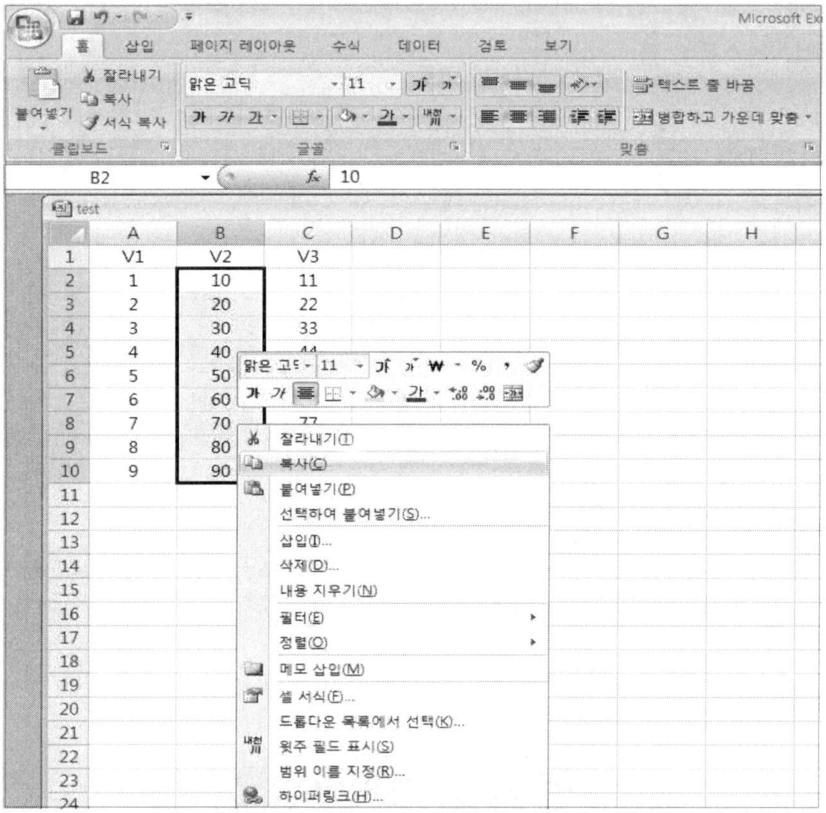

- MATLAB®에서 변수이름을 입력한 다음, 복사한 자료를 붙여넣는다.

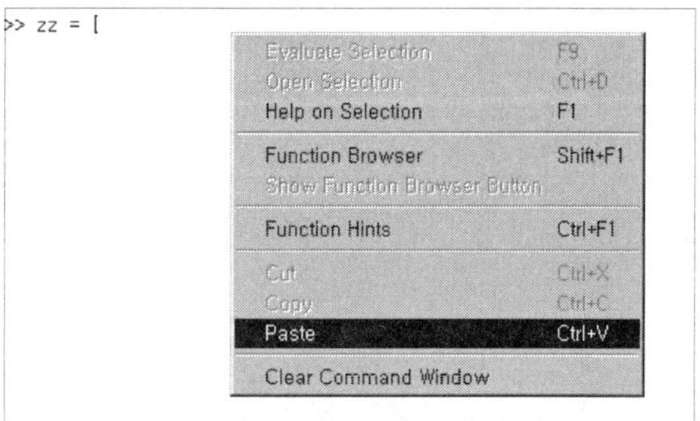

- MATLAB®에서 Excel의 자료 중에서 부분적으로 자료를 붙여 놓았을 경우, ZZ라는 이름의 변수로 Excel에서 입력된 자료가 MATLAB에서 Matrix 형태로 입력되었음을 알 수 있다.

- MATLAB®에서 자료를 부분적으로 복사하여 붙여 놓을 때 주의하여야 할 점은, 입력되는 행렬을 매듭짓는 “] ”의 입력과 MATLAB 프롬프트로 돌아가기위한 “ ; ” 입력이 필요하다. 다음 그림은 이러한 작업을 위한 사례이다.

- 이외에도 MATLAB에는 ASCII 형태의 자료를 읽어 들이는, “load”, 자료를 저장하는 “save”의 명령어가 있으며, Excel 과 같은 Spread Sheet 자료를 처리하기 위한 “xlsread”, “xlswrite” 등의 명령어가 있다.

```
>> zz = [ 10        ← MATLAB에서 변수이름 입력, Excel에서 복사한
 20                    부분을 마우스 오른쪽을 클릭하여 붙여놓는다.
 30
 40
 50
 60
 70
 80
 90                  ← Excel에서 복사해온 자료의 마지막 부분이다
 ]                   ← MATLAB에서 Matrix를 마감하기위한 부호 입력
 ;                   ← MATLAB에서 “zz” 변수 입력을 마감하는 명령어

zz =                ← MATLAB에서 입력 완료의 “zz” 값을 보여 준다

    10
    20
    30
    40
    50
    60
    70
    80
    90

>>
```

(6) 스크립트 M-파일 구성 : Editor 이용

- MATLAB®에서 연산을 수행하는 방법은 Command Window에서 입력하거나, 명령어를 모아서 스크립트 파일을 구성하여 수행하는 방법이 있다. Command Window에서 연산을 수행하게 되면, 작성된 명령어를 다시 사용하기 어려우며, 특정한 프로그램의 경우 적용이 어렵다. MATLAB에서는 이러한 점을 고려하여 명령어를 집합하는 스크립트 M-파일 (Script File)을 사용하는데, 일반적으로 스크립트 파일은 Editor를 이용한다. Editor는 Command Window에서 "edit"를 입력하거나, 다음과 같이 New Script 단추를 누르면 "Editor"가 화면에 뜬다.

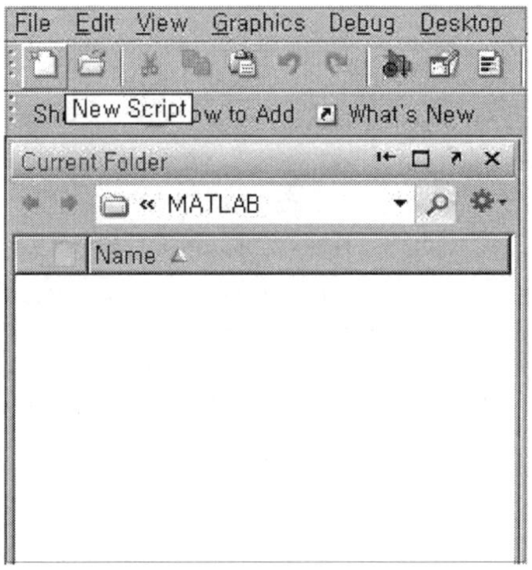

- Editor에서 스크립트 파일을 구성한 다음, File 이름 "test01"로 저장한다. 이때 스크립트 파일은 M-File의 형태로 저장된다.

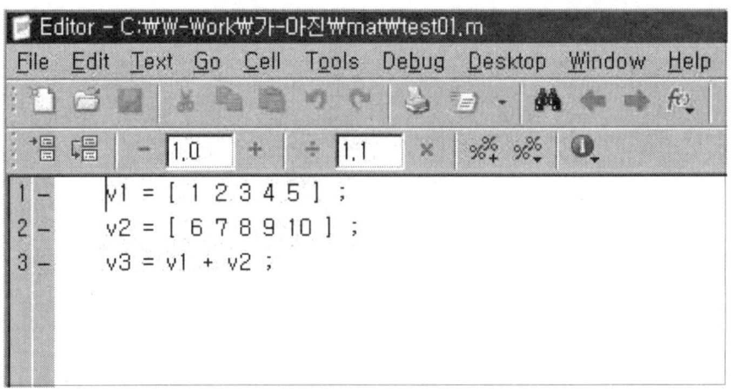

- M-File은 Command Window에서 File 이름 입력하면 작업이 수행된다.

```
>> test01
```

- M-File 내용을 확인하고 싶으면 M-File 이름을 더블클릭하거나, "type" 명령어를 이용한다.

```
>> type test01

v1 = [ 1 2 3 4 5 ] ;
v2 = [ 6 7 8 9 10 ] ;
v3 = v1 + v2 ;

>>
```

- Editor에서 Command Window로 전환하지 않고 작업을 수행할 수 있으며, MATLAB 함수는 fx 단추를 이용한다.

- MATLAB®의 Editor에 익숙치 않을 경우, Word 등 기존의 word processor에서 작성한 내용을 "복사"하여, Editor 또는 Command Window에 붙여 넣을 수도 있으며, 반대로 Editor의 내용을 복사하여 word processor에 옮길 수도 있다.

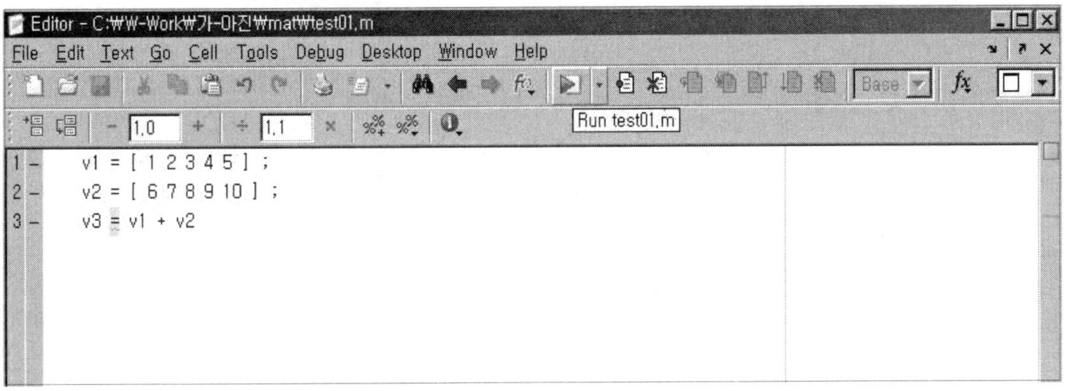

(7) 스크립트 M-파일 구성 : Word Processor 이용

- MATLAB®의 Editor에 익숙치 않을 경우, Word, 한글 등 기존의 Word Processor에서 작성한 내용을 "복사"하여, Editor 또는 Command Window 에 붙여넣을 수도 있으며, 반대로 Editor에서 작성한 내용을 복사하여 Word Processor에 옮길 수도 있다. 한글에서 작성한 내용을 MATLAB에 이동시켜 작업을 수행하여 본다. 먼저 한글에서 다음의 내용을 입력한 다음 복사할 부분을 지정하여 "복사하기"를 실행한다.

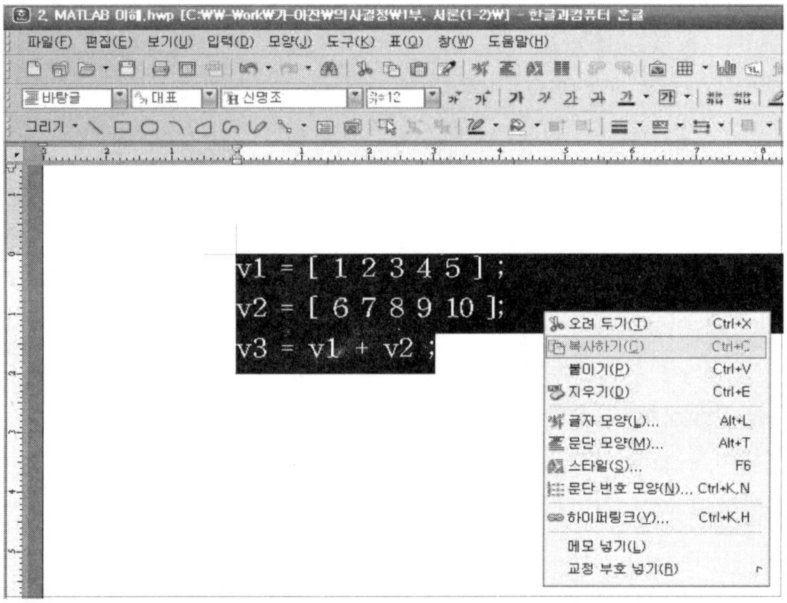

- MATLAB®에서 복사한 내용을 "Paste - 붙여넣기"를 실행한다.

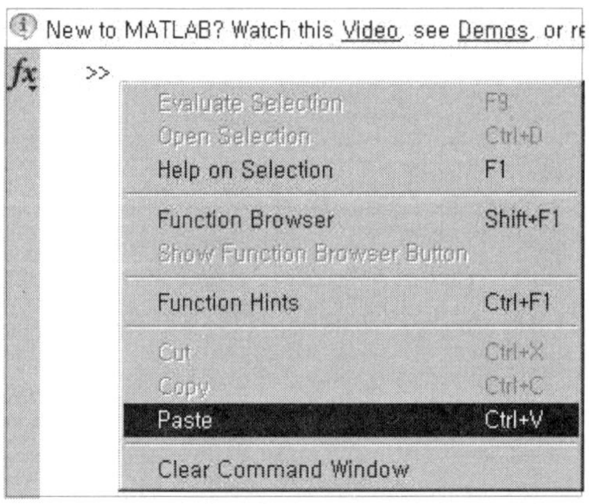

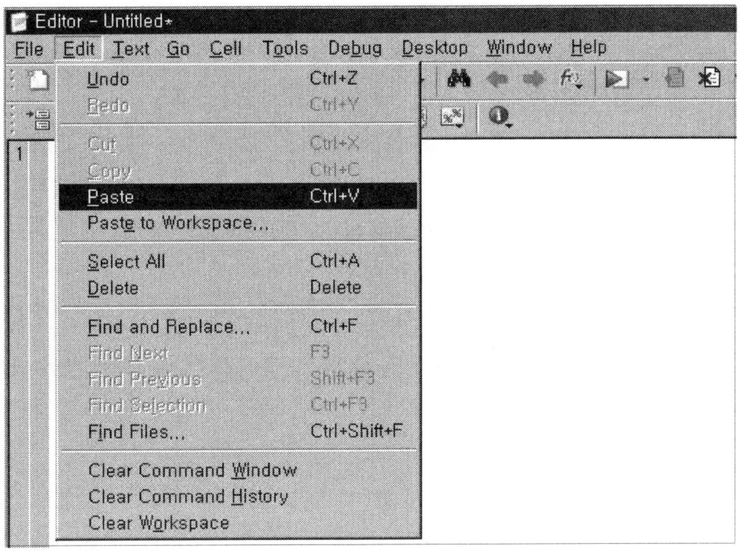

- MATLAB®에서 작성하거나, 입력내용을 한글로 이동하는 방법은 다음과 같다. 먼저 MATLAB에서 복사할 내용을 지정하여 "Copy- 복사"한 다음, 한글에서 "붙여넣기"를 실행하면, 입력내용은 MATLAB과 한글, 양쪽에서 모두 적용이 가능하다.

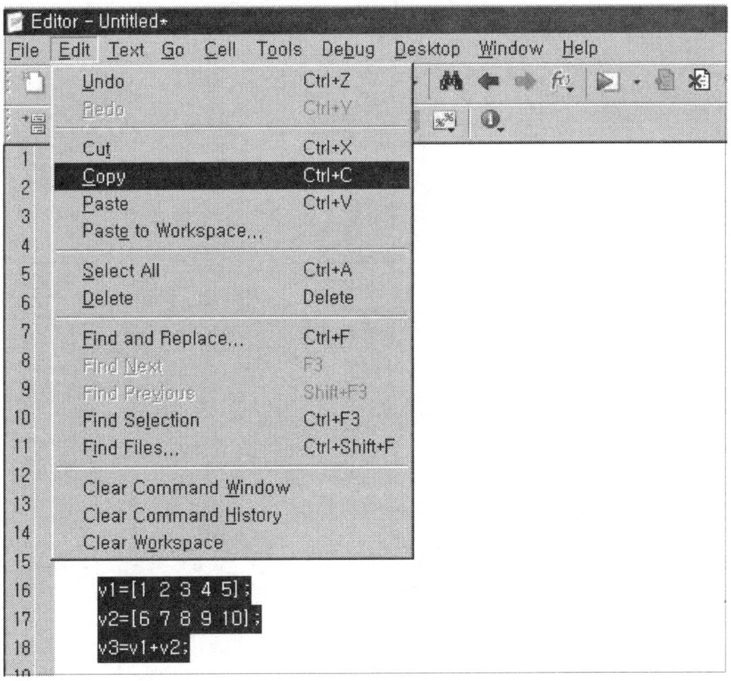

(9) 함수 M-파일 구성 (Function M-file) : Editor 이용

- MATLAB®에서 함수를 정의하는 방법은 다음의 3가지가 있다.

· 명령어 inline 사용
· 연산자 "@"를 이용하여, 익명함수 (anonymous function) 생성
· 별도의 함수 M-파일 (Function M-File) 생성

- 명령어 inline 사용 : MATLAB에서는 inline의 명령어를 사용하여 함수를 구성할 수 있다. 이렇게 구성한 함수는 MATLAB 프로그램의 필요한 곳에서 함수를 불러서 적용할 수 있다.

```
>> fa=inline('x^2','x')          % fa 라는 이름으로 함수를 정의한다.
fa =                             % 함수는 "입력된 자료의 제곱"이며,
   Inline function:              % x 라는 입력 자료로 산정된다.
   fa(x) = x^2
>> x=3                           % x 에 3을 입력한다
x =
     3
>> fa(x)                         % fa 라는 이름의 함수에 x 값 입력됨
ans =                              산정값 "3*3=9"가 산정됨
     9
>> fa(4)                         % fa 라는 이름의 함수에 "4" 입력됨
 ans =                           % 산정값 "4*4=16" 산정됨
    16
>> b = fa(x) * 2                % fa 라는 함수에 x 입력하여 수식산정
b =                             % 산정값 "3*3*2 =18" 산정됨
    18
-----------------------------------------------------
>> fb=inline('x^2+2*y','x','y')  % fb 라는 이름으로 함수를 정의한다
fb =                             % 함수는 'x 제곱 + y의 2배'이며,
   Inline function:              % x, y 라는 입력자료에 따라 산정한다
   fb(x,y) = x^2+2*y
>>  y=4                          % y 에 4를 입력한다
y =
   4
>> fb(x,y)                      % fb 라는 이름의 함수에 x, y 값 입력됨
ans =                           % 산정값 '3*3 + 2*4 = 17' 산정됨
  17
```

- Anonymous Function @ 사용 : MATLAB에서는 "@"를 입력하여 익명의 함수를 (anonymous function) 구성할 수 있다. 이렇게 구성한 함수는 'inline'을 사용하여 구성한 함수와 같이, MATLAB 프로그램의 필요한 곳에서 함수를 불러서 적용할 수 있다.

```
>> fx=@(x) x^2                  % fx 라는 이름으로 함수를 정의한다.
fx =                            %   x 라는 입력자료로 산정된다.
  @(x)x^2
>> x=3                          % x 에 3을 입력한다
x =
    3
>> fx(x)                        % fx 라는 이름의 함수에 x 값 입력됨
ans =                           %   산정값 "3*3=9" 가 산정됨
    9
>> fx(4)                        % fx 라는 이름의 함수에 "4" 입력됨
 ans =                          %   산정값 "4*4=16' 산정됨
   16
>> b = fx(x) * 2                % fx 라는 함수에 x 입력하여 수식산정
b =                             %   산정값 "3*3*2 =18" 산정됨
    18
-----------------------------------------------------
>> fy=@(x,y) (x^2+ 2*y)         % fy 라는 이름으로 함수를 정의한다
fy =                            %   x, y 라는 입력자료에 따라 산정한다
   @(x,y)(x^2+ 2*y)
>>  y=4                         % y 에 4를 입력한다
y =
   4
>> fy(x,y)                      % fy 라는 이름의 함수에 x, y 값 입력됨
ans =                           %   산정값 '3*3 + 2*4 = 17' 산정됨
  17
-----------------------------------------------------
>> fz=@(x,y) (x.^2+ y.*2)       % fz 라는 이름으로 함수를 정의한다
fz =                            %   이때 x, y 는 스칼라가 아니라,
    @(x,y)(x.^2+ y.*2)          %   벡터, 행렬 형태이다
>> x=[1 2];                     % x 라는 이름으로 벡터를 입력한다
>> y=[3 4];                     % y 라는 이름으로 벡터를 입력한다
>> fz(x,y)                      % fz 라는 이름의 함수에 벡터 x, y 입력됨
ans =                           % 벡터의 입력으로 2개의 벡터가 산정
   7    12
>>
```

- Function M-file 사용 : MATLAB 에서는 간단한 함수들은 inline에 의한 함수구성이나, "@"를 이용한 익명의 함수를 (anonymous function) 사용하지만, 함수의 구성이 복잡하고 반복적인 계산을 필요로 할 경우에는 함수식의 명령문이 길어지게 되어, inline이나 익명함수는 곤란할 경우가 발생한다. 이러한 경우, Function M-file을 구성하여 함수를 정의한 다음, MATLAB 프로그램에서 함수를 불러서 오면, 기존의 inline이나, @를 이용하여 구성한 함수와 같이, 필요한 곳에서 함수를 쉽게 사용할 수 있다.

- Function M-File 작성 : Editor 에서 다음과 같은 Funcition M-File을 구성한다. 이때, File 이름은 함수이름을 같이 설정한다. 예제에서는 함수이름을 mm1이라 하였고, File 이름은 mm1으로 하였다. function 의 내용은 "c"라는 스칼라 값이 함수이름 mm1에 입력되면, "b"라는 벡터가 만들어 지는데, 1에서 5까지 배열형태가 (1 2 3 4 5) 된다. 그리고, "x" 값이 산정되는데, 값은 2의 b 제곱승 이다. 이때, x는 벡터형식이어서 "2" 밑에 콤마 "."가 입력된다. y는 3의 b 제곱승을 산정하는데, 함수식에서 y는 함수값으로 프로그램에 출력하는 값이 된다. 이러한 Function M-file의 내용을 작성하여 "save" 시킨 다음, Command Window 에서 다음과 같이 입력하면 Function 의 출력 결과는 다음에서 보는 바와 같다.

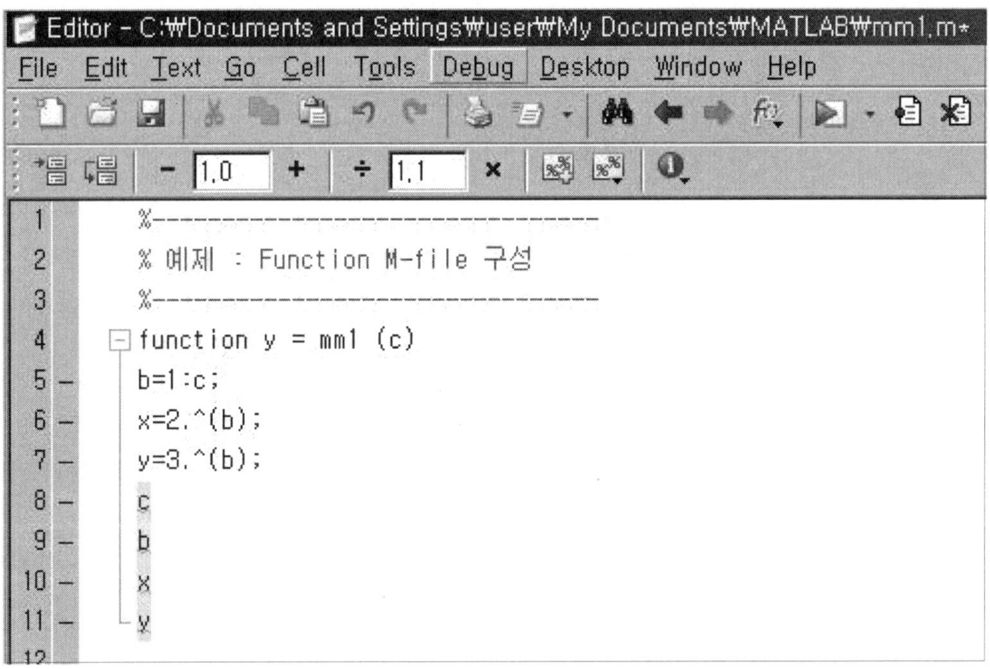

- Function M-file 산정결과 :

```
>> yy=mm1(5)                    % mm1 함수에 c=5를 입력한다
                                % mm1 함수는 이를 이용하여
                                % 함수내의 수식에 따른 값 산정
                                % b, x, y 등을 산정
                                % 출력사항을 yy 이름으로 출력
                                % b,x,y : 명령창에서 불러낼 수 없음

c =                              % 함수에서 c는 5가 입력된다
     5


b =                              % 함수에서 b 는 1:5 배열이 된다
     1     2     3     4     5


x =                             % 함수에서 x 는 2의 b제곱 산정
     2     4     8    16    32


y =                              % 함수에서 y 는 3의 b제곱 산정
     3     9    27    81   243


ans =                            % 함수의 값을 yy 이름으로 출력

     3     9    27    81   243

>>
```

(10) Structure 구성 및 이용 :

- MATLAB®에서는 기존의 C 프로그램과 같이, 하나의 이름 속에 여러 종류의 자료를 구성하는 "Structure"를 지원한다. 이러한 Structure는 자료를 Data Base 형태로 관리하며, output의 처리도 간편해 진다.

- 대표적인 Structure 형태는 선형계획법 등에서 분석결과로 출력되는 "lamda"라는 이름의 Structure이다. 일반적으로 "lamda"라는 이름의 Structure는 Lagrange 승수가 출력되는데, 선형계획법 등에서는 다음의 자료들이 "Field"로서 구성된다. 그리고 산정과정에서 산정된 값은 출력되나, 산정 안 된 값은 "-"로 표현된다.

ineqlin : 부등식 제약조건의 잠재가격
eqlin : 등식 제약조건의 잠재가격
upper : 결정변수의 잠재비용 (최소화)
lower : 결정변수의 잠재비용 (최대화)

lamda			
ineqlin	eqlin	upper	lower
0.1231	-	-	0.32
0.4231	-	-	-
0.3245	-	-	-

- Structure 형태의 자료들은 계층적인 구조이기에 이를 이용할 경우, Command Window에서 다음과 같이 사용한다.

```
x1 = lamda.ineqlin(2)              % lamda 라는 이름의 structure
                                   % 에 ineqlin 라는 이름의 field
                                   % 2번째 자료를 "x1"으로 입력

x2= lamda.lower(1). * aa           % lamda 라는 이름의 structure
                                   % 에 lower 라는 이름의 field
                                   % 1번째 자료를 aa와 곱하여
                                   % "x2" 이름으로 입력
```

PART Ⅱ

합리적인 의사결정의 전통적인 접근방법은 최적화 기법일 것이다.
2부는 최적화 기법을 (Optimization Tool) 중심으로 구성하였다.
그동안, 최적화 기법은 다양한 상황에 맞는 다양한 기법이 개발되었다.
이 책에서는 크게 5개 부문으로 구분하여 최적화 기법을 살펴본다.
각 기법은 "MATLAB® 2012"를 적용한 사례분석으로 이해를 도모한다.

CHAPTER 3

선형계획법 : LP - Linear Programming

3.1 개요

선형계획법은 (Linear Programming) 합리적인 의사결정을 위하여 광범위하게 적용되는 계획기법의 하나로서, 규범적인 의사결정론의 중심적인 기법으로 이용된다. 특히, 한정된 자원의 제약 속에서 목적을 달성하기 위한 최선의 대안을 수리적인 알고리즘에 의하여 탐색하는 과정은 최적화 원리에 따라 구성된다. 선형계획법의 일반적인 수식은 다음과 같다.

- **목적함수 (Objective Function)** :

$$\max \sum_{j=1}^{n} c_j \, x_j$$

- **제약조건 (Constraints)** :

$$\sum_{j=1}^{n} a_{ij} \, x_j \; \leq \; b_i$$

$$0 \leq x_j \, , \text{ for } all \; j$$

- 선형계획법의 수식에서 사용된 변수와 계수는 다음과 같다.

(1) x_j : 결정변수 (decision variable) - 선형계획법에서 값을 결정하고자 하는 변수로서, 단수 또는 복수로 구성되는데 이는 문제성격에 따른다.

(2) c_j : 공헌계수 (contribution coefficient) - 목적함수의 값에 영향을 미치는 계수로서, 일반적으로 결정변수의 가격 등으로 구성된다.

(3) b_i : 사용가능 자원 (resources limited) - i 번째 자원의 사용가능한 자원량으로서, 제한된 범위내에서 선형계획법을 결정하는 한계치이다.

(4) a_{ij} : 기술계수 (technology coefficients) - 결정변수의 양적 증가에 따라 자원의 소모량 등을 산정하는 계수로서, 확정적인 값으로 구성된다.

3.2 분석기법

결정변수의 수가 제약조건보다 적거나 같을 경우, 연립방정식의 해법을 적용할 수가 있지만, 결정변수의 수가 제약조건의 수보다 많을 경우, 해법을 찾기 위한 특수한 알고리즘이 요구된다. 선형계획법에서는 그동안 George Dantzig (1947)에 의한 Simplex 알고리즘을 비롯하여 다양한 알고리즘이 개발되었다. 그리고 이를 보다 쉽게 적용하여 선형계획법을 풀이하기 위한 컴퓨터 프로그램도 개발되어 왔다. 이 책에서는 다양한 분석기법의 검토와 새로운 알고리즘의 개발보다는 기존 Simplex 알고리즘 등에 기초한 MATLAB의 분석사례를 중심으로 구성하였으며, 선형계획법의 제반 알고리즘은 관련문헌을 참조하기 바란다. 선형계획법에서 사용되는 기본적인 용어들은 다음과 같이 정의되며, 이들 용어들은 이 책에서 지속적으로 사용될 것이다.

- **실행가능 영역** (Feasible Region) : 제약조건에 의하여 제약을 당하는 결정변수의 실행가능 영역을 말한다.

- **실행가능 해** (Feasible Solution) : 실행가능 영역 내에서 모든 결정변수의 조합은 실행가능한 해가 된다.

- **최적해** (Optimal Solution) : 실행가능한 해 중에서 목적함수를 최선으로 (최대 또는 최소) 달성하는 해를 말한다.

- **기저해** (Basic Solution) : 결정변수의 수가 제약식의 수 보다 많을 경우, 제약식의 수 만큼을 제외한 변수들을 Zero 로 가정하여 풀이한 해이다.

- **기저변수** (Basic Variable), **비기저변수** (Nonbasic Variable) : 산정결과로 Zero가 아닌 해을 갖는 결정변수를 기저변수라 하며, Zero 값을 해로 갖는 결정변수를 비기저변수라 한다.

- **기저실행가능 해** (Basic Feasible Solution) : 산정결과로 해를 갖는 결정변수의 조합이 실행가능 영역 내에 있을 경우, 이는 기저실행가능 해이다. 그러나 기저실행가능 해는 복수로 존재할 수 있어 기저 실행가능 해라고 해서 최적해가 되는 것은 아니다.

3.3 MATLAB® 선형계획법 Syntax

(1) MATLAB® 기본수식 :

- **목적함수** (objective Function) :

$$Z = \min f(x),\ \text{or}\quad Z = \min_x f^T x$$

- **제약조건** (Constraint) :

$$Ax \le b,$$

$$A_{eq} = b_{eq},$$

$$lb \le x \le ub$$

(이때, f, x, b, b_{eq}, lb, ub 는 벡터, A, A_{eq} 는 Matrix)

- **MATLAB® 프로그램 유의사항**

1) 최대화, 최소화의 문제 : 선형계획법의 일반적인 형태는 최대화 문제이다. 목적함수가 최소화 문제일 경우, Simplex 알고리즘에서는 공헌계수의 부호를 반대로 하여 알고리즘을 적용하고 있다. MATLAB에서는 선형계획법의 기본수식이 최소화로 설정되어 있어, 최대화 문제는 공헌계수의 부호를 반대로 하여 목적함수를 변환하여 풀이한다.

$$Max\ Z = 4x_1 + 3x_2 \ \Rightarrow\ Min\ Z = -4x_1 - 3x_2$$

2) 제약조건의 등식, 부등식 문제 : Simplex 알고리즘에서는 제약조건에 대해 여유변수 (slack variable), 인위변수 (artificial variable)를 사용하여 알고리즘을 적용하고 있다. MATLAB에서는 부등식과 등식 모두 적용이 가능하며, 기본수식과 같은 형태로 구성하기 위하여 이중제약의 조건식에서는 다음과 같이 두 개의 부등식으로 구분하여 풀이한다.

$$lb \le ax_1 + bx_2 \le ub \ \Rightarrow\ \ ax_1 + bx_2 \le ub$$

$$-ax_1 - bx_2 \le -lb$$

(2) MATLAB® 프로그램 형태 : linprog (MATLAB® 선형계획법 함수)

- MATLAB® 프로그램에서 등호의 좌측은 Output에 관한 사항을 입력하며, 등호의 우측은 Input에 관한 사항을 입력한다.

1) $x = linprog\,(f, A, b)$

$Ax \le b$ 조건에서 목적함수의 최적해 x 찾기

2) $x = linprog\,(f, A, b, A_{eq}, b_{eq})$

$Ax \le b,\ A_{eq} = b_{eq}$ 조건에서 목적함수의 최적해 x 찾기
만일 부등식이 없고 등식만 있을 경우, A=[ ], b=[ ]

3) $x = linprog\,(f, A, b, A_{eq}, b_{eq}, lb, ub)$

$Ax \le b,\ A_{eq} = b_{eq},\ lb \le x \le ub$ 조건에서 목적함수의 최적해 x 찾기
만일, 부등식만 있고, 등식이 없을 경우, Aeq=[ ], beq=[ ]

4) $x = linprog\,(f, A, b, A_{eq}, b_{eq}, lb, ub, x_0)$

$Ax \le b,\ A_{eq} = b_{eq},\ lb \le x \le ub,\ x = x_0$ 초기치의 조건에서 목적함수 최적해 x 찾기, 만일, x 의 상한값이 없을 경우, ub=[ ]

5) $x = linprog\,(f, A, b, A_{eq}, b_{eq}, lb, ub, x_0, option)$

$Ax \le b,\ A_{eq} = b_{eq},\ lb \le x \le ub,\ x = x_0$ 초기치, option 의 조건에서 목적함수의 해 x 찾기, Option 은 “Optimset” 을 이용하여 적용

* “Optimset” : 특정한 상황에 맞는 조건의 설정 프로그램
“Algorithm”, “Display”, “Maxiter” 등 다양한 조건 설정가능
자세한 사항은 MATLAB Help 를 참조하기 바람

* 선형계획법에서 많이 쓰이는 Option
Display : Display 수준　　Largescale : 알고리즘의 규모 설정
MaxIter : 반복산정 회수　　TolFun : 반복산정 중지 임계치

6) $[x, fval] = linprog(\dots)$

x : 조건에 맞는 최적해의 값, fval : 목적함수 Z 값을 출력한다.

7) $[x, fval, exitflag] = linprog(\dots)$

x : 조건에 맞는 최적해의 값, fval : 목적함수 Z 값,
exitflag : 최종상태 등을 출력한다.

* 최종상태를 나타내는 exitflag 수치는 다음의 상태를 나타낸다.

1 = 최적해	0 = 반복 회수 초과
-2 = 최적 없음 (No Feasible)	-3 = 무한해 (Unbounded)
-4 = 비정상적 값 (Nan value)	-5 = 실행불가능 (Infeasible)
-7 = 극소값 (too small), 기타	

8) $[x, fval, exitflag, output] = linprog(\dots)$

x : 조건에 맞는 최적해의 값, fval : 목적함수 Z 값,
exitflag : 최종 상태, output : 최적상태의 정보 등을 출력한다.

* 최적상태 정보를 나타내는 output의 내용은 다음과 같다

iterations : Number of iterations,
algorithm : Optimization algorithm used
cgiterations : 0 (large-scale algorithm only)
message : Exit message
constrviolation : Maximum of constraint functions
firstorderopt : First-order optimality measure

9) $[x, fval, exitflag, output, lamda] = linprog(\dots)$

x : 조건에 맞는 최적해의 값, fval : 목적함수 Z 값,
exitflag : 최종 상태, output : 최적상태의 정보,
lamda : Lagrange 승수값 등을 출력한다.

* lamda는 Structure 형태로서 각 field는 다음과 같다.

ineqlin : 부등식 제약 잠재가격 eqlin : 등식 제약 잠재가격
upper : 변수 잠재비용(최소화) lower : 변수 잠재비용 (최대화)

3.4 MATLAB® 적용사례

(1) 최대화 문제 (Max Z)

- **예제 : 최대화를 목적으로 하는 경우**

진성물산에서는 X1, X2, X3, X4 4개의 제품을 생산하여 판매한다. 제품을 생산하여 판매할 경우 제품 X1은 9만원, 제품 X2는 8만원, 제품 X3은 6만원, 제품 X4는 5만원의 이익을 얻을 것으로 예측된다. 제품의 생산에는 A, B, C, D 4 종류의 자원이 소요되며, 각 자원별 최대 사용가능량은 표에서 보는 바와 같다. 진성물산이 최대이익을 얻기 위한 제품 생산계획은 어떻게 수립하여야 하는가를 살펴본다.

소요자원	제품 X1	제품 X2	제품 X3	제품 X4	사용가능 자원량
A	8	6	4	5	400
B	5	6	4	5	300
C	4	2	3	3	200
D	7	4	2	6	300

- **기본수식 :**

· 결정변수 : X1, X2, X3, X4의 생산량 결정, 4개 변수 (x1, x2, x3, x4)

· 목적함수 : (이익 최대화)

$$\max \ Z = 9x1 + 8x2 + 6x3 + 5x4$$

· 제약조건 : (제품생산에 필요한 자원의 소모량)

$$8x1 + 6x2 + 4x3 + 5x4 \leqq 400 \quad \text{(자원 A 제약조건)}$$
$$5x1 + 6x2 + 4x3 + 5x4 \leqq 300 \quad \text{(자원 B 제약조건)}$$
$$4x1 + 2x2 + 3x3 + 3x4 \leqq 200 \quad \text{(자원 C 제약조건)}$$
$$7x1 + 4x2 + 2x3 + 6x4 \leqq 300 \quad \text{(자원 D 제약조건)}$$
$$x1,\ x2,\ x3,\ x4 \geqq 0 \quad \text{(비음조건)}$$

- MATLAB® Program :

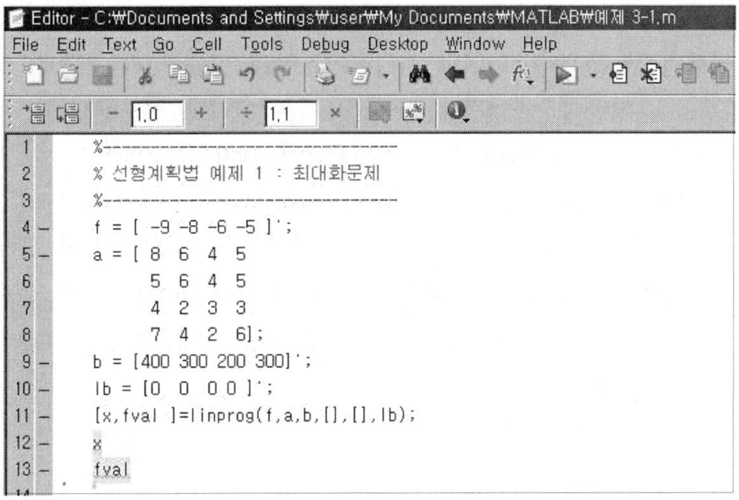

f : 목적함수 Z 공헌계수, 최대화 문제이기에 부호 반대 (4*1 행렬)

a : 제약조건의 기술계수 (제품별 자원의 소요량 : 4*4 행렬)

b : 자원의 제약조건 (제품별 최대 작업가능 시간 : 4*1 행렬)

lb : 결정변수 x 의 하한값 (비음조건 : 4*1 행렬)

(f, b, lb 는 1*3, 1*4, 1*3 행렬로 입력하여, 전치행렬로 전환)

x : 결정변수의 최적값을 출력하는 변수이름 (출력사항)

fval : 목적함수의 최적값을 출력하는 변수이름 (출력사항)

linprog : 함수 입력, 출력은 (x, fval), 함수의 조건은 부등식 a, b만 입력.

등식은 존재하지 않아 [ ], [ ], 입력

- **Output** : 분석결과 최적 생산계획은 제품 X1, 30.4 단위, 제품 X2, 13.1 단위, 제품 X3, 17.4 단위를 생산하는 것이며, 이때 얻을 수 있는 최대이익은 약 483만원으로 분석되었다. (MATLAB은 최소화이기에 부호반대)

```
Optimization terminated.

 x =
  30.4348
  13.0435
  17.3913
   0.0000

fval =
  -482.6087
```

- **쌍대이론 (Duality Theory) :**

선형계획법에서는 본 문제와 (Primal Problem) 함께 쌍대문제를 (Dual Problem) 고려하여 의사결정을 수행한다. 쌍대문제의 구성목적은 제약조건을 구성하는 자원의 가치를 평가하기 위함이며, 이때 자원의 가치는 시장에서 평가되는 가치가 아니라 선형계획법에서 제약조건으로 자원을 이용할 때 평가되는 자원의 가치이다. 자원의 가치는 쌍대문제를 구성하여 그 결과로서 평가되는데, 제약조건을 구성하는 자원의 증감에 따라 목적함수에 미치는 영향의 수준으로 분석된다. 이를 Dual Price, 또는 Shadow Price, 또는 한계가치라 한다. 쌍대문제의 구성방법을 선형계획법 기본형식에 (Canonical Form) 따라 표현하면 다음과 같다.

	Primal Problem	Dual Problem
- 목적함수 :	$\max \sum_{j=1}^{n} c_j x_j$	$\min \sum_{j=1}^{n} b_j y_j$
- 제약조건 :	$\sum_{j=1}^{n} a_{ij} x_j \le b_i$	$\sum_{j=1}^{n} a_{ij} y_j \ge c_i$
	$0 \le x_j$, for *all j*	$0 \le y_j$, for *all j*

- **예제에 대한 쌍대문제 구성 :**

1) Primal Problem 수식:

- 목적함수 : max Z = 9x1 + 8x2 + 6x3 + 5x4
- 제약조건 : 8x1 + 6x2 + 4x3 + 5x4 ≦ 400
  5x1 + 6x2 + 4x3 + 5x4 ≦ 300
  4x1 + 2x2 + 3x3 + 3x4 ≦ 200
  7x1 + 4x2 + 2x3 + 6x4 ≦ 300
  x1, x2, x3, x4 ≧ 0

2) Dual Problem 수식 :

- 목적함수 : min Z = 400y1 + 300y2 + 200y3 + 300y4
- 제약조건 : 8y1 + 5y2 + 4y3 + 7y4 ≧ 9
  6y1 + 6y2 + 2y3 + 4y4 ≧ 8
  4y1 + 4y2 + 3y3 + 2y4 ≧ 6
  5y1 + 5y2 + 3y4 + 6y4 ≧ 5
  0 ≦ y1, y2, y3, y4

- **쌍대문제를 고려한 MATLAB® 프로그램**

```
%---------------------------------
% 선형계획법 예제 1 : 최대화문제
%---------------------------------
f = [-9 -8 -6 -5 ]';
a = [ 8  6  4  5
      5  6  4  5
      4  2  3  3
      7  4  2  6 ];
b = [400 300 200 300]';
lb = [0  0  0 0 ]';
[x,fval]=linprog(f,a,b,[],[],lb);
%---------------------------------
%  쌍대문제 (Dual Problem)
%---------------------------------
ff = b;
aa = -1 * [a]';
bb = f;
lbb = [0 0 0 0 ]';
[y,ffval]=linprog(ff,aa,bb,[],[],lbb);
%---------------------------------
x
fval
y
ffval
```

ff : 쌍대문제 목적함수 계수이며, 이는 본래 문제의 자원량 (b) 이다

aa : 쌍대문제 기술계수는 본래 문제 기술계수와 전치되며, 부호는 반대

bb : 쌍대문제 자원량이며, 본래 문제 목적함수와 같다.

lbb : 쌍대문제 결정변수의 하한값 (비음조건)

y : 쌍대문제 결정변수 (자원의 가치)

ffval : 쌍대문제의 목적함수 최적값 (본래 문제의 값과 같고, 부호는 반대)

- **Output** : 분석결과 쌍대문제 목적함수 최적값은 본래 문제와 같으며, 자원A의 가치는 0.0, B는 0.96, C는 0.52, D는 0.30 으로 분석되었다. 자원 B는 가장 중요한 자원으로 분석되며, 자원 B 1단위 증가 시 이익은 0.95 증가하며, 시장가치가 이보다 낮으면, B 자원을 증대하여 이익을 증대하는 의사결정을 할 수 있을 것이다.

```
Optimization terminated.

  y =
    0.0000
    0.9565
    0.5217
    0.3043

  ffval =
    482.6087
```

- **MATLAB®의 lamda를 이용한 잠재가격 (Shadow Price) 산정 :**

MATLAB®에서는 쌍대문제의 잠재가격 (Shadow Price) 산정을 위하여, 앞에서와 같은 Dual Program을 작성하지 아니하고, 본래 문제의 output에서 "lamda"를 추가로 입력하면 산정이 가능하다. 예를들면, 다음과 같이 최적의 결정변수 값을 x, 목적함수 값을 fval, 최종상태를 exitflag, 산정결과를 output, 라그랑지 승수를 lamda라는 이름의 변수로 출력할 경우, 잠재가격은 lamda에 산정된다. lamda는 Structure로서 Work Space에서 내용을 확인할 수 있다. 예제의 자원제약 조건은 부등식에 의한 자원의 제약조건이기에 잠재가격은 "ineqlin"에 출력되어 있다. 등식의 자원 제약조건은 "eqlin"에 잠재가격이 출력된다. (변수이름 : lamda.ineqlin) 잠재가격의 해석은 앞에서 수행한 Dual Program과 같기에 설명은 생략한다.

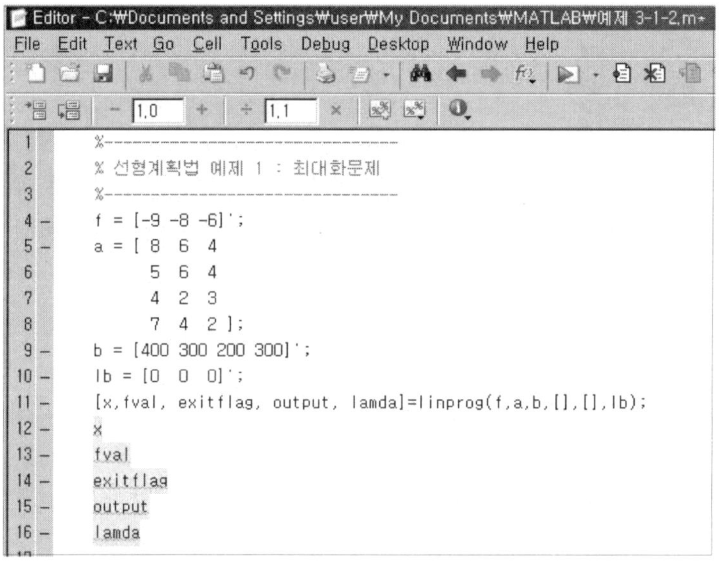

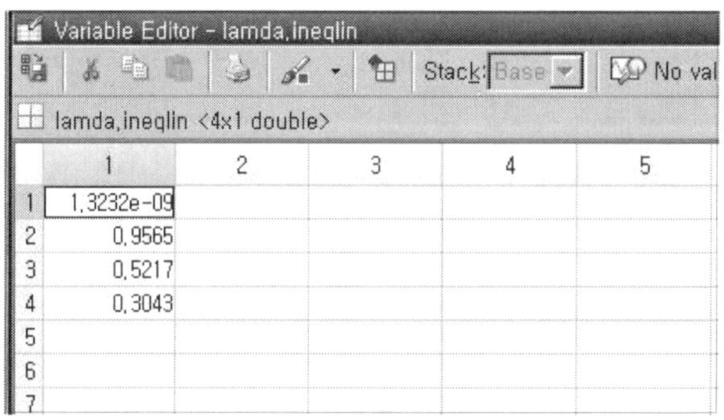

- MATLAB®의 lamda를 이용한 잠재비용 (Shadow Cost) 산정 :

의사결정에 있어서는 쌍대문제를 이용한 잠재가격 (Shadow Price) 산정과 아울러 잠재비용 (Shadow Cost) 산정을 동시에 수행하여 합리성을 제고하고 있다. 잠재비용은 생산계획에서 고려한 제품이 기저변수가 (Basic Variable) 되지 못하고 비기저변수가 (Non-Basic Variable) 되어 최적값이 Zero가 되었을 경우 고려된다. 예제에서 보면, 제품 D의 경우 최적생산계획에 포함되지 못하여 생산을 포기하여야 한다. 만일, 제품 D를 생산한다면 그 영향은 전체이익에 어느 정도인가를 파악하는 것이 목적이다. MATLAB에서는, 본래 문제의 output에서 "lamda"를 추가로 입력하면 잠재비용의 산정이 가능하다. 라그랑지 승수를 lamda 라는 이름의 변수로 출력할 경우, 잠재비용은 lamda에 산정된다. lamda는 Structure 로서 Work Space에서 내용을 확인할 수 있다. 예제의 잠재비용은 lamda 이름의 structure에 "lower"라는 이름의 field에 출력되어 있다. 즉, MATLAB에서 잠재비용은 "lamda.lower"에 출력되어 있으며 추후 분석에서 이를 이용할 수 있도록 Matrix 형태로 구성되어 있다. 잠재비용은 제품 A, B, C 는 zero이며 제품 D 는 3.17 로 산정되었다. 이는 제품 A, B, C의 생산에서는 잠재비용이 없으나, 제품 D 의 생산에서는 잠재비용이 3.17 단위만큼 발생한다는 것이다. 다시 말해서, 제품 A, B, C 는 생산에 따라 손해는 없지만 제품 D는 1단위 생산하면 이익은 3.17 단위만큼 감소한다는 의미이다. 이와같이 잠재가격과 잠재비용은 제품생산에 따른 영향도를 파악하는 것으로서, 자원의 가치에 따라 이익에 미치는 영향도를 잠재가격 (Shadow Price), 제품의 생산에 따라 이익에 미치는 영향도를 잠재비용 (Shadow Cost)으로 구분하여 의사결정을 수행한다.

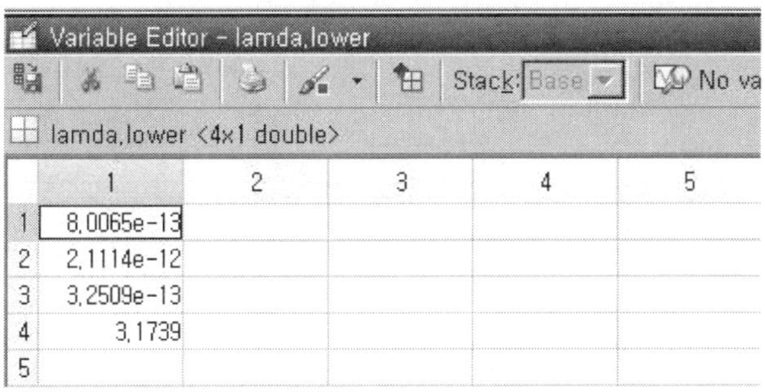

(2) 최소화 문제 (Min Z)

- **예제** : 최소화를 목적으로 하는 경우

진성 공업사에서는 110m 의 철근 30개를 용도에 따라 30m, 45m 길이의 두 종류, 각 40개 이상으로 절단하려고 한다. 절단되고 남은 철근은 버리게 되는데 이를 최소화할 수 있는 방법을 살펴본다.

· 결정변수 : 절단방법 1) x1 : 30m, 30m, 30m - 나머지 20m
2) x2 : 45m, 45m - 나머지 20m
3) x3 : 30m, 30m, 45m - 나머지 5m

· 목적함수 :

$$\min\ Z = 20x1 + 20x2 + 5x3$$

· 제약조건 :

$x1 + x2 + x3 \leqq 30$	(110m 철근은 30개 이하)
$3x1 + 2x3 \geqq 40$	(30m 철근은 40개 이상)
$2x2 + x3 \geqq 40$	(45m 철근은 40개 이상)
$0 \leqq x1, x2, x3$	(Non Zero, 비음조건)

- MATLAB® Program :

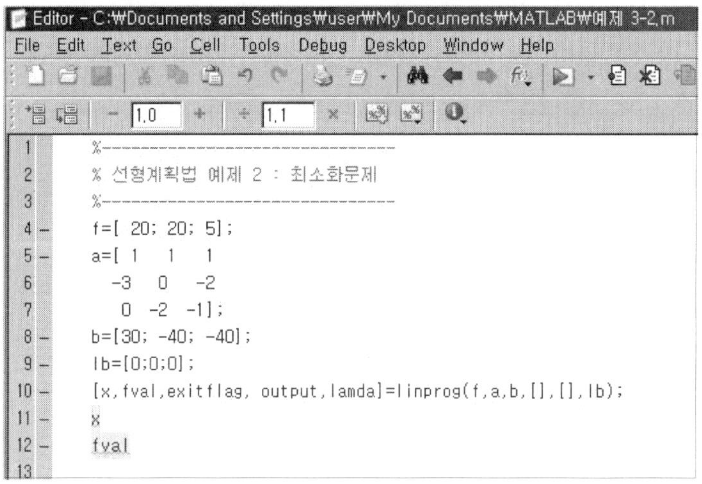

- MATLAB® Program 입력자료 설명 :

f : 목적함수 Z 의 공헌계수 (나머지 철근량)
a : 제약조건의 기술계수 (절단방법에 따른 30m, 45m 철근 발생량)
b : 자원의 제약조건 (110m 철근 제약, 30m, 45m 철근 생산제약)
lb : 결정변수 x 의 하한값 (Non Zero - 비음제약)
x : 결정변수 x 의 최적값 (출력사항)
fval : 목적함수 Z 의 최적값 (출력사항)

1행 : f 값 입력, 최소화 문제, 공헌계수 부호 정상 (3*1 행렬형식)
2행-5행 : 기술계수 입력, 부등호 방향에 따라 부호조정 (3*3 행렬형식)
부등호 방향이 기본수식과 다른 경우 반대 부호입력
4행 : 기술계수 입력, 부등호 방향에 따라 부호조정 (3*3 행렬형식)
5행 : b 값 입력, 부등호 방향에 따라 부호조정 (3*1 행렬형식)
부등호 방향이 기본수식과 다른 경우 반대 부호입력
6행 : lb 값 입력 (x 의 비음조건 - 3*1 행렬 형식)
7행 : linprog 함수 입력, 출력은 (x, fval), 함수의 조건은 부등식 a, b
등식은 존재하지 않기에 [ ], [ ], 입력

- Output : 예제의 출력결과는 다음과 같다. 분석결과 진성 공업사의 최적 절단계획은 2번째 절단방법 (45m, 45m) 10회, 3번째 절단방법 (30m, 30m, 45m) 20회 로 분석되었다. 이러한 절단계획에 따라 절단된 철근의 나머지는 최소값 300m 로 분석되었다.

```
>> x
 x =
   0.0000
  10.0000
  20.0000

>> fval
 fval =
 300.0000

>>
```

- MATLAB® 이용 잠재가격(Shadow Price), 잠재비용 (Shadow Cost) :

예제에서 설정한 최소화 문제의 경우, 잠재가격과 잠재비용의 적용은 적당하지 않을 수도 있겠으나, 선형계획법이 단순히 최적해의 산정에만 머무르는 것이 아니기에, 이 책에서는 MATLAB을 이용한 잠재가격 및 잠재비용을 검토하였다. MATLAB에서, 문제의 출력변수 설정 부분에서 "lamda"를 추가로 입력하면 잠재가격과 잠재비용이 산정된다. lamda라는 이름의 structure로 출력하면, 잠재가격은 lamda 중에서, 부등식의 자원 제약조건은 "ineqlin"의 이름의 field로 출력되며, 잠재비용은 lamda 중에서 "lower"이라는 이름의 field에 출력된다. 잠재비용의 경우, 철근의 절단방법 1의 x1은 35, 절단방법 2의 x2는 0, 절단방법3의 x3는 0으로 분석되었다. 이는 절단방법 1을 1단위 시행할 경우, 최소화의 목적함수에 35 단위 증가를 가져오는 것으로 분석된다. 잠재가격의 경우 제약조건 1의 경우 29.6, 제약조건 2의 경우 4.9 제약조건 3의 경우 24.8로 산정되었다. 이는 제약조건 1의 경우, 110m 철근이 1단위 증가하면 목적함수는 29.6 단위 증가하는 것으로 분석된다. 제약조건 2의 경우, 30m 철근이 1단위 증가하면 목적함수는 4.9단위 증가하며, 제약조건 3의 경우, 45m 철근이 1단위 증가하면 목적함수는 24.8단위 증가하는 것으로 분석된다. 따라서 전체 총량을 제약하는 제약조건 1을 제외할 경우, 제약조건 3이 제약조건2 보다 목적함수에 미치는 영향이 큰 것으로 분석된다.

```
>> lamda.ineqlin
ans =
   29.6116
    4.9029
   24.8058

>> lamda.lower
ans =
   34.9029
    0.0000
    0.0000

>>
```

(3) 복합적 제약조건 문제

- **예제** : 제약조건이 등식, 부등식 등 복합적일 경우

진성 투자회사에서 구상한 투자대안은 A, B, C 3개이며, 기대이익은 각 2억원, 3억원, 1억원으로 예상되었다. 총 투자액은 50억원이며, 전액 투자하려 한다. B 투자액은 A, C 투자액 합 보다 적어야 하며, A 투자액은 B 투자액의 50% 보다 적어야 한다. 최적 투자방안을 살펴본다.

· 결정변수 : 투자대안 A, B, C - - 3개 결정변수 설정 (X_1 X_2 X_3)

· 목적함수 :

max Z = 2x1 + 3x2 + x3

· 제약조건 :

x1 + x2 + x3 = 50	(총 투자액 제약)
x2 ≦ x1 + x3	(A, B 투자액 제한)
x1 ≦ x2 / 2	(A 투자액 제한)
0 ≦ x1, x2, x3, x4	(Non Zero)

- MATLAB® Program :

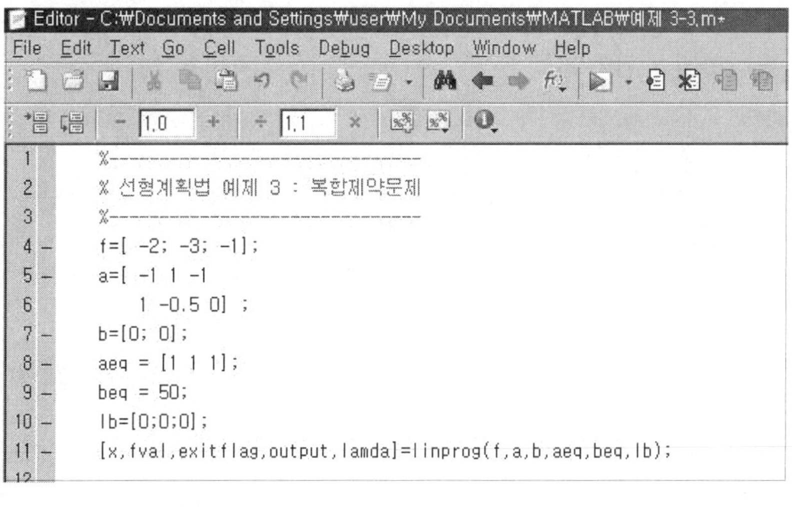


```
%-----------------------------------
% 선형계획법 예제 3 : 복합제약문제
%-----------------------------------
f=[ -2; -3; -1];
a=[ -1 1 -1
    1 -0.5 0] ;
b=[0; 0];
aeq = [1 1 1];
beq = 50;
lb=[0;0;0];
[x,fval,exitflag,output,lamda]=linprog(f,a,b,aeq,beq,lb);
```

- MATLAB® Program **입력자료 설명** :

  f : 목적함수 Z 의 공헌계수 (투자대안의 예상수익)
  a : 부등식 제약조건의 기술계수 (투자대안의 제약조건)
  b : 부등식 자원의 제약조건 (투자대안들의 조건)
  aeq : 등식 제약조건의 기술계수
  beq : 등식 자원의 제약조건 (총투자액)
  lb : 결정변수 x 의 하한값 (Non Zero - 비음제약)
  x : 결정변수 x 의 최적값 (출력사항)
  fval : 목적함수 Z 의 최적값 (출력사항)

  1행 : f 값 입력, 최대화 문제이기에 공헌계수 부호 반대 (3*1 행렬형식)
  2행-3행 : 기술계수 입력, 부등호 방향에 따라 부호조정 (2*2 행렬형식)
  부등호 방향이 기본수식과 다른 경우 반대 부호입력
  4행 : 기술계수 입력, 부등식의 이항에 따라 값은 zero (2*1 행렬형식)
  5행 : 등식의 제약조건 기술계수
  6행 : 등식의 자원제약 (총투자액 50억원)
  7행 : lb 값 입력 (x 의 비음조건 - 3*1 행렬 형식)
  8행 : linprog 함수 입력, 출력은 (x, fval)

- **Output** : 예제의 출력결과는 다음과 같다. 분석결과 최적 투자방안은 투자대안 A에 12억 5천만원, 투자대안 B 에 25억원, 투자대안 C 에 12억 5천만원을 결정한다. 이때 예상되는 투자수익은 112억 5천만원이 될 것으로 분석되었다. 최적 투자예상액으로 분석되는 fval 의 값이 음수로 나타나는 것은 MATLAB 함수가 최소화를 산정하기 때문에 부호가 반대로 산정된다.

```
>> x
 x =
  12.5000
  25.0000
  12.5000

>> fval
 fval =
  -112.5000

>>
```

- MATLAB® 이용 잠재가격(Shadow Price), 잠재비용 (Shadow Cost) :

예제에서 설정한 복합적 제약조건 문제의 경우, 잠재가격과 잠재비용의 적용은 적당하지 않을 수도 있겠으나, 선형계획법이 단순히 최적해의 산정에만 머무르는 것이 아니기에, 이 책에서는 MATLAB을 이용한 잠재가격 및 잠재비용을 산정하였다. MATLAB 에서, 문제의 출력변수 설정 부분에 "lamda"를 추가로 입력하면 잠재가격과 잠재비용이 산정된다. lamda라는 이름의 structure로 출력하면, 잠재가격은 lamda 중에서 등식의 자원 제약조건은 "eqlin", 부등식의 자원 제약조건은 "ineqlin"의 이름의 field에 출력된다. 잠재비용은 lamda 중에서 "lower"이라는 이름의 field에 출력된다. 잠재비용의 경우, 투자대안들은 모두 zero에 가까운 값으로, 모든 투자대안들이 이익에 기여하고 있다. 따라서 모든 결정변수는 이익에 기여하고 있다. 잠재가격의 경우, 등식의 제약조건인 총 투자액 50억원의 가치는 2.25 단위로 산정되며, 부등식의 제약조건인 B 투자액은 A, C 투자액 합 보다 적어야 한다는 조건의 가치는 1.25 단위로 산정되었다. 그리고 또 다른 부등식의 제약조건인 A 투자액은 B 투자액의 50% 보다 적어야 한다 조건의 가치는 1.0으로 산정되었다. 이에 따라 투자이익에 가장 큰 영향을 미치는 제약조건은 총액조건이며, 두 번째 조건이 세 번째 조건보다 이익에 미치는 영향력이 큰 것으로 분석된다.

```
>> lamda.ineqlin
ans =
     1.2500
     1.0000

>> lamda.eqlin
ans =
     2.2500

>> lamda.lower
ans =       1.0e-10 *
     0.5757
     0.0911
     0.3674

>>
```

(4) MATLAB "Optimtool"에 의한 분석

- MATLAB® “Optimtool”을 이용하면 보다 쉽게 최적화를 수행할 수 있다. MATLAB 프롬프트에서 ”Optimtool”을 입력하면 다음 화면이 나타난다.

1) Problem Setup and Results : 문제를 구조화하고 목적함수, 제약조건 등을 구성하는 부분이다. 아울러 문제의 결과와 최종상태 등을 나타낸다.

2) Options : 문제해결을 위한 여러가지 조건 등을 입력하는 부분이다. 조건 입력 창에는 반복산정 정지기준, 알고리즘 선정, Plot 등을 조정한다.

3) Quick Reference : 최적화 과정을 원활히 수행하기 위한 option을 나타내는 부분이다.

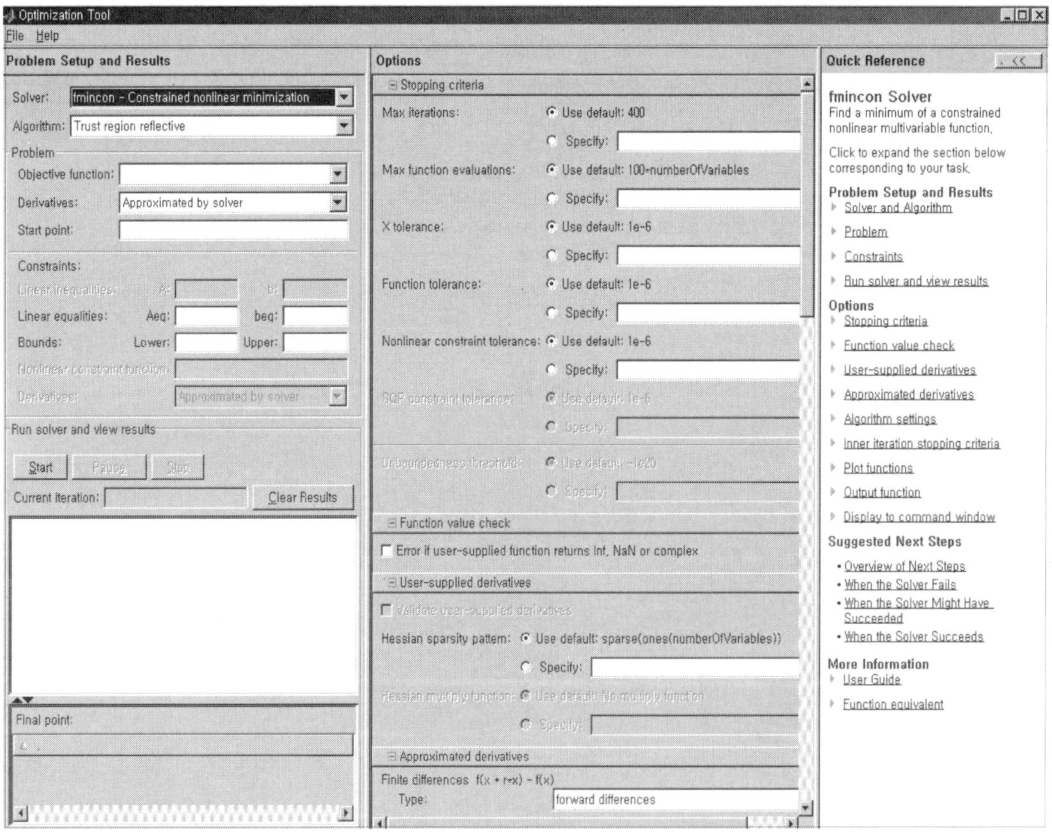

- MATLAB® "Optimtool"에 의한 분석사례 :

앞에서 수행한 예제 (3) 복합적 제약조건의 문제를 "Optimtool"에 의하여 문제를 구조화하고, 계수들의 입력 후, 산정한 결과를 요약하면 다음과 같다.

1) Solver : 산정함수 선택 - "linprog" 선택 (선형계획법)
2) Algorithm : 알고리즘을 선택 - "Medium Scale - Simplex" 선택
   선형계획법에 일반적으로 적용으로 알고리즘으로 선택 (default)
3) Problem : 문제의 f, A, b, Aeq, beq, lb,ub 값 입력
   부등호의 방향에 따라 계수의 부호가 바뀌는 점에 유의
4) Run . . : 문제의 최적해 탐색, 최적결과 표시 (최적값 : 112.5)
   최대화 문제, 계산과정 때문에 결과는 -112.49999 로 나타남
5) Final Point : 최적해 표시 (x1 = 12.5, x2 = 25, x3 = 12.5)
6) Options : 선형계획법에 필요한 조건 입력 (예제는 디폴트 적용)

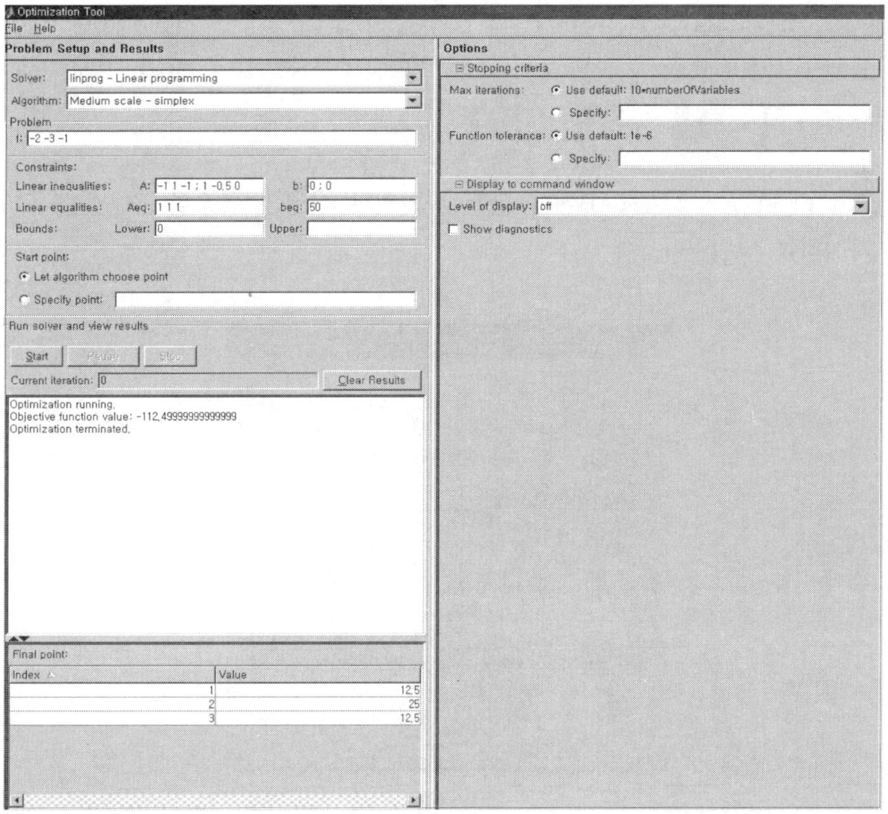

- MATLAB® "Optimtool"에 의한 입력자료 저장 :

"Optimtool"에 의하여 수행한 문제의 구조화, 입력자료, 산정조건 등의 내용들은 추후 관련된 분석을 위하여 파일 형태로 저장할 필요가 발생한다. 그리고 기존의 MATLAB "Work Space"에서 작성한 입력자료 등의 내용을 "Optimtool"에 의하여 분석하고자 할 필요가 발생할 경우, 이를 지원하기 위한 방안이 요구된다. 이러한 경우에는 "Optimtool" 에서 "File"단추를 클릭하면 다음의 창이 나타나며, 이에따라 이러한 문제를 쉽게 처리할 수 있다. 그 내용은 다음과 같다.

1) Export to Work Space : "Optimtool"에 의하여 입력한 문제 구조화, 입력자료, option 등의 내용을 Work Space 에 복사하는 방법이다. 이를 수행하면 "Optimtool" 의 모든 자료는 Work Space 로 이동된다. Work Space 로 이동된 자료는 MATLAB 의 다른 Window에서 쉽게 처리가 가능하다.

2) Import Problem : MATLAB Work Space에서 수행한 문제의 구조화, 입력자료 등의 내용들을 Optimtool 에 복사하는 방법이다. 이를 수행하면 기존 Work Space 내용들은 모두 Optimtool 로 이동된다. Optimtool 에서는 입력자료를 쉽게 바꾸어 가며 해를 찾기 쉬운 장점이 있다.

3) Import Options : MATLAB에서 설정한 최적화 산정의 특수한 조건들을 Optimtool 에 복사하는 방법이다.

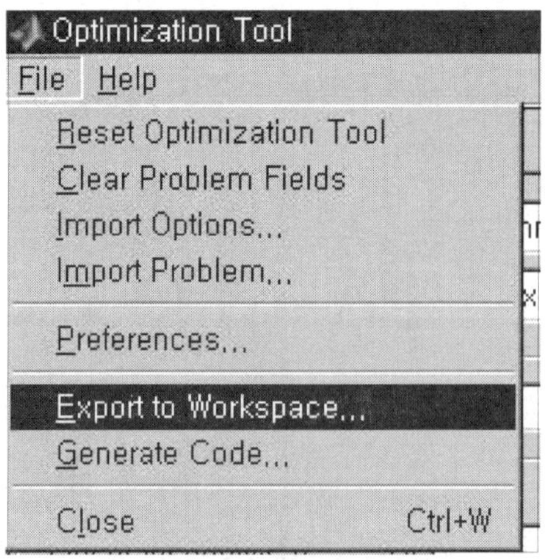

연습문제

1. 대현 E&C 는 A, B, 두 제품을 생산하며, 가용자원 I은 600단위, 가용자원 II는 800단위를 가지고 있다. A 제품은 생산과정에서 자원 I을 10단위, 자원 II를 7단위 소비하고, B 제품은 생산과정에서 자원 I을 11단위, 자원 II를 17단위 소비한다. 제품 1개당 판매가는 A 제품이 6만원, B 제품은 9만원의 이익을 얻는다.

   (1) 총 이익을 최대로 하는 생산계획은 무엇인가.

   (2) 자원 I, 자원 II의 잠재가격과 제품 A, 제품 B의 잠재 비용을 검토하시오.

2. 대현 E&C 에서는 문제 1과 같은 상황에서 신제품 C를 준비하였다. 신제품 C는 자원 I을 11단위 소비하며, 자원 II를 12단위 소비한다. 판매가는 10만원으로 설정하고 있는데, 자원I, II의 가용량은 문제 1과 같다.

   (1) 신제품 C의 생산에 대한 총이익 최대의 생산계획은 무엇인가.

   (2) 신제품 C의 생산에 따른 잠재비용과 잠재가격을 검토하시오.

3. (주)송우에서는 3개의 원료를 섞어 완제품 100Kg을 생산한다. A 성분은 22% 이상, B 성분은 5% 이상, C 성분은 0.8% 이상, 그리고 C 성분은 1.2% 이하이어야 한다. 3개 원료별 Kg 당 함유성분 및 단가는 다음의 표와 같다.

   (1) 가장 경제적 생산계획은 무엇인가

   (2) 제약조건들의 잠재가격을 검토하시오.

원료	A	B	C	단가
1	0.09	0.02	0.001	22.1
2	0.50	0.07	0.002	60.4
3	0.00	0.00	0.410	8.5

4. 한양 특수개발에서는 A, B 두 지역에서 X, Y 두 종류의 상품을 생산하는 공장을 운영하고 있다. 공장의 투입요소는 I, II 두 종류이며, 지역별, 투입요소의 소요량과 가용량은 다음의 표에서 보는 바와 같다. X 공장은 운영자금 3억원, Y 공장은 3.5억원이 소요되며, 운영자금의 총예산은 100억원이다. 이익에 대한 기여도는 X는 5억원, Y는 7억원이다.

자원	A 지역			B 지역		
	X	Y	제한량	X	Y	제한량
I	4	3	100	3	2	50
II	2	5	80	5	6	60

(1) 이익을 최대로 하는 생산계획은 무엇인가.

(2) 결정변수의 잠재비용, 자원제약의 잠재가격을 검토하시오.

5. 다음의 최적해를 산정하시오

· 목적함수 : Max $Z = 3x1 + 5x2$

· 제약조건 :

$$2x1 + 3x2 \leqq 80$$
$$4x1 + 5x2 = 100$$
$$6x1 - 7x2 \geqq 0$$

CHAPTER 4

정수계획법 : IP - Integer Programming

4.1 개요

정수계획법은 (Binary Integer Programming) 선형계획법의 일종으로서 결정변수가 이항적인 경우 (x = 1, 0), 의사결정 기법으로 개발되었다. 정수계획법은 선형계획법과 함께 규범적 의사결정론의 중심적인 기법으로서, Yes or No, Go or Stop 등 이항적인 의사결정을 위하여 한정된 자원제약 속에서 목적 달성을 위한 최적안을 수리적 알고리즘에 의해 탐색한다. 분석은 최적화 원리에 따라 구성되며, 정수계획법 수식의 일반적인 형태는 다음과 같다.

- **목적함수** (Objective Function) :

$$\max \sum_{j=1}^{n} c_j x_j$$

- **제약조건** (Constraints) :

$$\sum_{j=1}^{n} a_{ij} x_j \le b_i$$

$$x_j = 0, 1 \;--\; \text{for } all\ j$$

- **정수계획법의 수식에서 사용된 변수와 계수는 다음과 같다.**

(1) x_j : 결정변수 (decision variable) - 정수계획법에서 값을 결정하고자 하는 변수로서, 0 또는 1의 값을 갖는다.

(2) c_j : 공헌계수 (contribution coefficient) - 목적함수의 값에 영향을 미치는 계수로서, 일반적으로 결정변수에 따른 이익 등으로 구성된다.

(3) b_i : 사용가능 자원 (resources limited) - i 번째 자원의 사용가능한 자원량으로서, 제한된 범위내에서 정수계획법을 결정하는 한계치이다.

(4) a_{ij} : 기술계수 (technology coefficients) - 결정변수의 양적 증가에 따라 자원의 소모량 등을 산정하는 계수로서, 확정적인 값으로 구성된다.

4.2 MATLAB® 정수계획법 Syntax

(1) MATLAB 기본수식 :

- **목적함수** (objective Function) :

$$Z = \min f(x), \text{ or } \quad Z = \min_x f^T x$$

- **제약조건** (Constraint) :

$$Ax \le b,$$

$$A_{eq} = b_{eq},$$

$$x = binary(0, 1)$$

(이때, f, b, b_{eq} 는 벡터, A, A_{eq} 는 Matrix)

- MATLAB® **프로그램 유의사항**

1) 최대화, 최소화의 문제 : 정수계획법의 일반적인 형태는 최대화 문제이다. MATLAB에서는 정수계획법의 기본수식이 최소화로 설정되어 있기 때문에, 최대화 문제는 공헌계수의 부호를 반대로 하여 목적함수를 변환하여 산정한다.

$$Max\ Z = 4x_1 + 3x_2 \ \Rightarrow\ Min\ Z = -4x_1 - 3x_2$$

2) 제약조건의 등식, 부등식 문제 : 일반적인 알고리즘에서는 제약조건의 부등식에 대해 여유변수 (slack variable), 인위변수 (artificial variable) 를 사용하여 풀이하고 있다. MATLAB에서는 부등식과 등식 모두 적용이 가능하며, 이중제약의 조건식에서는 다음과 같이 두 개의 부등식으로 구분하여 풀이한다.

$$ll \le ax_1 + bx_2 \le uu \ \Rightarrow\ ax_1 + bx_2 \le uu$$

$$-ax_1 - bx_2 \le -ll$$

(2) MATLAB® 프로그램 형태 : bintprog (MATLAB 정수계획법 함수)

- MATLAB® 프로그램에서 등호의 좌측은 Output에 관한 사항을 입력하며, 등호의 우측은 Input에 관한 사항을 입력한다.

1) $x = bintprog\ (f)$

제약조건이 없는 상황에서 목적함수의 최적해 x 찾기

2) $x = bintprog\ (f,\ A,\ b\ )$

$Ax \le b$ 조건에서 목적함수의 최적해 x 찾기

3) $x = bintprog\ (f,\ A,\ b,\ A_{eq},\ b_{eq})$

$Ax \le b,\ A_{eq} = b_{eq}$ 조건에서 목적함수의 최적해 x 찾기
만일 부등식이 없고 등식만 있을 경우, A=[ ], b=[ ]

4) $x = bintprog\ (f,\ A,\ b,\ A_{eq},\ b_{eq},\ x_0\ )$

$Ax \le b,\ A_{eq} = b_{eq},\ x = x_0$ 부등식, 등식, 초기치의 조건에서 목적함수 최적해 x 찾기. 만일, 부등식이 없고 등식만 있으면, A=[ ], b=[ ]

5) $x = bintprog\ (f,\ A,\ b,\ A_{eq},\ b_{eq},\ x_0,\ option\ )$

$Ax \le b,\ A_{eq} = b_{eq},\ x = x_0$ 부등식, 등식, 초기치 x_0, option 의 조건에서 목적함수의 해 x 찾기, option 은 "optimset"을 이용하여 적용

* "optimset" : 특정한 상황에 맞는 조건을 설정하는 프로그램
  "BranchStrategy", "Display", "MaxIter" 등 다양한 조건설정 가능.
  자세한 사항은 MATLAB에서 Help 기능을 참조하기 바람.

* 정수계획법에서 많이 쓰이는 option
  BranchStrategy : 정수계획법에 따른 분지(Branch) 전략
  MaxIter : 최적해 탐색을 위한 반복산정 회수 설정
  Display : 최적해 탐색과정을 화면에 나타내는가의 여부
  TolFun : 최적해 탐색의 반복산정 중지를 위한 임계치 설정

6) $[x, fval] = bintnprog(\ldots)$

x : 조건에 맞는 최적해의 값, fval : 목적함수 Z 값을 출력한다

7) $[x, fval, exitflag] = bintprog(\ldots)$

x : 조건에 맞는 최적해의 값, fval : 목적함수 Z 값,
exitflag : 최종상태를 출력한다.

* 최종상태를 나타내는 exitflag 의 수치는 다음의 상태를 나타낸다.
1 = 최적해를 탐색하였음 (최적화 과정 성공)
0 = MaxIter 에서 설정한 반복 산정회수 초과
-2 = 정수계획법의 문제가 실행불능 (Infeasible)
-4 = MaxNodes 에서 설정한 node 조건 초과 (Node Exceed)
-5 = MaxTime 에서 설정한 시간초과 (Time Exceed)
-6 = MaxRlp 에서 설정한 수치기준 초과

8) $[x, fval, exitflag, output] = bintprog(\ldots)$

x : 조건에 맞는 최적해의 값, fval : 목적함수 Z 값,
exitflag : 최종 상태, output : 최적상태의 정보를 출력.

* 최적상태 정보를 나타내는 output 의 내용은 다음과 같다
iterations : Number of iterations taken nodes
nodes : Number of nodes searched time
time : Execution time of the algorithm algorithm
algorithm : Optimization algorithm used branchStrategy
branchstrategy : Strategy used to select branch variable
nonsearchstrategy : Strategy used to select next node in search tree
message : Exit message

4.3 MATLAB® 적용사례

(1) 포트폴리오 구성 문제 (Portfolio Problem)

- **예제** : NPV 최대의 포트폴리오 구성을 목적으로 하는 경우

진성시에서 지역의 발전을 위하여 다음의 5개 투자대안을 마련하였다. 투자대안별 순현재가치 (Net Present Value) 는 표에서 보는바와 같다. 투자금액은 분기별로 1분기 75억원, 2분기 85억원, 3분기 85억원, 4분기 70억원으로 책정되었다. 투자사업의 결정에서 부분투자, 또는 중복투자는 불가능하다. 순현재가치 최대의 의사결정 방안은 무엇인가.

투자대안	NPV	1 분기	2 분기	3 분기	4 분기
1	25	18	23	25	21
2	15	12	21	18	11
3	20	17	31	18	10
4	25	13	18	11	14
5	30	24	28	26	26

· 결정변수 : 투자대안 - - x1, x2, x3, x4, x5 (단, 결정변수는 0, 1)

· 목적함수 : (NPV 최대화)

max Z = 25x1 + 15x2 + 20x3 + 25x4 + 30x5

· 제약조건 : (분기별 투자규모 제한)

1 분기 : 18x1 + 12x2 + 17x3 + 13x4 + 24x5 ≦ 75
2 분기 : 23x1 + 21x2 + 31x3 + 18x4 + 28x5 ≦ 85
3 분기 : 25x1 + 18x2 + 18x3 + 11x4 + 26x5 ≦ 85
4 분기 : 21x1 + 11x2 + 10x3 + 14x4 + 26x5 ≦ 70
Binary : x1, x2, x3, x4 = (0, 1)

- MATLAB® Program :

Editor - C:₩Documents and Settings₩user₩My Documents₩MATLAB₩예제 4-1.m

```
%--------------------------------
% 정수계획법 예제 1 : 포트폴리오
%--------------------------------
f=[-25; -15; -20; -25; -30];
a=[ 18 12 17 13 24
    23 21 31 18 28
    25 18 18 11 26
    21 11 10 14 26 ];
b=[75; 85; 85; 70];
[x,fval]=bintprog(f,a,b);
```

f : 목적함수 Z 공헌계수, 최대화 문제이기에 부호 반대 (5*1 행렬)

a : 제약조건의 기술계수 (분기별 투자대안 투자액 : 4*5 행렬)

b : 자원의 제약조건 (분기별 투자 가능 총액 : 4*1 행렬)

x : 결정변수 x 의 최적값 (출력사항)

fval : 목적함수 Z 의 최적값 (출력사항)

bintprog : 함수 선택, 출력은 (x, fval), 함수의 조건은 부등식 a, b

- Output : 분석결과 3개 투자대안 1, 4, 5에 투자하는 것이 최적이며, 이때 최대 NPV 80억원을 얻는 것으로 나타났다. (최대화 문제로서 부호 반대)

```
>> x=x'
x =
    1    0    0    1    1

>> fval
fval =
   -80

>>
```

(2) 시설배분 문제 (Allocation Problem)

- **예제** : 비용 최소화의 시설배분을 목적으로 하는 경우

시설의 수요처는 A, B, C 3개소이며, 시설의 입지 후보지역은 X, Y, Z, W 4개소이다. 시설의 입지 후보지역과 수요지역과의 거리는 다음 표와 같다. 수요지역에는 반듯이 시설이 공급되어야 하며, 중복적으로 공급할 경우 추가비용은 막대하다. 최소비용으로 시설을 공급하는 방안은 무엇인가. (수요와 공급이 일치하지 않은 불균형적인 할당문제 - Unbalanced Allocation Problem 로 불리기도 한다. 제약조건이 모두 등식으로 이루어지는 경우, 균형할당모형(Balanced Allocation Problem) 으로 불린다.)

		수요지		
		A	B	C
공급지	X	12	14	10
	Y	6	8	5
	Z	10	9	7
	W	9	7	6

· 결정변수 : 공급지에서 수요지로 배분하는 방안 - 총 12개 결정변수
(단, 중복배분은 허용하지 않으므로 결정변수는 Binary : 0, 1)

· 목적함수 :

Min $Z = d_i * x_i$ (d_i : 거리, x_i :결정변수)

· 제약조건 :

x1 + x2 + x3 ≦ 1 (공급지 X 의 제약)
x4 + x5 + x6 ≦ 1 (공급지 Y 의 제약)
x7 + x8 + x9 ≦ 1 (공급지 Z 의 제약)
x10 + x11 + x12 ≦ 1 (공급지 W 의 제약)
x1 + x4 + x7 + x10 = 1 (수요지 A 의 제약)
x2 + x5 + x8 + x11 = 1 (수요지 A 의 제약)
x3 + x6 + x9 + x12 = 1 (수요지 A 의 제약)
x1 ~ x12 = (0, 1)

- MATLAB® Program :

```
%--------------------------------
% 정수계획법 예제 2 : 시설할당문제
%--------------------------------
f = [12 14 10 6 8 5 10 9 7 9 7 6]';
a = [ 1 1 1  0 0 0  0 0 0  0 0 0
      0 0 0  1 1 1  0 0 0  0 0 0
      0 0 0  0 0 0  1 1 1  0 0 0
      0 0 0  0 0 0  0 0 0  1 1 1 ];
b = [1 1 1 1]';
Aeq = [ 1 0 0  1 0 0  1 0 0  1 0 0
        0 1 0  0 1 0  0 1 0  0 1 0
        0 0 1  0 0 1  0 0 1  0 0 1 ];
beq = [1 1 1 ]';
[x,fval]=bintprog(f,a,b,Aeq,beq);
```

- MATLAB® Program **입력자료 설명** :

f : 목적함수 Z의 공헌계수 (공급지에서 수요지까지 거리)
(1*12 행렬로 입력하였으나, " ' "로 전치행렬 12*1 변환)

a : 부등식의 제약조건의 기술계수 (공급지역 제약조건)
(결정변수의 형식에 따라 4*12 행렬형식으로 입력)

b : 부등식의 자원의 제약조건 (중복 할당은 안되므로 1.0)
(1*4 행렬로 입력하였으나, 전치행렬 4*1 로 변환)

Aeq : 등식의 제약조건 기술계수 (수요지역 제약조건)
(결정변수의 형식에 따라 3*12 행렬형식으로 입력)

beq : 등식의 자원 제약조건 (수요지역은 배당되어야 하므로 1.0)
(1*3 행렬로 입력하였으나, 전치행렬 3*1 로 변환)

x : 결정변수 x의 최적값 (출력사항)

fval : 목적함수 Z의 최적값 (출력사항)

bintprog : 정수계획법의 함수

- 결정변수의 값을 행렬로 표현하는 MATLAB 프로그램과 이에 따른 결과는 다음과 같다.

```
>>  x1 = x (1 : 3) ;
    x2 = x (4 : 6) ;
    x3 = x (7 : 9) ;
    x4 = x (10 : 12);
    xx = [x1' ;  x2' ; x3' ] ;
```

```
>> xx
 xx =
    0    0    0
    1    0    0
    0    0    1
    0    1    0

>> fval
 fval =
   20

>> ;
```

- Output : 예제의 출력결과는 다음과 같다. 분석결과 수요지역 A는 공급지역 Y에서 공급하며, 수요지역 B는 공급지역 W에서 공급하며, 수요지역 C는 공급지역 Z에서 공급하는 것이 최적 공급방안으로 분석되었다.. 이러한 공급방안을 선택할 경우, 시설공급의 총 거리는 20 으로 최소치를 나타내는 것으로 분석되었다.
  예제는 공급초과로서 공급지역 X는 시설공급이 불가능하다. 그리고 시설의 공급거리를 보면, 수요지역 C는 공급지역 Y에서 공급받는 것이 공급지역 Z에서 공급받는 것보다 유리하지만, 전체적으로 보면 공급지역 Z에서 공급받는 것이 시스템 최적으로 분석되었다. 즉 부분 최적은 전체 최적과 일치하지 않을 수 있다는 점을 보여준다. 이러한 상황은 “구성의 오류 : Error of Composition”에 해당되는 하나의 사례이다.

(3) 시설배분 문제 (Covering Problem)

- **예제** : 임계거리를 고려한 비용 최소화의 시설배분을 목적으로 하는 경우

시설의 수요처는 7개소이며, 시설의 입지 후보지점은 5개소이다. 시설의 입지 후보지역과 공급지역과의 거리가 임계거리 이내에 있으면 0으로 표현하며 그 결과는 다음 표와 같다. (예를들어 500m 이내를 임계거리로 설정하였을 때, 그 이내에는 0, 이외는 -) 시설의 건설비용은 입지 후보지점별로 31억원, 20억원, 25억원, 35억원, 28억원으로 예상된다. 건설비용을 최소로 하면서 모든 수요를 충족할 수 있는 입지결정 방안을 탐색한다. (이러한 문제는 Total Covering, 또는 Set Covering 문제로 불린다)

	A	B	C	D	E
1	-	-	0	0	-
2	0	0	-	-	-
3	0	-	-	-	0
4	0	-	-	0	0
5	0	0	0	0	-
6	-	0	0	0	-
7	-	-	-	0	0

· 결정변수 : 입지 후보지역을 결정변수로 선정 - 총 5개 결정변수
(단, 중복배분은 허용하지 않으므로 결정변수는 Binary : 0, 1)

· 목적함수 :

Min Z = 31x1 + 20x2 + 25x3 + 35x4 + 28x5

· 제약조건 :

x3 + x4 ≥ 1 (시설수요 1의 제약)
x1 + x2 ≥ 1 (시설수요 2의 제약)
x1 + x5 ≥ 1 (시설수요 3의 제약)
x1 + x4 + x5 ≥ 1 (시설수요 4의 제약)
x1 + x2 + x3 + x4 ≥ 1 (시설수요 5의 제약)
x2 + x3 + x4 ≥ 1 (시설수요 6의 제약)
x4 + x5 ≥ 1 (시설수요 7의 제약)
x1, x2, x3, x4, x5 = (0,1)

- MATLAB® Program :

Editor - C:\Documents and Settings\user\My Documents\MATLAB\예제 4-3.m*

File Edit Text Go Cell Tools Debug Desktop Window Help

```
%-------------------------------
% 정수계획법 예제 3 : Covering 문제
%-------------------------------
f = [31 20 25 35 28]';
a = [ 0  0 -1 -1  0
     -1 -1  0  0  0
     -1  0  0  0 -1
     -1  0  0 -1 -1
     -1 -1 -1 -1  0
      0 -1 -1 -1  0
      0  0  0 -1 -1 ];
b = [-1 -1 -1 -1 -1 -1 -1]';
[x,fval]=bintprog(f,a,b);
```

- MATLAB® Program **입력자료 설명** :

f : 목적함수 Z의 공헌계수 (입지 예정지의 건설비용)

a : 부등식의 제약조건의 기술계수 (공급지역 제약조건)

b : 부등식의 자원의 제약조건 (중복 할당은 안되므로 1.0)

x : 결정변수 x 의 최적값 (출력사항)

fval : 목적함수 Z 의 최적값 (출력사항)

bintprog : 정수계획법의 함수

- **Covering Problem의 종류**

(1) Set-Covering (Total Covering) : 모든 수요 포함, 시설수 최소화

Min Σ xj ST. Σ xj 〉1

(2) Maximal Covering (Partial Covering) : 임계통행거리 제약하에서 전체수요자에게 서비스를 제공하는 필요최소한의 시설결정 대신, 특정 숫자의 시설에 대한 수요비율을 최대로 하는 입지결정

Min Σ Ai Yi ST. Σ Xj $\geq$Yi, Σ Xj = p

(3) Weighted Covering 모형 : 시설 예상이용 수준 (또는 수요) 최대화

Max Σ Σ Ai Sik Yik ST. ΣXj $\leq$ Yik, Σyik=1, ΣXj=p

- **Output** : 예제의 출력결과는 다음과 같다. 분석결과, x는 Binary의 값을 나타내므로 1번째 와 4번째의 결정변수가 1 로 산정되었음을 나타내며, 이는 입지예정지 A 와 입지예정지 D에 시설을 설치하는 것이 최적방안으로 분석되었다. MATLAB의 Work Space에서 x 값은 Matrix로서 [1; 0; 0; 1; 0] 으로 산정되었다. 그리고 fval= 66 으로서 목적함수의 총 투자비용은 66억원으로 분석되었다.

```
>> x
 x =
  (1,1)         1
  (4,1)         1

>> fval
fval =
    66

>>
```

- **Covering Problem 분석의 특징** :

Covering Problem은 시간, 거리의 제약 하에서 수요를 최대로 충족하면서 비용을 최소로 하는 최적방안을 분석하는 방법이다. Total Covering 에 따른 분석결과 중복적인 서비스 제공지역이 나타난다. 예를들어, 예제의 결과를 보면, 입지후보지역 A와 D에 시설을 입지할 경우, 중복적인 시설의 서비스가 이루어지는 지역은 수요지역 4, 5가 된다.

만일, Partial Covering 에 따라 문제를 풀이할 경우, 전체수요를 충족하지는 못하지만 수요비율에 따라 최대로 수요를 충족하는 최소비용의 최적해가 도출된다. 이때, 지역별로 시설의 서비스를 받지 못하는 지역이 발생하기도 한다.

Weighted Covering 의 경우 지역별 특성을 감안하여 최적해를 찾는 장점이 있으나, 산정수식이 복잡하다는 단점이 있다. Covering Problem 에 대해서는 관련문헌을 참조하여주기 바란다.

연습문제

1. 예제의 (3)번은 Total Covering, 또는 Set Covering 문제이다. 이는 건설비용을 최소로 하면서 500m 이내의 임계거리를 고려한 입지결정 문제이다. 같은 상황에서 다음의 문제에 대한 최적방안을 강구한다.

- 목적함수 : Min Z = 31x1 + 20x2 + 25x3 + 35x4 + 28x5
- 제약조건 :

x3 + x4 ≥ 1	(시설수요 1의 제약)
x1 + x2 ≥ 1	(시설수요 2의 제약)
x1 + x5 ≥ 1	(시설수요 3의 제약)
x1 + x4 + x5 ≥ 1	(시설수요 4의 제약)
x1 + x2 + x3 + x4 ≥ 1	(시설수요 5의 제약)
x2 + x3 + x4 ≥ 1	(시설수요 6의 제약)
x4 + x5 ≥ 1	(시설수요 7의 제약)
x1, x2, x3, x4, x5 = (0,1)	

(1) 시설수를 2개로 제한할 경우, 최적의 시설배치방안을 강구하시오.

- 목적함수 : Min Z = 31x1 + 20x2 + 25x3 + 35x4 + 28x5
- 제약조건 :

x3 + x4 ≥ 1	(시설수요 1의 제약)
x1 + x2 ≥ 1	(시설수요 2의 제약)
x1 + x5 ≥ 1	(시설수요 3의 제약)
x1 + x4 + x5 ≥ 1	(시설수요 4의 제약)
x1 + x2 + x3 + x4 ≥ 1	(시설수요 5의 제약)
x2 + x3 + x4 ≥ 1	(시설수요 6의 제약)
x4 + x5 ≥ 1	(시설수요 7의 제약)
x1 + x2 + x3 + x4 + x5 =2	(시설수 2개 제한)
x1, x2, x3, x4, x5 = (0,1)	

(2) 500m 임계거리 이내에서 서비스가 가능하도록 하되, 시설수를 최소로 하는 방안을 강구하시오.

- 목적함수 : Min Z = x1 + x2 + x3 + x4 + x5 +x6 + x7 + x8 + x9
- 제약조건 :

x2 + x3 + x4 + x5 ≥ 1	(시설 A 의 제약)
x2 + x5 + x6 ≥ 1	(시설 B 의 제약)
x1 + x5 + x6 ≥ 1	(시설 C 의 제약)
x1 + x4 + x5 +x6 + x7 ≥ 1	(시설 D 의 제약)
x1 + x2 + x3 ≥ 1	(시설 E 의 제약)
x1, x2, x3, x4, x5 = (0,1)	

(3) 서비스의 중복이 발생하지 않는 최적의 시설배치방안을 강구하시오.
(Set Partial Covering Problem)

- 목적함수 : Min Z = 31x1 + 20x2 + 25x3 + 35x4 + 28x5
- 제약조건 : x3 + x4 = 1 (시설수요 1의 제약)
  x1 + x2 = 1 (시설수요 2의 제약)
  x1 + x5 = 1 (시설수요 3의 제약)
  x1 + x4 + x5 = 1 (시설수요 4의 제약)
  x1 + x2 + x3 + x4 = 1 (시설수요 5의 제약)
  x2 + x3 + x4 = 1 (시설수요 6의 제약)
  x4 + x5 = 1 (시설수요 7의 제약)
  x1, x2, x3, x4, x5 = (0,1)

2. 다음 4개의 기반시설을 설치하고자 한다. 시설의 고정비와 변동비를 고려한 시설 설치 계획을 강구하시오. (변동비는 이용인구 1인당 비용이며, 수요는 20,000 명, 수용가능 용량은 인/개 이다.)

시설	고정비	변동비	수용가능량
1. 수영장	1,000	2.0	8,000
2. 헬스장	900	3.0	9,000
3. 실내경기장	800	1.6	11,000
4. 실외 경기장	700	3.5	14,000

(1) 어느 시설을 설치하는 것이 가장 경제적인가

(2) 시설별 이용인구는 얼마인가

3. 어느 지역의 집단을 고소득층, 저소득층, w로 구분하며, 시설유형은 2종류로서 k 로 구분한다. 연간비용은 Cwk 로, 부지면적은 qwk로 구분한다. 가용토지는 1지역은 50 단위, 2지역은 30 단위이며, 집단별 수요는 고소득층 20 단위, 저소득층 15단위이다. 가용토지와 집단별 수요를 고려한 시설의 최적 배치계획을 강구하시오. (Herbert-Stevens Model)

[b11 b12 b21 b22]=[8 7 6 5], 1지역 : [c11 c12 c21 c22]=[5 5 4 4]
[q11 q12 q21 q22]=[1.2 1.0 2.0 1.5] 2지역 : [c11 c12 c21 c22]=[7 6 5 4]

4. 도시시설의 설치예정지 3개소와 수요지역 4개소의 교통비용, 시설용량, 초기투자비 및 시설수요는 다음과 같다. 최소비용의 시설설치방안을 강구하시오.

		시설 수요지역				용량	초기투자비
		1	2	3	4		
시설 예정지	1	4	5	6	8	200	500
	2	4	7	9	2	300	100
	3	5	8	7	6	500	800
시설수요		100	60	130	180		

(1) 어느 시설을 설치하는 것이 가장 경제적인가

(2) 시설별 이용인구는 얼마인가

5. 어느 신도시 지역에서 생활권을 7개로 구분하여, 초등학교를 건설하는 시설계획을 구상하고 있다. 시설 설치 후보지역과 생활권과의 거리 (km), 시설 건설비 (억원), 생활권별 수요는 (백명) 다음과 같다. 최적 시설계획에 대한 방안을 강구하시오.

		생활권							건설비
		1	2	3	4	5	6	7	
시설	1	3.5	3	7	5	7.5	0	9	10
	2	4	5	2	0	3.5	5	4.5	15
	3	7	6	4	3.5	0	7.5	2	18
수요		4	2	4	2	10	6	9	

(1) 가장 경제적인 시설계획은 무엇인가.

(Allocation Problem : min ΣWi ΣCijXj + Σfjyj,

st Σ xij = 1, xij〈=yi)

(2) 통학거리 한계인 5Km를 임계거리로 설정할 때, 가장 경제적인 시설계획은 무엇인가.
(Conditional Allocation Problem : min $\Sigma Wi \; \Sigma CijXj + \Sigma fjyj$,
st $\Sigma \; xij = 1, \; xij \leq yi, \; xj < D$)

(3) 시설 1개 건설시, 경제적인 시설계획은 무엇인가.
(1-Median Problem : min $\Sigma\Sigma aij \; wi \; dij$,
st $\Sigma aij = 1, \; ajj > aij, \; \Sigma ajj = 1$)

(4) 시설 2개 건설시, 경제적인 시설계획은 무엇인가.
(P-Median Problem : min $\Sigma\Sigma aij \; wi \; dij$,
st $\Sigma aij = 1, \; ajj > aij, \; \Sigma ajj = p$)

(5) 시설 후보지역 2에 시설 1개를 건설하고, 또 다른 지역에 시설 1개를 추가로 건설하려고 할 때, 경제적인 시설계획은 무엇인가.
(P-Median Problem : min $\Sigma\Sigma aij \; wi \; dij$,
st $\Sigma aij = 1, \; ajj > aij, \; \Sigma ajj = p, \; ub = 1$)

(6) 시설 1개 건설시, 시설과 최장거리 최소화를 위한 시설계획은 무엇인가.
(1-Center Problem : min $\Sigma\Sigma aij \; wi \; dij < zij$,
st $\Sigma aij = 1, \; ajj > aij, \; \Sigma ajj = 1$)

(7) 시설 2개 건설시, 시설과 최장거리 최소화를 위한 시설계획은 무엇인가.
(P-Center Problem : min $\Sigma\Sigma aij \; wi \; dij < zij$,
st $\Sigma aij = 1, \; ajj > aij, \; \Sigma ajj = p$)

(8) 시설 후보지역 2에 시설 1개를 건설하고, 또 다른 지역에 시설 1개를 추가로 건설하려고 할 때, 시설과 최장거리 최소화를 위한 시설계획은 무엇인가.
(P-Center Problem : min $\Sigma\Sigma aij \; wi \; dij < zij$,
st $\Sigma aij = 1, \; ajj > aij, \; \Sigma ajj = p, \; ub = 1$)

CHAPTER 5

이차계획법 : QP - Quadratic Programming

5.1 개요

목적함수가 1차함수식으로 표현되는 의사결정 기법을 선형계획법이라 하며, 목적함수가 1차함수와 2차함수식의 조합으로 표현되는 의사결정 기법을 이차계획법 (Quadratic Programming) 이라 한다. 이차계획법은 목적함수가 1차함수식만으로 구성되지 아니한 모든 경우의 목적함수식을 가진 비선형계획법의 (Non-linear Programming) 일종으로서, 비선형계획법은 다음과 같이 다양한 종류로 구분된다. 보다 자세한 내용은 관련문헌을 참조하기 바란다.

(1) Unconstrained Optimization : 제약이 없고 Max f(x) 의 목적함수가 존재하는 경우의 비선형계획법이다. 편미분방정식으로 최적해를 탐색한다.
(2) Linearly Constrained Optimization : 제약식은 선형, 목적함수는 비선형의 비선형계획법이다. 특별한 형태를 이차계획법으로 분류하기도 한다.
(3) Quadratic Programming : 제약식은 선형, 목적함수는 1차 및 2차식으로 구성되는 비선형계획법이다. 목적함수는 오목 (Concave)으로 가정한다. 일반적으로 선형계획법의 Simplex 알고리즘을 확장하여 산정한다. 이 책에서는 비선형계획법 중에서 이차계획법을 중심으로 살펴본다.
(4) Convex Programming : 목적함수는 오목한 형태 (Concave), 제약조건은 볼록한 형태의 (Convex) 비선형계획법이다.
(5) Separable Programming : Convex Programming 의 일종으로서 목적함수와 제약조건 함수가 부분수식으로 분리가능한 경우 비선형계획법이다.
(6) Nonconvex Programming : Concave Programming 의 기본가정을 만족하지 못하는 모든 종류의 비선형계획법을 말한다.
(7) Geometric Programming : 목적함수식과 제약조건의 함수식이 Concave도 아니며, Convex 도 아닌 경우의 기하학적 비선형계획법을 말한다.
(8) Fractional Programming : 목적함수가 분수의 형태 ($\frac{f_i(x)}{f_j(x)}$)로 구성되며, 결정변수가 비율의 수식으로 산정되는 비선형계획법을 말한다.
(9) The Complementarity Problem : 변수들이 상호간에 제약을 가지는 경우의 비선형계획법을 말한다.

이차계획법은 (Quadratic Programming) 목적함수가 1차함수식과 2차함수식의 조합으로 구성되며, 제약조건은 1차 부등식, 또는 1차 등식으로 구성된다. 이러한 제약조건에서 극한값을 (최대, 또는 최소) 탐색하는 의사결정 기법이 이차계획법이다. 이차계획법 수식의 구성방식은 다음과 같다.

- **목적함수** (Objective Function) :

$$\text{Min } f(x) = \frac{1}{2} x^T H x + f^T x$$

- **제약조건** (Constraints) :

$$\sum_{j=1}^{n} a_{ij}\, x_j \le b_i$$

$$\sum_{k=1}^{m} a_{ik}\, x_j = b_k$$

$$lb \le x_j \le ub, \text{ for } all\ j$$

- **이차계획법의 수식에서 사용된 변수와 계수는 다음과 같다.**

(1) x_j : 결정변수(decision variable) - 이차계획법에서 최적값을 결정하고자 하는 변수

(2) H : 이차계획법 목적함수에서 2차식으로 표현되는 수식의 계수

(3) f : 이차계획법 목적함수에서 1차식으로 표현되는 수식의 계수

(4) b_i : 사용가능 자원 (resources limited) - 부등식의 제약조건에 따른 사용가능한 자원량으로, 제한된 범위내에서 최적값을 결정하는 한계치

(5) b_k : 사용가능 자원 (resources limited) - 등식의 제약조건에 따른 사용가능한 자원량으로서, 제한된 범위내에서 최적값을 결정하는 한계치

(6) a_{ij}, a_{kj} : 기술계수 (technology coefficients) - 결정변수의 양적 증가에 따라 자원의 소모량을 산정하는 계수로서, 확정적인 값으로 구성된다.

5.2 MATLAB® 이차계획법 Syntax

(1) MATLAB® 기본수식 :

- **목적함수** (objective Function) :

$$\text{Min } f(x) = \frac{1}{2} x^T H x + f^T x$$

- **제약조건** (Constraint) :

$$Ax \le b,$$

$$A_{eq} = b_{eq},$$

$$lb \le x \le ub$$

(이때, f, x, b, b_{eq}, lb, ub 는 벡터, A, A_{eq} 는 Matrix)

- MATLAB® **프로그램 유의사항**

$$Max\ Z = 4x^{2_1} + 3x_2 \Rightarrow Min\ Z = -4x^{2_1} - 3x_2$$

1) 최대화, 최소화의 문제 : MATLAB의 이차계획법 기본수식이 최소화로 설정되어 있어, 최대화 문제는 다음의 사례와 같이 함수식의 계수부호를 반대로 하여 목적함수를 변환하여 풀이한다.

2) 제약조건의 등식, 부등식 문제 : MATLAB에서는 부등식과 등식 모두 적용이 가능하며, 이중제약의 조건식에서는 다음의 사례와 같이 두 개의 부등식으로 구분하여 풀이한다.

$$ll \le ax_1 + bx_2 \le uu \Rightarrow \quad ax_1 + bx_2 \le uu$$

$$-ax_1 - bx_2 \le -ll$$

3) 2차함수식 계수 : 2차함수의 계수는 다음의 사례와 같이 입력한다.

$$x^2 + xy \Rightarrow \begin{bmatrix} xx & xy \\ yx & yy \end{bmatrix} \Rightarrow \begin{bmatrix} 1 & 0.5 \\ 0.5 & 0 \end{bmatrix}$$

(2) MATLAB® 프로그램 형태 : quadprog (MATLAB® 이차계획법 함수)

- MATLAB® 프로그램에서 등호의 좌측은 Output에 관한 사항을 입력하며, 등호의 우측은 Input 에 관한 사항을 입력한다.

1) $x = quadprog\,(H, f)$

조건이 없는 경우, 목적함수의 최적해 x 찾기

2) $x = quadprog\,(f, A, b)$

$Ax \le b$ 조건에서 목적함수의 최적해 x 찾기

3) $x = quadprog\,(f, A, b, A_{eq}, b_{eq})$

$Ax \le b,\ A_{eq} = b_{eq}$ 조건에서 목적함수의 최적해 x 찾기
만일 부등식 조건이 없고 등식 조건만 있을 경우, A=[ ], b=[ ]

4) $x = quadprog\,(f, A, b, A_{eq}, b_{eq}, lb, ub)$

$Ax \le b,\ A_{eq} = b_{eq},\ lb \le x \le ub$ 조건에서 목적함수의 최적해 x 찾기
만일, 부등식 조건만 있고, 등식 조건이 없을 경우, Aeq=[ ], beq=[ ]

5) $x = quadprog\,(f, A, b, A_{eq}, b_{eq}, lb, ub, x_0)$

$Ax \le b,\ A_{eq} = b_{eq},\ lb \le x \le ub,\ x = x_0$ 초기치의 조건에서 목적함수 최적해 x 찾기, 만일, x의 상한값이 없을 경우, ub=[ ]

6) $x = quadprog\,(f, A, b, A_{eq}, b_{eq}, lb, ub, x_0, option)$

$Ax \le b,\ A_{eq} = b_{eq},\ lb \le x \le ub,\ x = x_0$ 초기치, option 의 조건에서 목적함수의 해 x 찾기, option은 “optimset”을 이용하여 적용

* “optimset” : 특정한 상황에 맞는 다양한 조건설정 프로그램
  자세한 사항은 MATLAB Help를 참조하기 바람
* 이차계획법에서 많이 쓰이는 option
  Display: Display 수준, Stopping Criteria: 반복산정 중지 임계기준

7) $[x, fval] = quadprog(\ldots)$

x : 조건에 맞는 최적해의 값, fval : 목적함수 Z 값을 출력한다.

8) $[x, fval, exitflag] = quadprog(\ldots)$

x : 조건에 맞는 최적해의 값, fval : 목적함수 Z 값,
exitflag : 최종상태 등을 출력한다.

* 최종상태를 나타내는 exitflag 의 수치는 다음의 상태를 나타낸다.
 1 = 최적해를 탐색하였음 (최적화 과정 성공)
 0 = MaxIter 에서 설정한 반복 산정회수 초과
-2 = 비선형계획법의 문제가 실행불능 (Infeasible)
-3 = 제한이 없음 (Problem is Unbounded)
-6 = 극한값이 존재하지 않음 (Nonconvex)

9) $[x, fval, exitflag, output] = quadprog(\ldots)$

x : 조건에 맞는 최적해의 값, fval : 목적함수 Z 값,
exitflag : 최종 상태, output : 최적상태의 정보 등을 출력한다.

* 최적상태 정보를 나타내는 output 의 내용은 다음과 같다
iterations : Number of iterations taken
algorithm : Optimization algorithm used
cgiterations : Total # of PCG iterations (large-scale algorithm)
constrviolation : Maximum of constraint functions
firstorderopt : Measure of first-order optimality
message : Exit message

10) $[x, fval, exitflag, output, lamda] = quadprog(\ldots)$

x : 조건에 맞는 최적해의 값, fval : 목적함수 Z 값,
exitflag : 최종 상태, output : 최적상태의 정보,
lamda : Lagrange 승수값 등을 출력한다.

5.3 MATLAB® 적용사례

(1) Portfolio 구성에서의 MVP 문제

- **예제** : Minimum Variance Portfolio 구성문제

진성 Asset 에서는 투자대안을 X1, X2, X3, 3개를 선정하였다. 최소 기대수익율은 10%로 설정하였으며, 대안별 기대수익율은 X1 : 7%, X2 : 15%, X3 : 25% 로 산정되었으며, 각 투자대안은 최대 70% 까지 투자가능하다. 기대수익율과 표준편차에 의한 투자기회선을 얻기 위하여 분산을 산정한 결과, "$x_1^2 + 2x_2^2 + 3x_3^2 + x_1x_2 - 2x_1x_3 - 0.6\ x_2x_3$"의 수식으로 나타났다. 예산을 모두 투자할 때, 최소 분산 포트폴리오를 구성하시오.

· 결정변수 : 투자대안 3개의 투자비율 - - X1, X2, X3

· 목적함수 : (Variance 최소화)

$$\min\ x_1^2 + 2x_2^2 + 3x_3^2 + x_1x_2 - 2x_1x_3 - 0.6\ x_2x_3$$

· 제약조건 : (투자액 및 투자조건)

$1.07x_1 + 1.15x_2 + 1.25x_3 \geqq 1.10$	(최소 기대수익율)
$x1 + x2 + x3 = 1$	(예산을 모두 투자)
$x1,\ x2,\ x3 \leqq 0.70$	(3개 대안 모두 최대 70%)

- *H* Matrix **구성** : 목적함수에서 2차식으로 표현되는 수식의 계수

$$H = \begin{bmatrix} x_1x_1 & x_1x_2 & x_1x_3 \\ x_2x_1 & x_2x_2 & x_2x_3 \\ x_3x_1 & x_3x_2 & x_3x_3 \end{bmatrix} = \begin{bmatrix} 1 & 0.5 & -1 \\ 0.5 & 2 & -0.3 \\ -1 & -0.3 & 3 \end{bmatrix}$$

- *f* Matrix **구성** : 목적함수에서 1차식으로 표현되는 수식의 계수

$$f = \begin{bmatrix} 0 \\ 0 \\ 0 \end{bmatrix}$$

- **Markowitz (1959) Portfolio Model** : MVP Model

Portfolio는 서류가방의 의미에서 투자목록의 의사결정 집합으로 의미가 확장된다. Markowitz의 Portfolio 선택이론은 기대수익(평균), 위험(분산)을 이용하여 Mean Variance Criteria 관계로 이를 설명하고 있다. 먼저 Dominance Principle은 "동등한 위험(분산)에서는 높은 기대수익(평균)으로, 동일한 기대수익(평균)에서는 적은 위험(분산)으로 투자"이다. 이때 투자자는 기대수익과 낮게 예상되는 위험(분산)에 관심이 많다. 모형은 투자대안 기대수익, 그리고 기대수익 공분산 행렬을 토대로 분석한다. 예를 들어, 투자대안의 기대수익은 E(x), E(y), E(z) 라고 하며, 분산은 σ^2 x, σ^2y, σ^2z 라고 하면, 전체기대수익과 분산은 다음과 같다.

$$E = x \cdot E(x) + y \cdot E(y) + z \cdot E(z)$$

$$\sigma^2 = x^2\sigma^2\,\sigma^2 x + y^2\sigma^2 y + z^2\sigma^2 z + 2xy\sigma xy + 2xz\sigma xz + 2yz\sigma yz$$

이때, 분산을 최소화하기 위해서는, 분산의 산정수식을 x, y, z를 편미분하여 그 값을 zero로 하는 방안이다.

x 편미분 : $2x\sigma^2 x + 2y\sigma xy + 2z\sigma xz = 0$

y 편미분 : $2y\sigma^2 y + 2x\sigma xy + 2z\sigma yz = 0$

z 편미분 : $2z\sigma^2 z + 2x\sigma xz + 2y\sigma yz = 0$

이와 같이, 분산(위험)을 최소화하여 포트폴리오를 구성하는 방식을 MVP 모형이라 한다. 예를 들어 x, y, z 의 분산과 공분산이 다음과 같을 경우, 목적함수는 다음과 같이 구성된다.

$$\begin{pmatrix} \sigma_{xx} & \sigma_{xy} & \sigma_{xz} \\ \sigma_{yx} & \sigma_{yy} & \sigma_{yz} \\ \sigma_{zx} & \sigma_{zy} & \sigma_{zz} \end{pmatrix} = \begin{pmatrix} 500 & 100 & 100 \\ 100 & 700 & 200 \\ 100 & 200 & 900 \end{pmatrix}$$

$$\begin{aligned} \sigma^2 &= x^2\sigma^2 x + y^2\sigma^2 y + z^2\sigma^2 z + 2xy\sigma xy + 2xz\sigma xz + 2yz\sigma yz \\ &= 500x^2 + 700y^2 + 900z^2 + 2 \cdot 100xy + 2 \cdot 100xz + 2 \cdot 200yz \end{aligned}$$

- MATLAB® Program :

```
%--------------------------------
% 이차계획법 예제 1 : MVP 문제
%--------------------------------
H = [  1    0.5     -1
       0.5    2   -0.3
        -1  -0.3    3];
f = [ 0 0 0 ]';
a = [ -1.07 -1.15 -1.25 ];
b = -1.1 ;
aeq = [1 1 1 ];
beq = 1 ;
ub = [ 0.7  0.7  0.7 ]';
[x,fval]=quadprog(H,f,a,b,aeq,beq, [ ] ,ub);
x
fval
```

H : 목적함수에서 2차식으로 표현되는 수식의 계수 (3*3 행렬)

(xy는 수식의 계수가 1이나, Matrix에서 xy, yx 로 표현되어 0.5입력

xz, yz 도 마찬가지로 수식의 계수를 1/2하여 입력)

f : 목적함수에서 1차식으로 표현되는 수식의 계수 (3*1 행렬)

a : 부등식의 제약조건 기술계수 (1*3 행렬)

b : 부등식의 자원의 제약조건 (1개 값)

aeq : 등식의 제약조건 기술계수 (1*3 행렬)

beq : 등식의 자원의 제약조건 (1개 값)

ub : 결정변수 x 의 상한값 (3*1 행렬)

x : 결정변수 x 의 최적값 (출력사항)

fval : 목적함수 Z 의 최적값 (출력사항)

quadprog : 이차계획법 함수 입력, 출력은 (x, fval),

결정변수의 하한값은 존재하지 않아 [ ] 입력

- **산정방법** :

이차계획법은 제한된 조건에서의 극한값을 산정하는 방식으로 최적해를 탐색하는데, 산정방식은 크게 다음의 3가지로 구분된다. 예제의 경우, 조건에서 부등식과 등식이 혼재되어 있어 (1)번 방식을 적용하였다. 일반적으로 부등식의 조건만 있을 경우, (2)번 방식을 적용하며 MATLAB의 Default 산정방식은 (2)번 방식이다. 산정방식의 보다 자세한 내용은 참고문헌을 참조하기 바란다.

(1) Interior Point (2) Trust Region Reflective (3) Active Set

- Output :

분석결과 최적 투자계획으로는, 투자대안 A의 경우 62.1%, 투자대안 B의 경우 5.7%, 투자대안 C의 경우 32.2%로 포트폴리오를 구성하는 것이 투자의 분산을 최소화하는 투자방안으로 분석되었다. 투자분산의 최소화는 투자위험의 최소화로서 이때, 기대수익율의 분산은 0.1638로 분석되었다.

```
Optimization terminated.

x =
    0.6212
    0.0568
    0.3220

fval =
   0.1638

>>
```

- MATLAB® 이용 **잠재가격**(shadow Price), **잠재비용** (shadow Cost) :

이차계획법에서는 선형계획법과 같이 제약조건의 잠재자격과 결정변수의 잠재비용의 산정이 가능하다. 예제에서 설정한 MVP 문제의 경우, 잠재가격과 잠재비용의 적용은 적당하지 않을 수도 있겠으나, 이차계획법이 단순히 최적해의 산정에만 머무르는 것이 아니기에, 이 책에서는 MATLAB을 이용한 잠재가격 및 잠재비용을 산정하였다. MATLAB에서, 문제의 출력변수 설정 부분에 "lamda"를 추가로 입력하면 잠재가격과 잠재비용이 산정된다. lamda 라는 이름의 structure로 출력하면, 잠재가격은 lamda 중에서 등식의 자원 제약조건은 "eqlin", 부등식의 자원 제약조건은 "ineqlin"의 이름의 field 로 출력된다. 잠재비용은 lamda 중에서 "lower"이라는 이름으로 출력된다. 잠재비용의 경우, 투자대안들은 모두 zero에 가까운 값으로, 모든 투자대안들이 이익에 기여하고 있는 것으로 평가된다. 잠재가격의 경우, 등식의 제약조건인 총 투자액 전액투자의 가치는 0.328 단위로 산정되며, 부등식의 제약조건인 최소수익율은 zero로 산정되었다. 이에 따라 전액투자의 조건은 증가하게 되면 목적함수인 최소분산 포트폴리오의 분산은 감소하게 된다.

```
Optimization terminated.

  >> lamda.ineqlin
  ans =
       0

 >> lamda.eqlin
  ans =
     -0.3277

  >> lamda.lower
  ans =
       0
       0
       0
  >>
```

(2) 두 종류의 의사결정을 동시에 수행하는 문제

- **예제** : 생산량과 가격을 동시에 결정하는 문제

진성물산에서는 A, B 두 개의 제품을 생산, 판매하려 한다. 두 제품은 대체재 관계에 있으며, 생산량은 수요예측 예비조사를 통하여 도출된 가격탄력성과 교차탄력성 등을 감안하여 다음 수식으로 요약되었다. A 제품의 최대생산량은 80 단위, B 제품은 70 단위로 분석되었으며, 판매비용은 A 제품은 단위당 5만원, B 제품은 6만원으로 예측되었다. 이러한 조건에서, 진성물산이 최대이익을 얻을 수 있는 생산계획과 가격정책은 무엇인가

제품 A 생산량 = 100 - 3.5 (제품 A 가격) + 0.3 (제품 B 의 가격)

제품 B 생산량 = 120 - 3.0 (제품 B 가격) + 0.3 (제품 A 의 가격)

- **결정변수** : X1 : 제품 A의 생산량　　X2 : 제품 B의 생산량
  X3 : 제품 A의 가격　　X4 : 제품 B의 가격

- **목적함수** : (A 가격 - 판매비)*생산량 + (B 가격 - 판매비)*생산량

$$\text{Max} \quad Z = (X3 - 5) * x1 + (X4 - 6) * X2$$

- **제약조건** :

$X1 = 100 - 3.5 * X3 + 0.3 * X4$	(A 생산 조건)
$X2 = 120 - 3.0 * X4 + 0.3 * X3$	(B 생산조건)
$X1 \leqq 80, \quad X2 \leqq 70$	(A,B 생산한계)
$0 \leqq X1, X2, X3, X4$	(Non zero 조건)

- **MATLAB® 적용수식** :

목적함수는 MATLAB quadprog 이 최소화를 목적으로 구성되었기에 Min으로 수식을 변경하며, 제약조건도 형식에 맞추어 변경하였다.

$$\text{Min} \quad Z = -X1*X3 - X2X4 + 5X1 + 6X2$$

$$\text{St.} \quad X1 + 3.5 * X3 - 0.3 * X4 = 100$$

$$X2 - 0.3 * X3 + 3.0 * X4 = 120$$

$$X1 \leqq 80, \quad X2 \leqq 70$$

$$0 \leqq X1, X2, X3, X4$$

- MATLAB® Program :

```
%------------------------------
% 이차계획법 예제 2 : 동시결정 문제
%------------------------------
H = [  0    0 -0.5    0
        0    0    0 -0.5
     -0.5  0    0    0
        0 -0.5  0    0 ];
f = [ 5 6 0 0 ]';
a = [ 1 0 0 0 ; 0 1 0 0 ];
b = [80  70]' ;
aeq = [1 0 3.5 -0.3 ; 0 1 -0.3 3 ];
beq = [100 120]';
lb=[0 0 0 0]';
[x,fval]=quadprog(H,f,a,b,aeq,beq,lb );
x
fval
```

H : 목적함수에서 2차식으로 표현되는 수식의 계수 (3*3 행렬)

f : 목적함수에서 1차식으로 표현되는 수식의 계수 (3*1 행렬)

a : 부등식의 제약조건 기술계수 (1*3 행렬)

b : 부등식의 자원의 제약조건 (1개 값)

aeq : 등식의 제약조건 기술계수 (1*3 행렬)

beq : 등식의 자원의 제약조건 (1개 값)

ub : 결정변수 x의 상한값 (3*1 행렬)

x : 결정변수 x의 최적값 (출력사항)

fval : 목적함수 Z의 최적값 (출력사항)

quadprog : 이차계획법 함수 입력, 출력은 (x, fval),
결정변수의 하한값은 존재하지 않아 [ ] 입력

- **산정방법** :

이차계획법은 제한된 조건에서의 극한값을 산정하는 방식으로 최적해를 탐색하는데, 산정방식은 크게 다음의 3가지로 구분된다. 예제의 경우, 조건에서 부등식과 등식이 혼재되어 있어 (1)번 방식을 적용하였다. 일반적으로 부등식의 조건만 있을 경우, (2)번 방식을 적용하며 MATLAB의 Default 산정방식은 (2)번 방식이다. 산정방식의 보다 자세한 내용은 참고문헌을 참조하기 바란다.

(1) Interior Point (2) Trust Region Reflective (3) Active Set

- **Output** :

분석결과 최적 생산계획으로는, 제품 A의 경우 34.3 단위, 제품 B의 경우 43.5 단위를 생산하는 것이 이익 최대의 생산계획으로 분석되었다. 동시에, 최적 가격 설정계획으로는 제품 A의 경우 21.1만원, 제품 B의 경우 27.6만원으로 설정하는 것이 이익 최대의 가격 설정계획으로 분석되었다. 그리고 이때, 기대이익은 약 531 단위로 분석되었다.

```
Optimization terminated.

x =
   34.3000
   43.5000
   21.1383
   27.6138

fval =
 -530.6232

>>
```

- MATLAB® 이용 잠재가격(shadow Price), 잠재비용 (shadow Cost) :

이차계획법에서는 선형계획법과 같이 제약조건의 잠재자격과 결정변수의 잠재비용의 산정이 가능하다. 예제에서 설정한 동시결정 문제의 경우, 잠재가격과 잠재비용의 적용은 적당하지 않을 수도 있겠으나, 선형계획법이 단순히 최적해의 산정에만 머무르는 것이 아니기에, 이 책에서는 MATLAB을 이용한 잠재가격 및 잠재비용을 산정하였다. MATLAB에서, 문제의 출력변수 설정 부분에 "lamda"를 추가로 입력하면 잠재가격과 잠재비용이 산정된다. lamda라는 이름의 structure로 출력하면, 잠재가격은 lamda 중에서 등식의 자원 제약조건은 "eqlin", 부등식의 자원 제약조건은 "ineqlin"의 이름의 field에 출력된다. 잠재비용은 lamda 중에서 "lower"이라는 이름으로 출력된다. 잠재비용의 경우, 투자대안들은 모두 zero에 가까운 값으로, 결정변수인 생산액과 가격설정이 모두 이익에 기여하고 있다. 잠재가격의 경우, 등식의 제약조건인 제품 A 생산조건의 잠재가격이 5.6 단위로 산정되며, 제품 B 생산조건이 7.8로 산정되었다. 등식의 제약조건은 잠재가격이 zero로 산정되어 의미가 없는 것으로 나타났다. 이에 따라 최적 생산계획에서 이익에 가장 큰 영향을 미치는 제약조건은 제품 B의 생산조건이며 이는 제품 A의 생산조건보다 1.5배의 영향력이 있는 것으로 분석된다.

```
>> lamda.eqlin
ans =
    5.5692
    7.8069

>> lamda.ineqlin
ans =
     0
     0

>> lamda.lower
ans =
     0
     0
     0
     0
```

연습문제

1. 투자회사 (주)송우에서는 x, y 두 개의 투자대안을 고려하고 있으며, 기대수익율은 10%, 8% 이다. 투자대안의 분산은 0.0076, 0.0071, 공분산은 -0.0048로 예상된다. 투자위험을 최소로 하는 투자방안을 강구하시오
(Markowitz MVP Model)

   · 목적함수 : min $76x^2 + 71y^2 - 48xy$

   · 제약조건 : $x + y = 1$

2. 3개의 투자대안에 대한 분산과 공분산이 다음과 같다. 투자대안 X 의 기대수익은 12%, 투자대안 Y의 기대수익은 16%, 투자대안 Z의 기대수익은 24% 로 예상되었다. 목표수익률 20%에서 위험 최소의 투자방안을 구상하시오. (Markowitz MVP Model)

$$\begin{pmatrix} \sigma_{xx} & \sigma_{xy} & \sigma_{xz} \\ \sigma_{yx} & \sigma_{yy} & \sigma_{yz} \\ \sigma_{zx} & \sigma_{zy} & \sigma_{zz} \end{pmatrix} = \begin{pmatrix} 500 & 100 & 100 \\ 100 & 700 & 200 \\ 100 & 200 & 900 \end{pmatrix}$$

   · 목적함수 : min $500x^2 + 700y^2 + 900z^2 + 200xy + 200yz + 400xz$

   · 제약조건 : $12x + 16y + 24z >= 20$
   $x + y + z = 1$

3. GPS 에 의한 수요처 4개소의 x, y 좌표와 수요량이 다음과 같다. 이동거리를 최소로 하는 집배송센터의 최적 입지점은 어디인가.

	X 좌표	Y 좌표	수요량
1	18.5	3.7	300
2	2.4	24.5	200
3	33.7	17.8	100
4	25.4	1.1	150

4. (주) 지음에서는 상품의 판촉을 위하여 TV, 라디오, 신문의 3가지 매체를 이용하는 광고계획을 고려하고 있다. 과거 경험 자료로부터 매체별 광고에 따른 판매증가는 다음의 수식으로 나타났다. 광고비용은 TV의 경우 1회에 3 억원, 라디오는 2회에 1 억원, 신문은 1회에 0.5 억원으로 추정된다. 총 광고예산은 20억원으로 설정되었으며, 모두 집행할 예정이다.

$$Z = 0.3x1^2 + 0.2x2^2 + 0.1x3^2 + 0.5x1x2 + 0.8x1x3 + 0.6\ x2x3 + 0.1x1 + 0.1x2 + 0.05x3$$

Z : 광고에 따른 판매증가율
x1 : TV 광고 회수
x2 : 라디오 광고 회수
x3 : 신문 광고 회수
x1x2 : TV광고, 라디오광고 동시 시행
x1x3 : TV광고, 신문광고 동시 시행
x2x3 : 라디오, 신문광고 동시 시행

(1) 최적의 광고계획은 무엇인가.

(2) 어떠한 매체의 광고도 70%이상을 넘어서는 안 될 경우, 최적의 광고계획은 무엇인가.

5. (주) 교우는 3년에 걸쳐 4개의 사업을 추진하고자 한다. 사업의 NPV 는 평균값으로서 A 사업이 23, B 사업이 26, C 사업이 28, D 사업이 20으로 산정되었으며, 사업의 공분산이 다음의 표와 같이 산정되었다. 1년차 예산규모는 30억원, 2년차의 예산규모는 30억원, 3년차의 예산규모는 40억원으로 설정하였으며, 각 사업별 년도별 소요비용은 다음의 표와 같다. 이러한 상황에서 투자 위험을 최소화하는 의사결정을 수행하시오.

$$\text{공분산}\ \nu = \begin{pmatrix} 1 & 1.5 & 0.8 & 0 \\ 1.5 & 1 & 0 & 0 \\ 0.8 & 0 & 1 & 0 \\ 0 & 0 & 0 & 2.0 \end{pmatrix}$$

(소요예산)	1년차	2년차	3년차
A	10	8	15
B	7	5	3
C	6	4	8
D	11	15	15

* 문제의 목적함수와 제약조건의 수식은 다음과 같다.

min $Z = x^T VX$

st. $Ax <= b$

$Cx >= L$

$x >= 0$

CHAPTER 6

목표계획법 : GP - Goal Programming

6.1 개요

대부분의 최적화 기법에서는 하나의 목적함수에 대한 최적화를 (최대, 또는 최대) 탐색하지만, 복수의 목적함수에 대한 최적화 방안을 탐색하는 의사결정 기법을 목표계획법 (Goal Programming)이라 한다. 제약조건은 1차 부등식, 또는 등식으로 구성되며 이러한 조건에서 복수의 목적에 대한 최적값을 (최대, 또는 최소) 탐색하는 의사결정 기법이다.

- 목적함수 (Objective Function) :

$$\text{Min } \gamma$$

- 제약조건 (Constraints) :

$$F(x) - \gamma \cdot weight \le goal$$

$$\sum_{j=1}^{n} a_{ij}\, x_j \le b_i$$

$$\sum_{k=1}^{m} a_{ik}\, x_j = b_k$$

$$c(x) \le 0$$

$$c_{eq}(x) = 0$$

$$lb \le x_j \le ub, \text{ for } all\ j$$

- 목표계획법의 수식에서 사용된 변수와 계수는 다음과 같다.

(1) x_j : 결정변수(decision variable) - 목표계획법에 따라 최적값을 결정하고자 하는 변수

(2) $F(x)$: 목표계획법에서 목표와 관련하여 설정되는 함수식, MATLAB에서는 Function 설정 함수를 이용하여 구성하는데 다양한 방법을 적용할 수 있음. (분석사례 및 MATLAB 운용방법 등을 참조)

(3) γ : 목표계획법에서 설정되는 목표(goal)와 목표계획법에서 설정한 함수식과의 편차 (deviation)이다. 편차의 산정함수가 선형으로 구성될 경우 선형계획법으로 목표계획법을 풀이할 수 있는데, 이때 편차는 Negative 편차, Positive 편차로 구분된다. MATLAB의 목표계획법에서는 편차의 산정함수를 선형, 비선형으로 구성할 수 있으며, 이에 따라 편차의 구분이 없이 산정할 수 있다.

(4) weight : 목표계획법에서 설정한 복수의 목표들이 달성하고자 하는 목표달성 가중치, 또는 정책적 우선순위이다. 복수의 목표들이 동일한 가중치를 가질 경우, weight는 같은 값으로 입력하여 산정함

(5) goal : 목표계획법에서 설정한 복수의 목적별로 달성하여야 할 목표 수준. 일반적으로 스칼라로 입력되어 산정함

(6) b_i : 사용가능 자원 (resources limited) - 사용가능한 자원량으로서, 부등식의 선형으로 제한된 범위내에서 최적값를 결정하는 한계치

(7) b_k : 사용가능 자원 (resources limited) - 사용가능한 자원량으로서, 등식의 선형으로 제한된 범위내에서 최적값를 결정하는 한계치

(8) a_{ij} : 기술계수 (technology coefficients) - 부등식의 선형으로 제한되는 결정변수의 양적 증가에 따라 자원의 소모량을 산정하는 계수

(9) a_{kj} : 기술계수 (technology coefficients) - 등식의 선형으로 제한되는 결정변수의 양적 증가에 따라 자원의 소모량을 산정하는 계수

(10) $c(x)$: 부등식의 비선형으로 제한되는 자원의 소모량과 관련된 함수식

(11) $c_{eq}(x)$: 등식의 비선형으로 제한되는 자원의 소모량과 관련된 함수식

(12) lb, ub : 결정변수의 하한값 (Lower Bound)과 상한값 (Upper Bound). 이를 설정하면 제한된 범위내에서 극한값으로 산정할 수 있음

6.2 MATLAB® 목표계획법 Syntax

(1) MATLAB® 기본수식 :

- **목적함수** (objective Function) :

$$\text{Min } \gamma$$

- **제약조건** (Constraint) :

$$F(x) - \gamma \bullet weight \leq goal$$

$$\sum_{j=1}^{n} a_{ij}\, x_j \leq b_i$$

$$\sum_{k=1}^{m} a_{ik}\, x_j = b_k$$

$$c(x) \leq 0$$

$$c_{eq}(x) = 0$$

$$lb \leq x_j \leq ub, \text{ for } all\ j$$

- **MATLAB® 프로그램 유의사항**

1) 목표함수 설정문제 : MATLAB의 목표계획법 기본수식이 목표와의 편차를 최소화하도록 설정되어 있으며, 이에따라 부호설정에 유의

2) 제약조건의 등식, 부등식 문제 : MATLAB에서는 부등식과 등식 모두 적용이 가능하며, 이중제약의 조건식에서는 다음의 사례와 같이 두 개의 부등식으로 구분하여 풀이한다.

$$ll \leq ax_1 + bx_2 \leq uu \Rightarrow \quad ax_1 + bx_2 \leq uu$$

$$-ax_1 - bx_2 \leq -ll$$

3) 비선형 제약식 문제 : MATLAB에서는 선형의 제약조건 이외, 비선형의 제약조건도 함께 고려하여 최적값을 산정할 수 있다. 비선형 제약조건은 MATLAB 함수식 설정방법을 참조하여 구성토록 한다.

(2) MATLAB® 프로그램 형태 : fgoalattain (MATLAB® 목표계획법 함수)

- MATLAB® 프로그램에서 등호의 좌측은 Output에 관한 사항을 입력하며, 등호의 우측은 Input에 관한 사항을 입력한다.

1) $x = fgoalattain\,(f,\ x0,\ g,\ w)$

목적함수, 초기치, 목표달성 수준, 목표별 가중치의 조건에서
목표계획법의 최적해 x 찾기

2) $x = fgoalattain\,(f,\ x0,\ g,\ w,\ A,\ b)$

목적함수, 초기치, 목표달성 수준, 목표별 가중치, $Ax \le b$ 조건에서
목표계획법의 최적해 x 찾기

3) $x = fgoalattain\,(f,\ x0,\ g,\ w,\ A,\ b,\ A_{eq},\ b_{eq})$

목적함수, 초기치, 목표달성 수준, 목표별 가중치, $Ax \le b$, $A_{eq} = b_{eq}$
조건에서 목적함수의 최적해 x 찾기
만일 부등식 조건이 없고 등식 조건만 있을 경우, A=[ ], b=[ ]

4) $x = fgoalattain\,(f,\ x0,\ g,\ w,\ A,\ b,\ A_{eq},\ b_{eq},\ lb,\ ub)$

목적함수, 초기치, 목표달성 수준, 목표별 가중치, $Ax \le b$, $A_{eq} = b_{eq}$
$lb \le x \le ub$ 조건에서 목적함수의 최적해 x 찾기
만일, 부등식 조건만 있고, 등식 조건이 없을 경우, Aeq=[ ], beq=[ ]

5) $x = fgoalattain\,(f,\ x0,\ g,\ w,\ A,\ b,\ A_{eq},\ b_{eq},\ lb,\ ub, nonlcon)$

목적함수, 초기치, 목표달성 수준, 목표별 가중치, $Ax \le b$, $A_{eq} = b_{eq}$
$lb \le x \le ub$, 비선형의 제약식 조건에서 목적함수 최적해 x 찾기
만일, x 의 상한값이 없을 경우, ub=[ ]

6) $x = fgoalattain\,(f,\ x0,\ g,\ w,\ A,\ b,\ A_{eq},\ b_{eq},\ lb,\ ub, nonlcon,\ option)$

목적함수, 초기치, 목표달성 수준, 목표별 가중치, $Ax \le b$, $A_{eq} = b_{eq}$
$lb \le x \le ub$, 비선형 제약식, option 조건에서 목적함수의 해 x 찾기
option 은 “optimset”을 이용하여 적용

* 목표계획법에서 많이 쓰이는 option :
Max Iteration : 목표계획법의 반복산정 임계기준
Max Function Evaluation : 목표계획법의 목표함수식 평가
X Tolerance : 결정변수 x의 산정과정 허용 한계치
Function Tolerance : 목표함수식의 산정과정 허용 한계치
Non-linear Tolerance : 비선형 제약식의 산정과정 허용 한계치
SQP Constraint Tolerance : 제약조건의 SQP 허용 한계치

7) $[x, fval] = fgoalattain(\ldots)$

x : 조건에 맞는 최적해의 값, fval : 목적함수 Z 값을 출력한다.

8) $[x, fval, atfactor] = fgoalattain(\ldots)$

x : 조건에 맞는 최적해의 값, fval : 목적함수 Z 값,
atfactor : 최적해의 목표달성 수준을 출력한다.

* 최적해의 목표달성 수준 atfactor은 다음을 나타낸다.
수치 : 목표달성과 목표계획법에서 설정한 편차
음수 (Negative) : 목표수준 초과의 의미
양수 (Positive) : 목표수준 미달의 의미

9) $[x, fval, atfactor, exitflag] = fgoalattain(\ldots)$

x : 조건에 맞는 최적해의 값, fval : 목적함수 Z 값,
atfactor : 최적해의 목표달성 수준, exitflag : 최종상태 등을 출력

* 최종상태를 나타내는 exitflag 의 수치는 다음의 상태를 나타낸다.
1 = 최적해를 탐색하였음 (최적화 과정 성공)
4 = option 등에서 설정한 한계수준보다 과다 산정됨
5 = option 등에서 설정한 한계수준보다 과소 산정됨
0 = MaxIter 에서 설정한 반복 산정회수 초과
-1 = output 함수에 의하여 알고리즘이 반복산정 중지
-2 = 목표계획법의 문제가 실행불능 (No Feasible)

10) $[x, fval, atfactor, exitflag,\ output\ ] = fgoalattain(\dots)$

x : 조건에 맞는 최적해의 값, fval : 목적함수 Z 값,
atfactor : 최적해의 목표달성 수준, exitflag : 최종상태,
output : 최적상태의 정보 등을 출력한다.

* 최적상태 정보를 나타내는 output 의 내용은 다음과 같다

iterations : Number of iterations taken
funcCount : Number of function evaluations
lssteplength : Size of line search step relative to search direction
stepsize : Final displacement in x
algorithm : Optimization algorithm used
firstorderopt : Measure of first-order optimality
constrviolation : Maximum of constraint functions
message : Exit message

11) $[x, fval, atfactor, exitflag,\ output, lamda\ ] = fgoalattain(\dots)$

x : 조건에 맞는 최적해의 값, fval : 목적함수 Z 값,
atfactor : 최적해의 목표달성 수준, exitflag : 최종상태,
output : 최적상태의 정보, lamda : Lagrange 승수값 등을 출력한다.

* Lagrange 승수값을 나타내는 lamda 는 Structure 의 형태로 구성되며, 세부내용은 다음과 같다

lower : Lower bounds lb
upper : Upper bounds ub
ineqlin : Linear inequalities
eqlin : Linear equalities
ineqnonlin : Nonlinear inequalities
eqnonlin : Nonlinear equalities

(3) MATLAB® 프로그램 형태 : fminimax (MATLAB® 목표계획법 함수)

1) $x = fminimax\,(f,\, x0)$

목적함수 f, 초기치 x_0, 조건에서 목표계획법의 최적해 x 찾기

2) $x = fminimax\,(f,\, x0,\, A,\, b)$

목적함수 f, 초기치 x_0, $Ax \le b$ 의 부등식 조건에서
목표계획법의 최적해 x 찾기

3) $x = fminimax\,(f,\, x0,\, A,\, b,\, A_{eq},\, b_{eq})$

목적함수, 초기치, $Ax \le b$, $A_{eq} = b_{eq}$ 조건에서 목적함수의 최적해 x 찾기
만일 부등식 조건이 없고 등식 조건만 있을 경우, A=[ ], b=[ ]

4) $x = fminimax\,(f,\, x0,\, A,\, b,\, A_{eq},\, b_{eq},\, lb,\, ub)$

목적함수, 초기치, $Ax \le b$, $A_{eq} = b_{eq}$ $lb \le x \le ub$ 조건에서 목적함수의
최적해 x 찾기. 만일, 등식 조건이 없을 경우, Aeq=[ ], beq=[ ]

5) $x = fminimax\,(f,\, x0,\, A,\, b,\, A_{eq},\, b_{eq},\, lb,\, ub, nonlcon)$

목적함수, 초기치, 목표달성 수준, 목표별 가중치, $Ax \le b$, $A_{eq} = b_{eq}$
$lb \le x \le ub$, 비선형의 제약식 조건에서 목적함수 최적해 x 찾기
만일, x의 상한값이 없을 경우, ub=[ ]

6) $x = fminimax\,(f,\, x0,\, A,\, b,\, A_{eq},\, b_{eq},\, lb,\, ub, nonlcon,\, option)$

목적함수, 초기치, 목표달성 수준, 목표별 가중치, $Ax \le b$, $A_{eq} = b_{eq}$
$lb \le x \le ub$, 비선형 제약식, option 조건에서 목적함수의 해 x 찾기
option은 "optimset"을 이용하여 적용

* 목표계획법 : fminimax에서 많이 쓰이는 option :
Max Iteration : 목표계획법의 반복산정 임계기준
Max Function Evaluation : 목표계획법의 목표함수식 평가
X Tolerance : 결정변수 x의 산정과정 허용 한계치
Function Tolerance : 목표함수식의 산정과정 허용 한계치
Non-linear Tolerance : 비선형 제약식의 산정과정 허용 한계치

Hessian spasity Pattern : Hessian 이상 패턴
Subproblem Algorithm : subproblem 의 알고리즘
Plot : 결정변수와 산정결과치의 Plot 에 관한 사항
Display : 산정결과의 표현

7) $[x, fval] = fminimax(\ldots)$

x : 조건에 맞는 최적해의 값, fval : 목적함수 Z 값을 출력한다.

8) $[x, fval, \max fval] = fminimax(\ldots)$

x : 조건에 맞는 최적해의 값, fval : 목적함수 Z 값을 출력한다.
maxfval : 최적해를 찾기위한 목적함수들의 최대값 출력

9) $[x, fval, \max fval, exitflag] = fminimax(\ldots)$

x : 조건에 맞는 최적해의 값, fval : 목적함수 Z 값,
maxfval : 목적함수들 최대값, exitflag : 최종상태 등을 출력

* 최종상태를 나타내는 exitflag 의 수치는 다음의 상태를 나타낸다.
그리고 알고리즘별로 보다 자세한 내용을 나타낸다.
1 = 최적해를 탐색하였음 (최적화 과정 성공)
0 = MaxIter 에서 설정한 반복 산정회수 초과
-1 = output 함수에 의하여 알고리즘이 반복산정 중지
-2 = 목표계획법의 문제가 실행불능 (No Feasible)

10) $[x, fval, \max fval, exitflag, output] = fminnimax(\ldots)$

x : 조건에 맞는 최적해의 값, fval : 목적함수 Z 값,
maxfval : 목적함수들의 최대값, exitflag : 최종상태,
output : 최적상태의 정보 등을 출력한다.

* 최적상태 정보를 나타내는 output 의 내용은 다음과 같다

iterations	: Number of iterations taken
funcCount	: Number of function evaluations
lssteplength	: Size of line search step relative to search direction (active-set algorithm only)

constrviolation : Maximum of constraint functions
stepsize : Length of last displacement in x
(active-set and interior-point algorithms)
algorithm : Optimization algorithm used
cgiterations : Total number of PCG iterations
(trust-region-reflective and interior-point algorithms)
firstorderopt : Measure of first-order optimality
message : Exit message

11) $[\,x, fval, \max fval, exitflag, output, lamda\,] = fminnimax\,(\ldots)$

x : 조건에 맞는 최적해의 값, fval : 목적함수 Z 값,
maxfval : 최적해의 목적함수 최대값, exitflag : 최종상태,
output : 최적상태의 정보, lamda : Lagrange 승수값 등을 출력한다.

* Lagrange 승수값을 나타내는 lamda 의 구성내용은 다음과 같다
lower : Lower bounds lb
upper : Upper bounds ub
ineqlin : Linear inequalities
eqlin : Linear equalities
ineqnonlin : Nonlinear inequalities
eqnonlin : Nonlinear equalities

** 함수식은 다음과 같이 입력하면 보다 쉽게 처리가능하다.(자세한 것은 예제 참조)

```
>> x = fminimax(@ff, x0, . . . @con );    % 목적함수: ff, 비선형 제약함수 : con
      . . .
(1) x=fminimax(@(x) (. . ff . .), A,b, . . . )

(2) function f=ff(x)
     . . . . . .
(3) function [f,g]=ff(x)
     . . . . . .
(4) function [c, ceq] = con(x);
     c =  . . .    (부등식의 제약에 따른 함수식)
     ceq = . . . (등식의 제약에 따른 함수식)
```

6.3 MATLAB® 적용사례

(1) 목표의 우선순위가 없는 경우

- **예제** : 목표별 가중치가 동일한 경우의 문제

진성물산의 마케팅 부서에서는 부진한 판매를 촉진하기 위하여, 판매촉진 계획 A, B를 수립하였다. 그리고 Market Share 분석을 통하여 고객을 단골손님 중심의 X 그룹, 일반손님 중심의 Y 그룹, 학생손님 중심의 Z 그룹으로 구분하여, 판매촉진 계획의 실행에 따른 잠정적 수요증대 예상결과를 표와 같이 요약하였다. 판매촉진 계획의 단위비용은 계획 A의 경우 100만원, 계획 B의 경우 70만원으로 예상되며, 판매촉진 계획의 실행예산 총액은 600만원으로 설정되었다. 아울러, 마케팅 부서에서는 내부적으로 판매촉진계획의 수립하면서 계획목표별 우선순위, 즉 계획목표별 가중치는 없는 것으로 설정하였다. 세 개의 계획목표를 최선으로 달성하는 방안은 무엇인가 찾아본다.

소비자 그룹	판매촉진 계획 A	판매촉진 계획 B
소비자 그룹 X (단골손님 중심)	6 만명	5 만명
소비자 그룹 Y (일반손님 중심)	7 만명	3 만명
소비자 그룹 Z (학생손님 중심)	9 만명	4 만명

판매촉진 계획목표 1 : 단골고객 X 그룹은 40만명 이상 증대
판매촉진 계획목표 2 : 일반고객 Y 그룹은 40만명 이상 증대
판매촉진 계획목표 3 : 학생고객 Z 그룹은 50만명 이상 증대

- **기본수식** :

· 결정변수 : 판매촉진 계획 A, B 의 실행 - - x1, x2

· 목적함수 : (목표와의 편차 최소화)

$$\text{Min} \quad \gamma \quad = \quad \text{Min} \quad F(x) - \gamma \bullet weight \le goal$$

- f Function 구성 : 예제에서 함수식은 다음과 같이 선형으로 구성된다.

계획 A : 6x1 + 5x2 ≥ 40
계획 B : 7x1 + 3x2 ≥ 40
계획 C : 9x1 + 4x2 ≥ 50

예제의 목표계획법에 대한 목표함수는 다음과 같이 구성된다.

$$f = \begin{bmatrix} -6 & -5 \\ -7 & -3 \\ -9 & -4 \end{bmatrix} * x$$ 의 관계식이 성립된다.

$$aa = \begin{bmatrix} -6 & -5 \\ -7 & -3 \\ -9 & -4 \end{bmatrix}$$ 로 하여 Matrix aa를 이용하면,

목표함수는 "f = aa * x"가 된다

- 목표 Matrix (goal)은 다음과 같이 구성된다. 부호가 (-)인 것은 MATLAB 이 최소화로 구성되어 있기 때문에, 최대화 문제는 (-)를 두어 산정한다.

$$goal = \begin{bmatrix} -40 \\ -40 \\ -50 \end{bmatrix}$$

- 목표별 가중치는 Matrix (weight) 동일한 값으로 다음과 같이 구성된다.

$$weight = \begin{bmatrix} 1 \\ 1 \\ 1 \end{bmatrix}$$

- 제약조건 : (투자액 및 투자조건)

$100\ x_1 + 70\ x_2 \leqq 600$ (계획의 실행예산 제약)
x1, x2 ≦ 0 (2개 대안 모두 비음 - Non Negative)

- MATLAB® Program :

Editor - C:\Documents and Settings\user\My Documents\MATLAB\예제 6-1.m*

```
%-------------------------------
% 목표계획법 예제 1 : 가중치 동일
%-------------------------------
aa = [ -6  -5
        -7  -3
        -9  -4 ];
a = [ 100 70 ];
b = 600 ;
f = @(x) (aa*x);
g=[-40 ; -40 ; -50];
w=[1 ; 1 ; 1];
x0=[0 ; 0];
[x,fval] = fgoalattain (f,x0, g, w, a, b);
x
fval
```

f : 목적함수에서 1차식으로 표현되는 수식의 계수 (3*1 행렬)

예제에서는 선형으로 산정됨. Matrix aa = $\begin{bmatrix} -6 & -5 \\ -7 & -3 \\ -9 & -4 \end{bmatrix}$입력

입력된 Matrix aa를 이용하여 함수식 "f=@(x) (aa.x)" 입력

g : 목표계획법에서 달성해야 할 목표 수준 (3*1 행렬)

계획별 목표 입력 (40만명, 40만명, 50만명 - - 부호 주의)

w : 목표계획법에서 달성'해야 하는 목표별 우선순위 (3*1 행렬)

예제의 경우 동일한 우선순위에 따라 같은 값 [1 1 1] 입력

a : 부등식의 제약조건 기술계수 (1*2 행렬)

b : 부등식의 자원의 제약조건 (1개 값)

x0 : 결정변수의 최초값 (2*1 행렬)

x : 결정변수 x 의 최적값 (출력사항)

fval : 목적함수 Z 의 최적값 (출력사항)

fgoalattain : 목표계획법 함수 입력, 출력은 (x, fval)로 지정

- **산정방법** :

목표계획법은 제한된 조건에서 복수의 목표를 달성하기 위한 극한값을 산정하는 방식으로 최적해를 탐색하는데, 목표계획법의 산정방식은 도함수의 (Derivaties) 산정방식에 따라 크게 다음의 2가지로 구분된다. 예제의 경우, 목적 함수식이 선형으로 구성되어 있어 (1)번 방식을 적용하였다. MATLAB의 목표계획법에서 도함수 Default 산정방식은 (1)번 방식이다. 산정방식의 보다 자세한 내용은 관련문헌을 참조하기 바란다.

(1) Approximated by Solver
(2) Gradient Supplied

- **Output** :

분석결과 최적 판매촉진 계획으로는, 계획안 A의 경우 4.44, 계획안 B의 경우 2.22 로 분석되었다. 그리고 이때, 목표별 달성가능한 수준은 계획목표 1의 경우 : 37.8 만명, 계획목표 2의 경우 : 37.8만명, 계획목표 3의 경우 : 48.9 만명으로 분석되었다. 예제의 경우, 목표계획법의 예산제약이 강하여 3개 목표의 수준은 모두 달성 불가능 한 것으로 분석되었다.

```
<stopping criteria details>

x =

    4.4444
    2.2222

fval =

  -37.7778
  -37.7778
  -48.8889

>>
```

- MATLAB® 이용 잠재가격(shadow Price), 잠재비용 (shadow Cost) :

목표계획법에서는 선형계획법과 같이 제약조건의 잠재가격과 결정변수의 잠재비용을 산정하여 의사결정의 자료로 사용한다. 예제의 판매촉진계획은 제한적인 자원의 활용에 최적화 문제가 아니어서, 잠재가격과 잠재비용의 적용은 적당하지 않을 수도 있겠으나, 목표계획법이 단순히 최적해의 산정에만 머무르는 것이 아니기에, 이 책에서는 MATLAB을 이용한 잠재가격 및 잠재비용을 산정하였다. MATLAB에서, "lamda"를 추가로 입력하면 잠재가격과 잠재비용이 산정된다. lamda라는 이름의 structure에서 부등식의 제약조건은 "ineqlin"의 이름의 field로 출력되며, 잠재비용은 lamda 중에서 "lower"이라는 이름의 field로 출력된다. 잠재비용의 경우, 계획대안들은 모두 zero로서 각 투자대안들이 모두 목표달성에 기여하고 있다. 잠재가격의 경우, 부등식의 제약조건인 실행예산 제약조건의 가치는 0.063으로 산정되었다. 이에 따라 실행예산이 한 단위 증가하면 목적함수의 목표치와 편차는 0.063 만큼 감소한다. 그리고 최적값이 목표달성 수준을 나타내는 attainfactor는 양수로서 목표달성의 미달을 나타내며 미달 수준은 2.22로 분석되었다.

```
>>attainfactor
 ans =
     2.22

 >> lamda.lower
 ans =
       0
       0

 >> lamda.ineqlin
 ans =
     0.0630

 >>
```

(2) 목표의 우선순위가 있는 경우

- **예제** : 목표별 가중치가 차별적인 경우의 문제

진성물산의 마케팅 부서에서는 부진한 판매를 촉진하기 위하여, 판매촉진 계획 A, B를 수립하였다. 그리고 Market Share 분석을 통하여 고객을 단골손님 중심의 X 그룹, 일반손님 중심의 Y 그룹, 학생손님 중심의 Z 그룹으로 구분하여, 판매촉진 계획의 실행에 따른 잠정적 수요증대 예상결과를 표와 같이 요약하였다. 판매촉진 계획의 단위비용은 계획 A 의 경우 100만원, 계획 B 의 경우 70만원으로 예상되며, 판매촉진 계획의 실행예산 총액은 600만원으로 설정되었다. 아울러, 마케팅 부서에서는 내부적으로 판매촉진계획의 수립하면서 계획목표별 우선순위, 즉 계획목표별 가중치는 "3 : 2: 1"로 설정하였다. 세 개의 계획목표를 최선으로 달성하는 방안은 무엇인가 찾아본다.

소비자 그룹	판매촉진 계획 A	판매촉진 계획 B
소비자 그룹 X (단골손님 중심)	6 만명	5 만명
소비자 그룹 Y (일반손님 중심)	7 만명	3 만명
소비자 그룹 Z (학생손님 중심)	9 만명	4 만명

판매촉진 계획목표 1 : 단골고객 X 그룹은 40만명 이상 증대
판매촉진 계획목표 2 : 일반고객 Y 그룹은 40만명 이상 증대
판매촉진 계획목표 3 : 학생고객 Z 그룹은 50만명 이상 증대

- **기본수식** :

· 결정변수 : 판매촉진 계획 A, B 의 실행 - - x1, x2

· 목적함수 : (목표와의 편차 최소화)

$$\text{Min} \quad \gamma$$

$$= \quad \text{Min} \quad F(x) - \gamma \bullet weight \leq goal$$

- *f* Function 구성 : 예제에서 함수식은 다음과 같이 선형으로 구성된다.

계획 A : 6x1 + 5x2 ≧ 40
계획 B : 7x1 + 3x2 ≧ 40
계획 C : 9x1 + 4x2 ≧ 50

예제의 목표계획법에 대한 목표함수는 다음과 같이 구성된다.

$$f = \begin{bmatrix} -6 & -5 \\ -7 & -3 \\ -9 & -4 \end{bmatrix} * x$$ 의 관계식이 성립된다.

$$aa = \begin{bmatrix} -6 & -5 \\ -7 & -3 \\ -9 & -4 \end{bmatrix}$$ 로 하여 Matrix aa 를 이용하면,

목표함수는 " f = aa * x " 가 된다

- 목표 Matrix (goal) 은 다음과 같이 구성된다. MATLAB은 최고화로 구성되며, 최대화 문제에서는 부호는 (-) 로 구성된다.

$$goal = \begin{bmatrix} -40 \\ -40 \\ -50 \end{bmatrix}$$

- 목표별 가중치는 Matrix (weight) 차별적 값으로 다음과 같이 구성된다.

$$weight = \begin{bmatrix} 3 \\ 2 \\ 1 \end{bmatrix}$$

- 제약조건 : (투자액 및 투자조건)

$100\ x_1 + 70\ x_2 \leqq 600$ (계획의 실행예산 제약)
x1, x2 ≦ 0 (2개 대안 모두 비음 - Non Negative)

- MATLAB® Program :

```
%-------------------------------
% 목표계획법 예제 2 : 가중치 차별
%-------------------------------
aa = [ -6  -5
       -7  -3
       -9  -4 ];
a = [ 100 70 ];
b = 600 ;
f = @(x) (aa*x);
g=[-40 ; -40 ; -50];
w=[3 ; 2 ; 1];
x0=[0 ; 0];
[x,fval] = fgoalattain (f,x0, g, w, a, b);
x
fval
```

- MATLAB® Program **입력자료 설명** :

f : 목적함수에서 1차식으로 표현되는 수식의 계수 (3*1 행렬)

예제에서는 선형으로 산정됨. Matrix aa = $\begin{bmatrix} -6 & -5 \\ -7 & -3 \\ -9 & -4 \end{bmatrix}$입력

입력된 Matrix aa를 이용하여 함수식 "f=@(x) (aa.x)" 입력

g : 목표계획법에서 달성해야 할 목표 수준 (3*1 행렬)

계획별 목표 입력 (40만명, 40만명, 50만명 - - 부호 주의)

w : 목표계획법에서 달성해야 하는 목표별 우선순위 (3*1 행렬)

목표별 우선순위는 차등을 두어 [3 2 1]로 입력함

a : 부등식의 제약조건 기술계수 (1*2 행렬)

b : 부등식의 자원의 제약조건 (1개 값)

x0 : 결정변수의 최초값 (2*1 행렬)

x : 결정변수 x의 최적값 (출력사항)

fval : 목적함수 Z의 최적값 (출력사항)

fgoalattain : 목표계획법 함수 입력, 출력은 (x, fval)로 지정

- **산정방법** :

목표계획법은 제한된 조건에서 복수의 목표를 달성하기 위한 극한값을 산정하는 방식으로 최적해를 탐색하는데, 목표계획법의 산정방식은 도함수의 (Derivaties) 산정방식에 따라 크게 다음의 2가지로 구분된다. 예제의 경우, 목적 함수식이 선형으로 구성되어 있어 (1)번 방식을 적용하였다. MATLAB의 목표계획법에서 도함수 Default 산정방식은 (1)번 방식이다. 산정방식의 보다 자세한 내용은 참고문헌을 참조하기 바란다.

(1) Approximated by Solver
(2) Gradient Supplied

- Output :

분석결과 최적 판매촉진 계획으로는, 계획안 A의 경우 4.65, 계획안 B의 경우 1.91 로 분석되었다. 그리고 이때, 목표별 달성 가능한 수준은 목표의 우선순위가 없을 때와 비교하여 계획목표 1의 경우 : 37.8 만명에서 37.5 만명으로 감소하였으며, 계획목표 2의 경우 : 37.8.만명에서 38.4 만명으로 증가되었고, 계획목표 3의 경우 : 48.9 만명에서 49.6 만명으로 증가되는 것으로 분석되었다. 예제의 경우, 예산제약이 강하여 3개 목표 수준은 모두 달성 불가능 한 것으로 분석되었다.

```
<stopping criteria details>

x =

    4.6575
    1.9178

fval =

  -37.5342
  -38.3562
  -49.5890
>>
```

- MATLAB® 이용 잠재가격(shadow Price), 잠재비용 (shadow Cost) :

목표계획법에서는 선형계획법과 같이 제약조건의 잠재가격과 결정변수의 잠재비용을 산정하여 의사결정의 자료로 사용한다. 예제의 판매촉진계획은 제한적인 자원의 활용에 최적화 문제가 아니어서, 잠재가격과 잠재비용의 적용은 적당하지 않을 수도 있겠으나, 목표계획법이 단순히 최적해의 산정에만 머무르는 것이 아니기에, 이 책에서는 MATLAB을 이용한 잠재가격 및 잠재비용을 산정하였다. MATLAB 에서, "lamda"를 추가로 입력하면 잠재가격, 잠재비용이 산정된다. lamda이라는 이름의 structure 중에서 부등식의 제약조건은 "ineqlin"의 이름으로, 잠재비용은 lamda 중에서 "lower"이라는 이름으로 각 field에 출력된다. 잠재비용의 경우, 계획대안들은 모두 zero로서 목표달성에 기여하고 있다. 잠재가격의 경우, 부등식의 제약조건인 실행예산 제약조건의 가치는 0.0233으로 산정되었다. 이에 따라 실행예산이 한 단위 증가하면 목적함수의 목표치와 편차는 0.0233 만큼 감소한다. 이는 앞에서 산정한 동일한 가중치의 결과와 비교하면 오히려 가중치를 두는 것이 목표달성에 보다 근접함을 보이고 있다. 그리고 최적값이 목표달성 수준을 나타내는 attainfactor는 양수로서 목표달성의 미달을 나타내며 미달 수준은 0.82로 분석되었으며, 앞에서 산정한 동일한 가중치의 목표계획법보다 목표달성 수준은 향상된 것으로 분석되었다.

```
>>attainfactor
 ans =
     0.8219

 >> lamda.lower
 ans =
       0
       0

 >> lamda.ineqlin
   =
     0.0233

 >>
```

(3) 목표계획법 함수 : fminimax 이용 문제

- **예제** : 목표계획법의 문제를 fminimax를 이용하여 풀이한다.

사업대안 2개의 자원소요량과 사업의 시행에 따른 공해발생 및 사업시행으로 인한 순현재가치 (NPV) 는 다음의 표와 같다. 사업의 목표는 다음과 같이 설정되었을 때, 사업의 규모를 결정하시오.

	사업 1	사업 2	자원량
자원 1	5	4	350
자원 2	3	5	400
공해발생량	6	9	
NPV	100	90	

목표 1 : 사업시행으로 인한 NPV 증가는 최소 8,000 단위로 한다

목표 2 : 사업시행으로 인한 공해발생량은 최대 700 단위로 한다

- **목적함수** : Minimax [f1(x), f2(x)]

목적함수는 최대화를 먼저 한 다음, 최소화를 수행하기에,
f(1)의 부호는 정상이나, f(2) 의 부호는 반대가 된다.

```
f(1) = 100*x(1) + 90*x(2) - 8000
f(2) = -6*x(1) - 9*x(2) + 700
```

- MATLAB® **프로그램:**

1) Function M-file :

function 함수의 이름은 "ff1"으로 하였으며, ff1.m으로 저장한다.

```
function f = ff1 (x)
 f(1) = 100*x(1) + 90*x(2) - 8000
 f(2) = -6*x(1) - 9*x(2) + 700
```

2) Script M-file :

스크립트 file 에서는 부등식의 제약조건을 입력하며, 초기치 “x0”, x(1), x(2)의 하한값을 입력한다. Function M-file의 이름이 “ff1” 이기에, “@ff1”을 입력하여 계산을 수행한다. 예제는 fa를 적용하여 풀이하였다.

```
%--------------------------------
% 목표계획법 예제 3 : fminimax
%--------------------------------
a=[5 4
   3 5 ];
b = [350 ; 400];
lb = [0 ; 0];
x0=[0.1 ;0.1];
fa = @(x) [100*x(1)+ 80*x(2)- 8000;
           -6*x(1)-9*x(2)+ 700];
[x,fval]= fminimax (fa,x0,a,b,[],[],lb);
```

3) output : 최적값은 x1=11.54, x2=73.08로 산정된다.

목표 1 은 7,000으로 산정되어, 목표값 8,000에 비해 1,000 미달

목표 2 는 727로 산정되어, 목표값 700에 비하여 27 초과됨.

이러한 산정결과는 연습문제 (2)를 목표계획법으로 산정한 값과 같으며, 목표계획법의 산정함수 “fgoalattain” 과 “fminmax” 모두 목표계획법의 문제에 적용이 가능하다.

다만, 목표별 가중치를 설정할 때, “fminimax"에서는 주의를 요함.

예를들어 f1에 가중을 할 때, f1에 10을 곱하면 산정이 가능하다.

```
<stopping criteria details>

x =
   11.5385
   73.0769

fval =
   1.0e+03 *

   -1.0000
   -0.0269
>>
```

- MATLAB® 이용 잠재가격(shadow Price), 잠재비용 (shadow Cost) :

목표계획법에서는 선형계획법과 같이 제약조건의 잠재가격과 결정변수의 잠재비용을 산정하여 의사결정의 자료로 사용한다. 예제의 제한적인 자원의 활용에 최적화 문제에 있어서, 잠재가격과 잠재비용의 적용은 다음과 같다. 목표계획법이 단순히 최적해의 산정에만 머무르는 것이 아니기에, 이 책에서는 MATLAB을 이용한 잠재가격 및 잠재비용을 산정하였다. MATLAB에서, "lamda"를 추가로 입력하면 잠재가격, 잠재비용이 산정된다. lamda이라는 이름의 structure 중에서 부등식의 제약조건은 "ineqlin"의 이름으로, 잠재비용은 lamda 중에서 "lower"이라는 이름으로 각 field 에 출력된다. 잠재비용의 경우, 계획대안들은 모두 zero로서 목표달성에 기여하고 있다. 잠재가격의 경우, 부등식의 제약조건인 자원 1의 가치는 0.2308으로 산정되었다. 이에 따라 자원 1이 한 단위 증가하면 목적함수의 목표치와 편차는 0.2308 만큼 증가한다. 자원 2의 경우 1.615로 산정되어 자원 2가 한 단위 증가하면 목적함수의 목표치와 편차는 1.615 단위만큼 증가한다. 이에 따라 자원 2의 잠재가격는 자원 1의 잠재가격보다 8배 수준으로 중요하기에, 목표의 편차를 줄이기 위해서는 자원2에 보다 주의를 기울여야 할 것이다.

```
>> lamda.upper
ans =
     0
     0

>> lamda.ineqlin
ans =

    0.2308
    1.6154
```

(4) 선형 및 비선형 목적함수 집합의 최적해

- **예제** : 특정한 제약조건이 없는 상황에서, 선형 및 비선형 목적함수 집합들에 대한 Minimax를 구하는 문제 (제약조건 없음)

- **목적함수** : Minimax [f1(x), f2(x), f3(x), f4(x), f5(x)]

$$f_1(x) = 2x_1^2 + x_2^2 - 48x_1 - 40x_2 + 304$$

$$f_2(x) = -x_1^2 - 3x_2^2$$

$$f_3(x) = x_1 + 3x_2 - 18$$

$$f_4(x) = -x_1 - x2$$

$$f_5(x) = x_1 + x_2 - 8$$

- MATLAB® 프로그램:

· Function M-file : file 이름 "ffun.m"으로 저장

```
function f = ffun (x)
f(1)= 2*x(1)^2+ x(2)^2-48*x(1)-40*x(2)+ 304;
f(2)= -x(1)^2 - 3*x(2)^2;
f(3)= x(1) + 3*x(2) -18;
f(4)= -x(1)- x(2);
f(5)= x(1) + x(2) - 8
```

· Script M-file : Function 이름 "ffun"으로 불러옴

```
x0 = [0.1; 0.1];
[x,fval] = fminimax(@ffun,x0)
```

· output : x1=4, x2=4, 이때 목표 1,5의 편차 0, 목표 2의 편차는 64 목표 3의 편차 2, 목표 4의 편차 8로 산정됨.

```
x =       4.0000     4.0000
fval =      0.0000   -64.0000   -2.0000   -8.0000   -0.0000
```

(5) MATLAB® "Optimtool"에 의한 분석사례 :

앞에서 수행한 예제 (2) 목표별 가중치의 차이가 있는 경우, "Optimtool"에 의하여 문제를 구조화하고, 계수 입력 후, 산정한 결과는 다음과 같다.

1) Solver : 산정함수 선택 - "fgoalattain" 선택 (목표계획법)
2) Problem : 문제의 f, A, b, Aeq, beq, lb,ub 값 입력
   Objective Function : 목적함수 입력 (@(x) (aa*x), aa=[. . .] 입력)
   Start point, Goals, Weight 등의 값을 입력
3) Constraints : 문제의 A, b, Aeq, beq, lb,ub 값 입력
   부등호의 방향에 따라 계수의 부호가 바뀌는 점에 유의
4) Run . . : 문제의 최적해 탐색, 최적결과 표시 (최적값 : -37.5)
5) Final Point : 최적해 (x1 = 4.658, x2 = 1.918)
6) Options : 목표계획법에 필요한 조건 입력 (예제는 디폴트 적용)

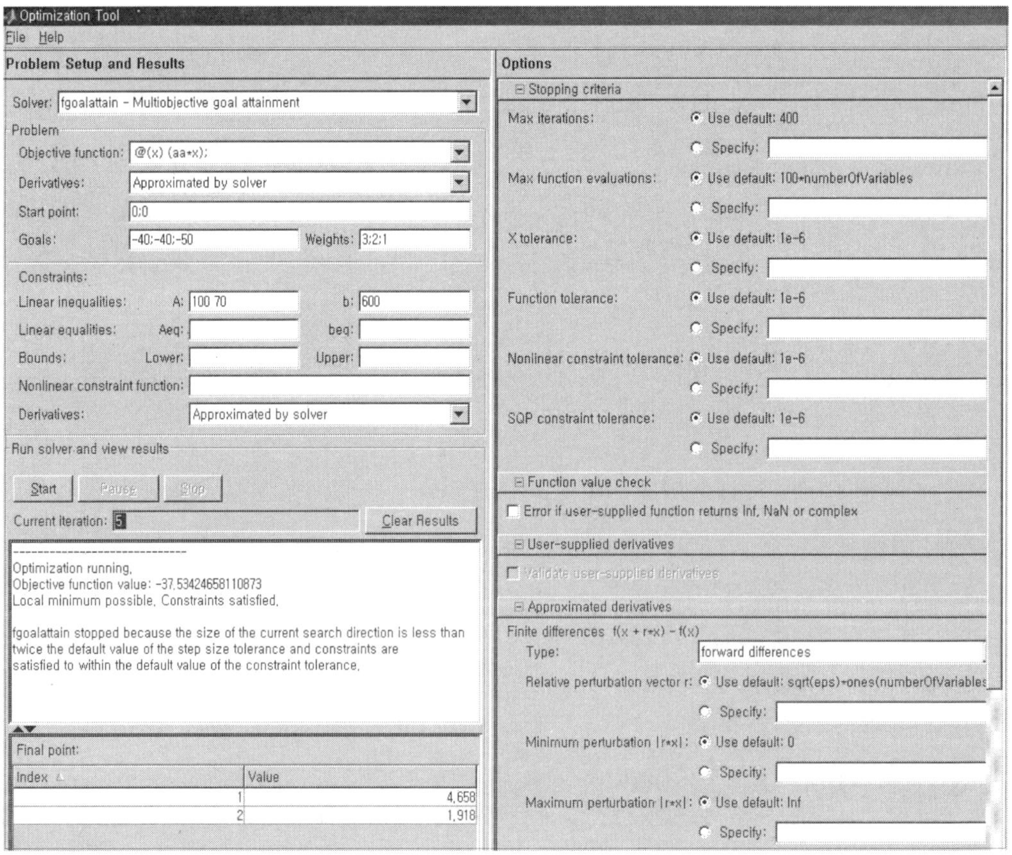

연습문제

1. 지역진흥을 위하여 사업대안 1, 사업대안 2를 구성하였다. 사업대안 1은 지역 1, 지역 2에 영향을 미치며, 사업대안 2는 지역 1, 지역 3에 영향을 미친다. 사업이 지역에 미치는 영향도는 모두 같다고 가정한다. 지역진흥 사업의 시행으로 지역 1은 12 단위 이상, 지역 2는 10 단위 이상, 지역 3은 5 단위 이상의 발전을 목표로 하고 있다. 이러한 상황에서, 다음의 문제에 따른 최적 지역진흥계획을 수립하시오.

	지역 1	지역 2	지역 3	비용
사업대안 1	1	1		3
사업대안 2	1		1	2
목 표	12	10	5	

(1) 3개 목표별 가중치가 동일한 경우, 최적 사업계획은 무엇인가

(2) 3개 목표별 가중치 = [3 2 1] 일 때, 최적 사업계획은 무엇인가

(3) 사업대안 1은 3억원, 사업대안 2는 2억원의 지방재정의 부담이 소요된다. 3개 목표별 가중치가 동일할 경우, 지방재정의 총액이 50억원일 때, 최적 사업계획은 무엇인가

(4) 사업의 예산제약과 목표별 가중치가 [3 2 1]이라 할 때, 최적 사업계획은 무엇인가

2. 예제 3의 사업대안 2개의 자원소요량과 사업의 시행에 따른 공해발생 및 사업시행으로 인한 순현재가치 (NPV) 는 다음의 표와 같다. 사업의 목표는 다음과 같이 설정되었을 때, 사업의 규모를 결정하시오.

	사업 1	사업 2	자원량
자원 1	5	4	350
자원 2	3	5	400
공해발생량	6	9	
NPV	100	90	

목표 1 : 사업시행으로 인한 NPV 증가는 최소 9,000 단위로 한다
(예제보다 목표를 1,000 단위 증가함)

목표 2 : 사업시행으로 인한 공해발생량은 최대 800 단위로 한다.
(예제와 같은 수준으로 설정함)

(1) 목표의 가중치가 동일할 경우, 사업 시행계획은 무엇인가

(2) 목표2는 목표 1보다 우선되어야 한다. 이때, 사업 시행계획은 무엇인가
(가중치 = [100 1])

(3) 자원 1의 용량을 400 으로 증가하였다. 이러한 상황 변화에 따른 사업 시행계획을 검토하시오.

(4) 자원 1의 변화에 따른 자원의 잠재가치를 검토하시오.

CHAPTER 7

비선형계획법 : NLP - NonLinear Programming

7.1 개요

목적함수가 1차함수식으로 표현되는 의사결정 기법을 선형계획법이라 하며, 목적함수가 1차 함수식으로 이외의 방식으로 구성된 모든 경우의 의사결정 기법을 비선형계획법 (Non-linear Programming)이라 한다. 5장의 이차계획법은 비선형계획법의 일종으로서, 목적함수가 1차 함수 및 2차함수의 수식으로 구성되어 Simplex 확장기법을 적용하는 특수한 경우이다. 비선형계획법의 종류는 다음과 같이 구분되며, 자세한 내용은 관련문헌을 참조하기 바란다.

(1) Unconstrained Optimization : 제약이 없고 Max f(x)의 목적함수가 존재하는 경우의 비선형계획법이다. 편미분방정식으로 최적해를 탐색한다.

(2) Linearly Constrained Optimization : 제약식은 선형, 목적함수는 비선형의 비선형계획법이다. 특별한 형태를 이차계획법으로 분류하기도 한다.

(3) Quadratic Programming : 제약식은 선형, 목적함수는 1차 및 2차식으로 구성되는 비선형계획법이다. 목적함수는 오목 (Concave)으로 가정한다. 일반적으로 선형계획법의 Simplex 알고리즘을 확장하여 산정한다.

(4) Convex Programming : 목적함수는 오목한 형태 (Concave), 제약조건은 볼록한 형태의 (Convex) 비선형계획법이다.

(5) Separable Programming : Convex Programming 의 일종으로서 목적함수와 제약조건 함수가 부분수식으로 분리가능한 경우 비선형계획법이다.

(6) Nonconvex Programming : Concave Programming 의 기본가정을 만족하지 못하는 모든 종류의 비선형계획법을 말한다.

(7) Geometric Programming : 목적함수식과 제약조건의 함수식이 Concave도 아니며, Convex 도 아닌 경우의 기하학적 비선형계획법을 말한다.

(8) Fractional Programming : 목적함수가 분수의 형태 ($\frac{f_i(x)}{f_j(x)}$)로 구성되며, 결정변수가 비율의 수식으로 산정되는 비선형계획법을 말한다.

(9) The Complementarity Problem : 변수들이 상호간에 제약을 가지는 경우의 비선형계획법을 말한다.

- 비선형계획법은 제약조건이 존재하는가, 존재하지 않는가에 따라 크게 비제약형 비선형계획법, 제약형 비선형계획법으로 구분된다. 비제약형의 비선형계획법은 수식이 “min f(x)”로서 매우 간단하다. 그리고 최적해는 결정변수의 모든 값에 대응되기에 한정된 범위의 극한값이라기보다는 최대, 또는 최소값으로 산정된다. 특히, 목적함수가 1차함수식이 아닌 경우, 최적해가 존재하는 사례는 매우 드물다. 따라서 제약조건을 파악하기 어려운 매우 불확실한 경우를 제외하면 그 적용성은 한정적이다.

- 의사결정 과정에서는 현실적으로 여러 제약조건들이 존재하며, 다양한 자원의 제약 속에서 최적의 극한값을 모색하는 것이 일반적인 최적화 기법이기에, 제약형 비선형계획법이 비제약형 비선형계획법보다 널리 적용된다. 이 책에서는 비선형계획법 중에서 제약형비선형계획법을 중심으로 살펴본다. 특히, MATLAB의 “Optimization Tool”에서 제공하고 있는 비선형계획법의 여러 기법들 중에서, (부록 4. 참조) 현실적으로 의사결정에서 적용하기 적당한 제약형 비선형 계획법 “fmincon”의 기법을 중심으로 살펴본다. 이 책에서 다루지 못한 제반 비선형계획법의 기법들에 대해서는 이 책에서 제시하는 분석사례와 운용법을 숙지하면 쉽게 다룰 수 있을 것으로 사료된다.

(1) 비제약형 비선형계획법의 최적화 : Unconstrained NLP Optimization

· *fminsearch* : Find minimum of unconstrained multivariable function using derivative-free method
· *fminunc* : Find minimum of unconstrained multivariable function color Column partition for sparse finite differences
· *fzmult* : Multiplication with fundamental nullspace basis
· *gangstr* : Zero out "small" entries subject to structural rank
· *optimget* : Optimization options values

(2) 제약형 비선형계획법의 최적화 : Constrained NLP Optimization

· *fminbnd* : Find minimum of single-variable function on fixed interval
· *fmincon* : Find minimum of constrained nonlinear multivariable function
· *fseminf* : Find minimum of semi-infinitely constrained multivariable nonlinear function

- 그동안 비선형계획법의 해를 찾기 위한 알고리즘은 다양한 접근방법에 의하여 다양하게 발전되어 왔다. 비선형계획법의 알고리즘은 단일차원의 접근법과 다차원의 접근법으로 구분된다. 일반적으로 비제약형 비선형계획법의 경우, 많은 접근방법들이 미분을 이용하여 해를 찾고 있으며, 제약형 비선형계획법의 경우, 등식의 제약은 Lagragian 승수를 이용하며, 부등식의 제약은 Kuhn-Tucker 조건을 이용하여 문제의 해를 찾는다. MATLAB에서 많이 쓰이는 제약형 비선형계획법의 'fmincon'에서 사용되는 알고리즘은 'Trust - Region - Reflective Method', 'Active - Set Method', 'Interior - Point Method', 'SQP Method' 등이 있다. Default로 쓰이는 알고리즘은 'Trust - Region - Reflective Method'이며, 비선형함수의 해를 찾기위한 'fsolve'의 알고리즘은 "Trust - Region Search Method", " Levenberg-Marquardt Method"등이 있다.

1) 단일차원 접근법

· 이분(二分) 탐색법 : Bi-Section Search Method
· 황금분할 탐색법 : Golden Section Search Method
· 피보나치 탐색법 : Fibonacci Search Method
· 황금구획 탐색법 : Golden Block Search Method
· 뉴턴 방법 : Newton Method
· 오(誤) 위치법 : Method of False Position
· 이차 근접법 : Quadratic Fit Method
· 일반적 3차 근접법 : Cubic Fit Method

2) 다차원 접근법

· 급강하법 : Steepest Descend Method
· 뉴턴법 : Newton Method
· 뉴턴-랩슨법 : Newton - Rapson Method
· 순환좌표법 : Cycle Coordinate Method
· 후크와 지부스 방법 : Hook and Jeeves Method
· 로젠브락법 : Method of Rosenbrock
· 공액방향방법 : Conjugate Direction Method
· 프레쳐-리브스 방법 : Fletcher - Reeves Method

7.2 MATLAB® 제약형 비선형계획법 Syntax

(1) MATLAB® 기본수식 :

- **목적함수** (objective Function) :

$$\text{Min } f(x)$$

- **제약조건** (Constraints) :

$$\sum_{j=1}^{n} a_{ij}\, x_j \le b_i$$

$$\sum_{k=1}^{m} a_{ik}\, x_j = b_k$$

$$c(x) \le 0$$

$$c_{eq}(x) = 0$$

$$lb \le x_j \le ub, \text{ for } all\ j$$

- 제약형 비선형계획법의 목적함수와 제약조건의 수식에서 사용된 변수와 계수는 다음과 같다.

1) x_j : 결정변수(decision variable) - 비선형계획법에 따라 최적값을 결정하고자 하는 변수

2) $f(x)$: 비선형계획법에서 목표와 관련하여 설정되는 함수식, MATLAB 에서는 Function 설정 함수를 이용하여 구성하는데 다양한 방법을 적용할 수 있다. 특별한 함수식인 경우, 목적함수는 Function 으로 표현되지만, 그렇지 않을 경우, 별도의 Function 함수로 표현하지는 않는다. 그리고 비선형계획법이기에 f(x), q(x) 는 1차함수식이 아닌 n차 함수식으로 구성된다.

3) b_i : 사용가능 자원 (resources limited) - 사용가능한 자원량으로서, 부등식의 선형으로 제한된 범위내에서 최적값를 결정하는 한계치

4) b_k : 사용가능 자원 (resources limited) - 사용가능한 자원량으로서, 등식의 선형으로 제한된 범위내에서 최적값를 결정하는 한계치

5) a_{ij} : 기술계수 (technology coefficients) - 부등식의 선형으로 제한되는 결정변수의 양적 증가에 따라 자원의 소모량을 산정하는 계수

6) a_{kj} : 기술계수 (technology coefficients) - 등식의 선형으로 제한되는 결정변수의 양적 증가에 따라 자원의 소모량을 산정하는 계수

7) $c(x)$: 부등식의 비선형으로 제한되는 자원의 소모량과 관련된 함수식

8) $c_{eq}(x)$: 등식의 비선형으로 제한되는 자원의 소모량과 관련된 함수식

9) lb, ub : 결정변수의 하한값 (Lower Bound)과 상한값 (Upper Bound). 이를 설정하면 제한된 범위내에서 극한값으로 산정할 수 있음

- MATLAB® 프로그램 유의사항

1) 최대화, 최소화의 문제 : MATLAB의 비선형계획법 기본수식이 최소화로 설정되어 있어, 최대화 문제는 다음의 사례와 같이 함수식의 계수부호를 반대로 하여 목적함수를 변환하여 풀이한다.

$$Max\ Z = 4x^{2_1} + 3x_2 \ \Rightarrow \ Min\ Z = -4x^{2_1} - 3x_2$$

2) 제약조건의 등식, 부등식 문제 : MATLAB에서는 부등식과 등식 모두 적용이 가능하며, 이중제약의 조건식에서는 다음의 사례와 같이 두 개의 부등식으로 구분하여 풀이한다.

$$ll \le ax_1 + bx_2 \le uu \ \Rightarrow \ \begin{array}{l} ax_1 + bx_2 \le uu \\ -ax_1 - bx_2 \le -ll \end{array}$$

(2) MATLAB® 프로그램 형태 : fmincon (MATLAB® 비선형계획법 함수)

1) $x = fmincon\,(f, x0,\ A,\ b)$

목적함수 f, 초기치 x_0, $Ax \le b$ 의 부등식 조건에서
비선형계획법의 최적해 x 찾기

2) $x = fmincon\,(f, x0, A, b, A_{eq}, b_{eq})$

목적함수, 초기치, $Ax \le b$, $A_{eq} = b_{eq}$ 조건에서 목적함수의 최적해 x 찾기
만일 부등식 조건이 없고 등식 조건만 있을 경우, A=[ ], b=[ ]

3) $x = fmincon\,(f, x0, A, b, A_{eq}, b_{eq}, lb, ub)$

목적함수, 초기치, $Ax \le b$, $A_{eq} = b_{eq}$ $lb \le x \le ub$ 조건에서 목적함수의
최적해 x 찾기. 만일, 등식 조건이 없을 경우, Aeq=[ ], beq=[ ]

4) $x = fmincon\,(f, x0,\ A, b, A_{eq}, b_{eq}, lb, ub, nonlcon)$

목적함수, 초기치, 목표달성 수준, 목표별 가중치, $Ax \le b$, $A_{eq} = b_{eq}$
$lb \le x \le ub$, 비선형의 제약식 조건에서 목적함수 최적해 x 찾기
만일, x 의 상한값이 없을 경우, ub=[ ]

5) $x = fmincon\,(f, x0,\ A, b, A_{eq}, b_{eq}, lb, ub, nonlcon, option)$

목적함수, 초기치, 목표달성 수준, 목표별 가중치, $Ax \le b$, $A_{eq} = b_{eq}$
$lb \le x \le ub$, 비선형 제약식, option 조건에서 목적함수의 해 x 찾기
option 은 "optimset"을 이용하여 적용

* 비선형계획법 : fmincon에서 많이 쓰이는 option :
Max Iteration : 비선형계획법의 반복산정 임계기준
Max Function Evaluation : 비선형계획법의 목표함수식 평가
X Tolerance : 결정변수 x의 산정과정 허용 한계치
Function Tolerance : 목표함수식의 산정과정 허용 한계치
Non-linear Tolerance : 비선형 제약식의 산정과정 허용 한계치
Hessian spasity Pattern : Hessian 이상 패턴
Subproblem Algorithm : subproblem의 알고리즘

Plot : 결정변수와 산정결과치의 Plot에 관한 사항
Display : 산정결과의 표현

6) $[x, fval] = fmincon(\ldots)$

x : 조건에 맞는 최적해의 값, fval : 목적함수 Z 값을 출력한다.

7) $[x, fval, exitflag] = fmincon(\ldots)$

x : 조건에 맞는 최적해의 값, fval : 목적함수 Z 값,
exitflag : 최종상태 등을 출력

* 최종상태를 나타내는 exitflag의 수치는 다음의 상태를 나타낸다.
그리고 알고리즘별로 보다 자세한 내용을 나타낸다.
1 = 최적해를 탐색하였음 (최적화 과정 성공)
0 = MaxIter에서 설정한 반복 산정회수 초과
-1 = output 함수에 의하여 알고리즘이 반복산정 중지
-2 = 비선형계획법의 문제가 실행불능 (No Feasible)

8) $[x, fval, exitflag, output] = fmincon(\ldots)$

x : 조건에 맞는 최적해의 값, fval : 목적함수 Z 값,
exitflag : 최종상태, output : 최적상태의 정보 등을 출력한다.

* 최적상태 정보를 나타내는 output의 내용은 다음과 같다

iterations : Number of iterations taken
funcCount : Number of function evaluations
lssteplength : Size of line search step relative to search direction (active-set algorithm only)
constrviolation : Maximum of constraint functions
stepsize : Length of last displacement in x (active-set and interior-point algorithms)
algorithm : Optimization algorithm used
cgiterations : Total number of PCG iterations (trust-region-reflective and interior-point algorithms)
firstorderopt : Measure of first-order optimality
message : Exit message

9) $[x, fval, exitflag, output, lamda] = fmincon(...)$

x : 조건에 맞는 최적해의 값, fval : 목적함수 Z 값,
exitflag : 최종상태, output : 최적상태의 정보,
lamda : Lagrange 승수값 등을 출력한다.

* Lagrange 승수값을 나타내는 lamda 의 구성내용은 다음과 같다

lower	: Lower bounds lb
upper	: Upper bounds ub
ineqlin	: Linear inequalities
eqlin	: Linear equalities
ineqnonlin	: Nonlinear inequalities
eqnonlin	: Nonlinear equalities

10) $[x, fval, exitflag, output, lamda, grad] = fmincon(...)$

x : 조건에 맞는 최적해의 값, fval : 목적함수 Z 값,
exitflag : 최종상태, output : 최적상태의 정보,
lamda : Lagrange 승수값, grad : 결정변수 gradiant 등을 출력한다.

11) $[x, fval, exitflag, output, lamda, grad, hessian] = fmincon(...)$

x : 조건에 맞는 최적해의 값, fval : 목적함수 Z 값,
exitflag : 최종상태, output : 최적상태의 정보,
lamda : Lagrange 승수값, grad : x의 gradiant,
hessian : x의 hessian 등을 출력한다.

** 비선형제약식은 다음과 같이 입력하면 보다 쉽게 처리가능하다.
다만, 등식의 제약과 부등식의 제약이 같이 처리되어야 한다는 점이다.

```
>> x = fmincon(f, x0, . . . @mycon . . );
      . . .
>> function [c, ceq] = mycon(x);
   c =  . . .    (부등식의 제약에 따른 함수식)
   ceq =  . . . (등식의 제약에 따른 함수식)
```

7.3 MATLAB® 적용사례

(1) 이중 제약형의 비선형계획법

- **예제** 1 : 이중 제약형 비선형계획법 (3변수 제곱의 경우)

$$Objective\ Function \ldots \quad Max \quad x_1 * x_2 * x_3$$

$$Const. \quad \ldots \quad 0 \le x_1 + 2x_2 + 2x_3 \le 36$$

- **목적함수** : f = -x(1) * x(2) * x(3) : 최대화 문제이기에 부호 반대
  MATLAB®의 목적함수는 직접입력, 함수구성 입력 등의 방법이 있다.

```
① [x, fval] = fmincon (@(x) (-x(1)*x(2)*x(3),  x0 . . . .)

② f = @(x) (-x(1)*x(2)*x(3));
   [x, fval] = fmincon (f,  x0, . . . )

③ function f = myfun (x)
   f = - x(1) * x(2) * x(3) ;
   end;
```

- **제약조건** :

```
- x1 - 2x2 - 2x3 ≦ 0
  x1 + 2x2 + 2x3 ≦ 36
```

```
a = [ -1 -2 -2
       1  2  2 ] ;

b = [  0
      36 ] ;

lb= [ 0 0 0 ];
```

- MATLAB® Program :

```
Editor - C:\Documents and Settings\user\My Documents\MATLAB\예제 7-1-1.m

%------------------------------
% 비선형계획법 예제 1 : 세변수 곱셈
%------------------------------
a = [ -1 -2 -2
       1  2  2 ];
b = [ 0 ; 36];
x0 = [3; 3; 3];
f = @(x) (-x(1)*x(2)*x(3));
[x,fval] = fmincon (f,x0, a, b);
x
fval
```

- **산정방법** :

제약형 비선형계획법은 제한된 조건에서의 극한값을 산정하는 방식으로 최적해를 탐색하는데, 산정방식은 크게 다음의 3가지로 구분된다. MATLAB 의 Default 산정방식은 (1)번 방식이다. 산정방식의 보다 자세한 내용은 참고문헌을 참조하기 바란다.

(1) Trust Region Reflective　　(2) Interior Point

(3) Active Set　　(4) SQP

- Output :

분석결과 x1=12, x2=6, x3=6, 최적값 432로 분석되었다.

```
>>
 x =
    12.0000
     6.0000
     6.0000

fval =
  -432.0000
```

- MATLAB® 이용 잠재가격(shadow Price), 잠재비용 (shadow Cost) :

예제에서 설정한 비선형의 이중제약형 제약조건 문제의 경우, 잠재가격과 잠재비용의 적용은 적당하지 않을 수도 있겠으나, 비선형계획법이 단순히 최적해의 산정에만 머무르는 것이 아니기에, 이 책에서는 MATLAB을 이용한 잠재가격 및 잠재비용을 산정하였다. MATLAB에서, 문제의 출력변수 설정 부분에 "lamda"를 추가로 입력하면 잠재가격과 잠재비용이 산정된다. lamda라는 이름의 structure로 출력하면, 잠재가격은 lamda 중에서 등식의 자원 제약조건은 "eqlin", 부등식의 자원 제약조건은 "ineqlin"의 이름의 field 로 출력된다. 잠재비용은 lamda 중에서 "lower"이라는 이름으로 출력된다. 잠재비용의 경우, 결정변수들은 모두 zero에 가까운 값으로, 모든 결정변수들이 이익에 기여하고 있다. 잠재가격의 경우, 부등식의 제약조건은 첫 번째 제약조건의 경우 0.0, 두 번째 제약조건의 경우 36.0으로 산정되었다.

이에 따라 목적 함수에 가장 큰 영향을 미치는 제약조건은 두 번째 제약 조건으로서 첫 번째 제약 조건에 비해 매우 큰 영향력을 가지는 것으로 분석된다.

```
>> lamda.ineqlin
ans =
     0
     36.0001

>> lamda.lower
ans =        1.0e-10 *
     0.5757
     0.0911
     0.3674

>>
```

(2) 선형 제약형의 비선형계획법

- **예제** 2 : 선형 제약형 비선형계획법 (이차계획법과 유사)

$$Objective\ Function \ldots \quad Max \quad 5x_1 - x1^2 + 8x_2 - 2x_2^2$$

$$Const. \qquad \ldots \quad 3x_1 + 2x_2 \leq 6$$

$$x_1,\ x_2 \geq 0$$

* 위의 예제는 목적함수가 1차 함수식과 2차 함수식으로 구성되어 있으며, 제약조건이 선형으로 구성되어 있어 이차계획법으로 분류될 수 있다. 이차계획법은 비선형계획법의 일종이기에, 비선형계획법으로 풀이한다.

- **목적함수** : f = -5x1 + $x1^2$ - 8x2 + $2x^2$: 최대화 문제로 부호 반대
  MATLAB에서 목적함수는 다음과 같이 함수를 구성하여 입력

```
f = @(x) (x(1)^2 + 2 * x(2)^2 - 5*x(1) - 8*x(2));
[x, fval] = fmincon (f, x0, . . . )
```

- **제약조건** :

```
3x1 + 2x2  ≦ 6
 x1 ≧ 0
 x2 ≧0
```

부등식의 제약조건 기술계수 : a = [3 2]

부등식의 자원제약 : b = 6

결정변수의 비음조건 : lb = $\begin{bmatrix} 0 \\ 0 \end{bmatrix}$

결정변수의 초기치 : x0 = $\begin{bmatrix} 1 \\ 1 \end{bmatrix}$

- MATLAB® 프로그램

Editor - C:₩Documents and Settings₩user₩My Documents₩MATLAB₩예제 7-2.m

File Edit Text Go Cell Tools Debug Desktop Window Help

```
%-----------------------------------
% 비선형계획법 예제 2 : 이차계획법
%-----------------------------------
a = [ 3 2 ];
b = 6 ;
x0 = [1; 1];
lb = [0 ;0];
f = @(x) (x(1)^2 + 2*x(2)^2 - 5*x(1) - 8*x(2));
[x,fval] = fmincon (f,x0, a, b, [],[],lb);
x
fval
```

- **산정방법** :

제약형 비선형계획법은 제한된 조건에서의 극한값을 산정하는 방식으로 최적해를 탐색하는데, 산정방식은 크게 다음의 3가지로 구분된다. MATLAB 의 Default 산정방식은 (1)번 방식이다.

(1) Trust Region Reflective　　(2) Interior Point

(3) Active Set　　(4) SQP

- **Output** :

분석결과 x1 = 1.0, x2 = 1.5, 최적값 11.5 로 분석되었다.

```
>>
x =
    0.9997
    1.5004

fval =
  -11.5000
```

- MATLAB® 이용 잠재가격(shadow Price), 잠재비용 (shadow Cost) :

예제에서 설정한 선형 제약형 비선형문제의 경우, 잠재가격과 잠재비용의 적용은 적당하지 않을 수도 있겠으나, 비선형계획법이 단순히 최적해의 산정에만 머무르는 것이 아니기에, 이 책에서는 MATLAB을 이용한 잠재가격 및 잠재비용을 산정하였다. MATLAB에서, 문제의 출력변수 설정 부분에 "lamda"를 추가로 입력하면 잠재가격과 잠재비용이 산정된다. lamda라는 이름의 structure로 출력하면, 잠재가격은 lamda 중에서 등식의 자원 제약조건은 "eqlin", 부등식의 자원 제약조건은 "ineqlin"의 이름으로 출력된다. 잠재비용은 lamda 중에서 "lower"이라는 이름으로 출력된다. 잠재비용의 경우, 결정변수는 모두 0으로 산정되어, 결정변수들은 모두 목적함수에 기여하고 있는 것으로 분석되었다. 잠재가격의 경우 등식의 제약조건은 없으며 부등식의 제약 조건은 1.0으로 산정되었다. 이에 따라 제약 조건의 가치가 1단위 증가하면 목적함수에서의 변화도 1단위 증가하는 것으로 분석된다.

```
>> lamda.ineqlin
ans =
    0.9999

>> lamda.lower
ans =
    0
    0

>>
```

(3) 비선형 제약조건의 비선형계획법

- **예제** 3 : 택지개발 사업에 있어서 가용토지와 용수공급량이 3개 지구별로 다음과 같다. 아울러, 용도지역별 최대 토지 할당량, 순이익이 다음과 같다. 용수량은 과거자료로부터 용도지역별로 비선형의 관계에 있는 것으로 조사되었다. 택지개발에 따른 총수익의 최대화를 위한 방안을 강구하시오.

용수량 = $(\text{주거면적})^2 * 0.01 + (\text{상업면적})^2 * 0.015 + (\text{공업면적})^2 * 0.018$

	1지구	2지구	3지구	최대 할당량	순이익
주거	x1	x2	x3	600	450
상업	x4	x5	x6	500	850
공업	x7	x8	x9	325	300
가용토지	400	600	300		
용수할당량	600	800	375		

· 목적함수 :

```
max  450(x1+x2+x3) + 850(x4+x5+x6) + 300(x7+x8+x9)
```

· 제약조건 :

```
x1 + x2 + x3 <= 600                  % 주거용지 제약
x4 + x5 + x6 <= 500                  % 상업용지 제약
x7 + x8 + x9 <= 325                  % 공업용지 제약

x1 + x4 + x7 <= 400                  % 1지구 가용용지 제약
x2 + x5 + x8 <= 600                  % 2지구 가용용지 제약
x3 + x6 + x9 <= 300                  % 3지구 가용용지 제약
```

$0.01x1^2 + 0.015x4^2 + 0.018x7^2 <= 600$ % 1지구 용수 제약

$0.01x2^2 + 0.015x5^2 + 0.018x8^2 <= 800$ % 2지구 용수 제약

$0.01x3^2 + 0.015x6^2 + 0.018x9^2 <= 375$ % 3지구 용수 제약

- **비선형 제약조건의 구성**
  - Function M-File :

```
Function [c,ceq]=cff1 (x)
c(1) = 0.01*x(1)^2 + 0.015*x(4)^2 + 0.018*x(7)^2 -600
c(2) = 0.01*x(2)^2 + 0.015*x(5)^2 + 0.018*x(8)^2 -800
c(2) = 0.01*x(3)^2 + 0.015*x(6)^2 + 0.018*x(9)^2 -375
ceq=[];
end
```

  - Script M-File 에서 직접 입력 : (프로그램 참조)

- **Script M-File** : 부등식의 제약조건 6개 Matrix 입력, 목적함수는 최대화문제이기에 부호 반대, 비선형 제약식은 "CC"라는 이름의 함수로 처리함.

```
%-------------------------------
% 비선형계획법 예제 4 : 비선형제약
%-------------------------------
a=[1 1 1  0 0 0  0 0 0
   0 0 0  1 1 1  0 0 0
   0 0 0  0 0 0  1 1 1
   1 0 0  1 0 0  1 0 0
   0 1 0  0 1 0  0 1 0
   0 0 1  0 0 1  0 0 1];
b = [600 500 325 400 600 300]';
x0=[10 10 10  10 10 10  10 10 10 ]';
fx=@(x) (-450*x(1)-450*x(2)-450*x(3)-850*x(4)-850*x(5) ...
         -850*x(6)-300*x(7)-300*x(8)-300*x(9));
cc=@(x) [((0.01*x(1)^2) + (0.015*x(4)^2) + (0.018*x(7)^2) - 600) ;
        ((0.01*x(2)^2) + (0.015*x(5)^2) + (0.018*x(8)^2) - 800) ;
        ((0.01*x(3)^2) + (0.015*x(6)^2) + (0.018*x(9)^2) - 375) ];
ceq=@(x) x(1)-x(1)-0;
nonl=@(x) deal (cc(x), ceq(x)) ;
lb=[0 0 0  0 0 0  0 0 0]';
[x,fval] = fmincon (fx,x0,a,b,[],[],lb,[],nonl);
```

- Output : 비선형 제약식에 따른 최적해는 다음과 같이 산정되었다.

이해를 돕기 위하기 산정결과를 표로 정리하였으며, 이에서 보면, 비선형 제약식인 용수사용량 제약으로 토지이용의 결과가 도출되었다.

지역별 용도별 면적은 표에서 보는 바와 같으며, 이러한 제약에 따라 택지개발의 최적 값은 618,156만원으로 산정되었다.

```
<stopping criteria details>

Active inequalities (to within options.TolCon = 1e-06):

x =
  128.6444
  148.5457
  101.7023
  161.9966
  187.0576
  128.0696
   47.6461
   55.0170
   37.6675

fval =
  -6.1816e+05

>>
```

	1지구	2지구	3지구	합	최대 할당량	순이익
주거	129	149	102	380	600	450
상업	162	187	128	477	500	850
공업	48	55	38	141	325	300
합	340	393	271	998		
용수사용량	600	800	375			
가용토지	400	600	300			
용수할당량	600	800	375			

- **MATLAB® 이용 잠재가격(shadow Price) :**

예제에서 설정한 제약조건의 경우, 잠재가격과 잠재비용의 적용은 적당하지 않을 수도 있겠으나, 비선형계획법이 단순히 최적해의 산정에만 머무르는 것이 아니기에, 이 책에서는 MATLAB을 이용한 잠재가격을 산정하였다. MATLAB에서, 문제의 출력변수 설정 부분에 "lamda"를 추가로 입력하면 잠재가격이 산정된다. lamda라는 이름의 structure로 출력하면, 잠재가격은 lamda 중에서 부등식의 자원 제약조건은 "ineqlin"의 이름으로, 그리고 비선형 제약조건은 "ineqnonlin"의 이름의 field로 출력된다. 잠재비용의 경우, 결정변수들이 모두 zero에 가까운 값으로, 모든 결정변수들이 이익에 기여하고 있다. 잠재가격의 경우, 선형의 부등식 제약조건은 모두 zero의 값을 나타내고 있다. 이는 선형 부등식의 제약조건은 최적값에 영향이 없음을 나타낸다. 다만, 비선형 제약식의 경우 잠재가격은 제약조건 1은(1 지역 용수공급) 175로 나타났으며, 제약조건 2는 (2 지역 용수공급) 152, 제약조건 3은 (3 지역 용수공급) 221로 나타났다. 이에 따라 지역별 용수공급을 1단위 증가하면, 전체이익의 증가량이 산정될 것이며, 특히 3지역의 경우 가장 높은 잠재가격을 보이고 있어 이에 대한 추가적인 의사결정이 필요한 것으로 판단된다.

```
>> lamda.ineqlin
ans =
     0
     0
     0
     0
     0
     0

>> lamda.ineqnonlin
 ans =
   174.9008
   151.4685
   221.2339

>>
```

연습문제

1. 대건 E&C 에서는 방음시설에 대한 설치사업을 구상하면서, 소음에 따른 방음시설의 관계식을 다음과 같이 산정하였다. 최적의 방음시설을 위한 계획을 수립하시오.

   (1) $y = 2x^2 - 8x + 10$
   (y : 방음시설, x : 소음)

   (2) $y = x1^2 + 3x2^2 - 6x1x2 + 8x1 + 6x2 - 14$
   (y : 방음시설, x1 : 기계소음, x2 : 일반 소음)

2. (주) 송우에서는 제품 2개를 3개 공장에서 생산하고 있다. 제품 1, 제품 2의 이익은 과거의 자료를 토대로 다음과 같이 구성되었다. 다음 문제에 대하여 검토하시오.

   제품 1 이익 = $40 * (\text{제품 1의 수} - 20)^2$
   제품 2 이익 = $25 * (\text{제품 2의 수} - 50)^2$

	공장 1	공장 2	공장3
제품 1	12	7	5
제품 2	2	5	10
가용시간	300	400	500

   (1) 이익을 최대화하기 위한 생산계획을 수립하시오.

   (2) 잠재비용, 잠재가격을 검토하시오.

PART III

현실적 상황은 최적화 기법의 기본적 형태 (Canonical Form)와 다르다.
3부는 최적화 기법의 다양한 현실적 응용사례를 중심으로 구성하였다.
최적화 기법의 현실적 응용은 기본형 개발에 못지않게 중요한 분야이다.
이 책에서는 크게 5개 부문으로 구분하여 현실적 응용기법을 살펴본다.
각 기법은 "MATLAB® 2012"를 적용한 사례분석으로 이해를 도모한다.

CHAPTER 8

수송계획법 : Transportation Problem Model

8.1 개요

수송계획법, 또는 수송계획모형은 (Transportation Problem Model) 선형계획법의 특수한 형태로서, 제약조건은 일반적으로 등식, 또는 부등식과 혼합된 형태로 구성되며, 목적함수는 최소화를 목적으로 한다. 수송계획법의 일반적인 수식형태는 다음과 같다. 수요와 공급이 일치할 경우 제약조건은 등식이나, 수요와 공급이 불일치 할 경우 제약조건은 부등식이 된다.

- **목적함수** (Objective Function) :

$$\min \sum_{i=1}^{n} \sum_{j=1}^{m} c_{ij}\, x_{ij}$$

- **제약조건** (Constraints) :

$$\sum_{i=1}^{n} x_{ij} = S_i$$

$$\sum_{j=1}^{m} x_{ij} = D_j$$

$$x_{ij} \geq 0, \text{ for } all\ i,\ j$$

- 수송계획법의 수식에서 사용된 변수와 계수는 다음과 같다.

(1) x_{ij} (Decision Variable) : 결정변수로서, 공급지역 i에서 수요지역 j로 이동하는 물량으로서, 기저변수(Basic Variable) 일 경우 물동량 할당

(2) c_{ij} (Cost Coefficients) : 목적함수에 영향을 주는 계수로서, 공급지역 i에서 수요지역 j로 이동하는 데에 따르는 물량의 단위당 비용

(3) S_i (Amounts of Supply) : 공급지역 i의 공급량

(4) D_j (Amounts of Demand) : 수요지역 j의 수요량

8.2 분석기법

수송계획법은 선형계획법의 특수한 형태로서, 선형계획법의 일반적인 알고리즘인 Simplex 등과 같은 기법의 사용보다는 특별히 고안된 기법을 사용한다. 수송계획법의 초기해를 탐색하기 위한 방안으로는 Northwest Corner Method, Houthakker Method, Vogel Method, 그리고 Stepping Stone Method 등이 있다. 이 책에서는 초기해의 분석기법보다는 MATLAB에 의한 기법을 적용하며, 수송계획법의 제반기법에 대한 보다 자세한 내용은 관련문헌을 참조하기 바란다.

(1) **Northwest Corner Method** : 공급지역 i에서 수요지역 j로 향하는 통행표를 구성하였을 때, 통행표의 위쪽을 North, 아래쪽을 South, 우측을 East, 좌측을 West로 가정하여 초기치를 탐색하는 방법이다. 따라서 통행표의 좌측 상단은 Northwest가 되며, 이를 기점으로 순차적으로 수요와 공급을 결정하는 매우 단순한 방법이다. 즉 Basic Feasible Solution으로는 가능하나 Optimal Solution으로 결정하기 어려운 점이 있다.

(2) **Houthakker Method** : 목적함수가 최소화를 지향하고 있기에, 지역 간 단위당 수송비의 최소값을 기준으로 수요와 공급을 결정하는 방법이다. 그러나 최소비용에 따라 물동량을 결정하면, 이러한 결정이 제약이 되어 그 후에 이루어지는 의사결정은 불리하게 작용될 수 있는 단점이 있다. 이는 Basic Feasible Solution으로는 가능하나 Optimal Solution으로 결정하기 어려운 점이 있다.

(3) **Vogel Method** : 단위수송비의 최소값이라는 절대적인 기준보다 지역간 최저치의 수송비와 차상위 수송비의 차이를 고려한 상대적인 기준으로 수요와 공급을 결정하는 방법이다. 이는 Basic Feasible Solution 으로는 가능하나 Optimal Solution으로 결정하기 어려운 점이 있다.

(4) **Stepping Stone Method** : Northwest Coner Method 등의 방법으로 결정한 Solution이 Optimal Solution이 되는가의 여부를 검증하는 방법으로서, 통행표 내에서 가능한 모든 조합의 Feasible Solution을 검토하는 방법이다. Optimal Solution의 결정이 가능하나, 매우 복잡한 과정을 거친다.

8.3 MATLAB® 적용사례

(1) 균형 수송 문제 ($S_i = D_j$)

- **예제** : 공급량의 합과 수요량의 합이 일치하는 경우

진성 물류회사에서는 공급지역 A, B, C 3개 지역에서 수요지역 X, Y, Z, W 4개 지역으로 물품을 수송하려한다. 지역별 물품단위별 수송비는 표와 같다. 수송은 단일수송, 즉 공급지역에서 수요지역으로만 수송되며, 공급지역간, 또는 수요지역간 수송은 없는 것으로 가정할 때, 총수송비를 최소로 하는 수송방안을 강구한다.

구 분		수요지역				총공급량
		X	Y	Z	W	
공급지역	A	20	8	20	5	90
	B	11	6	17	10	50
	C	8	12	14	9	40
총수요량		30	50	80	20	180

· 결정변수 : 3개 공급지역, 4개 수요지역 - - 12개 변수

· 목적함수 :

```
min Z = 20x1 + 8x2 + 20x3 + 5x4 + 11x5 + 6x6
        + 17x7 + 10x8 + 8x9 + 12x10 + 14x11 + 9x12
```

· 제약조건 :

```
x1 + x2 + x3 + x4 = 90          (공급지역 A 제약조건)
x5 + x6 + x7 + x8 = 50          (공급지역 B 제약조건)
x9 + x10 + x11 + x12 = 40       (공급지역 C 제약조건)
x1 + x5 + x9  = 30              (수요지역 X 제약조건)
x2 + x6 + x10 = 50              (수요지역 Y 제약조건)
x3 + x7 + x11 = 80              (수요지역 Z 제약조건)
x4 + x8 + x12 = 20              (수요지역 W 제약조건)
     ( 0 ≦ xi )
```

- MATLAB® Program :

Editor - C:₩Documents and Settings₩user₩My Documents₩MATLAB₩예제 3-1.m*

```
1   %-------------------------------
2   % 수송계획법 예제 1 : 균형수송문제
3   %-------------------------------
4   f = [20 8 20 5  11 6 17 10  8 12 14 9 ]' ;
5   aeq = [1 1 1 1  0 0 0 0  0 0 0 0
6          0 0 0 0  1 1 1 1  0 0 0 0
7          0 0 0 0  0 0 0 0  1 1 1 1
8          1 0 0 0  1 0 0 0  1 0 0 0
9          0 1 0 0  0 1 0 0  0 1 0 0
10         0 0 1 0  0 0 1 0  0 0 1 0
11         0 0 0 1  0 0 0 1  0 0 0 1 ] ;
12  beq= [90 50 40 30 50 80 20]' ;
13  lb = [0 0 0 0  0 0 0 0  0 0 0 0 ];
14  [x, fval] = linprog (f, [ ], [ ], aeq, beq, lb) ;
```

- MATLAB® Program **설명** :

f : 수송계획법 목적함수의 비용계수 (12*1 행렬)
aeq : 등식의 제약조건 계수 (7*12 행렬)
beq : 등식 공급지역의 합, 수요지역의 합 (7*1 행렬)
lb : 결정변수 x의 하한값 (zero - 1*12 행렬)
x : 결정변수 (xij가 아닌 xi, 따라서 결정변수는 12개 - 12*1 행렬)
fval : 수송계획법 목적함수 Z의 최적값 (최소값)

1행 : Matrix f 입력, 행렬 (1*12)로 입력하였으나, 전치행렬로 전환
2행 - 8행 : 등식의 제약조건 계수를 Matrix aeq로 입력
9행 : Matrix beq 입력, 행렬 (1*7)로 입력하였으나. 전치행렬로 전환
10행 : 결정변수 x의 하한값을 Matrix ib로 입력
11행 : 선형계획법의 함수 "linprog" 수행, output은 x, fval로 지정,
부등식의 제약조건은 없기에 "[ ]"으로 입력

- Output : 공급지에서 수요지로 향하는 최적상태의 결정변수 x의 값,
  목적함수 Z의 값은 다음과 같다.

```
>> x
x =
    0.0000
   50.0000
   20.0000
   20.0000
   15.3378
    0.0000
   34.6622
    0.0000
   14.6622
    0.0000
   25.3378
    0.0000

>> fval
fval =
  2.1300e+003

>>
```

- **결정변수의 값을 행렬로 표현하는 MATLAB® 프로그램과 이에 따른 결과는 다음과 같다.**

```
>>  x1 = x (1 : 4) ;
    x2 = x (5 : 8) ;
    x3 = x (9 : 12) ;
    xx = [x1‘ ;  x2’ ; x3‘ ] ;
```

```
xx =     0.0000    50.0000    20.0000    20.0000
        15.3378     0.0000    34.6622     0.0000
        14.6622     0.0000    25.3378     0.0000
```

- Output 설명 :

예제의 진성 물류회사에서는 A 지역에서 X 지역으로 공급량이 없으며 Y 지역 50, Z 지역 20, W 지역 20을 공급하며, B 지역에서는 X 지역 15.3, Z 지역 34.7을 공급하며, C 지역에서는 X 지역 14.7, Z 지역 25.3을 공급하는 것이 수송비를 최소로 하는 방법으로 분석되었다. 이때 물류회사의 총수송비는 2,130 단위로 산정되었다.

구 분		수요지역				총공급량
		X	Y	Z	W	
공급지역	A	0	50	20	20	90
	B	15.3	0	34.7	0	50
	C	14.7	0	25.3	0	40
총수요량		30	50	80	20	180

- 예제에 대한 쌍대문제 구성 :

1) Primal Problem 수식:

· 목적함수 : min Z = 20x1 + 8x2 + 20x3 + 5x4 + 11x5 + 6x6
+ 17x7 + 10x8 + 8x9 + 12x10 + 14x11 + 9x12

· 제약조건 : x1 + x2 + x3 + x4 = 90
x5 + x6 + x7 + x8 = 50
x9 + x10 + x11 + x12 = 40
x1 + x5 + x9 = 30
x2 + x6 + x10 = 50
x3 + x7 + x11 = 80
x4 + x8 + x12 = 20
(0 ≦ xi)

2) Dual Problem 수식 :

· 목적함수 : max Z = 90y1 + 50y2 + 40y3 + 30y4 + 50y5
+ 80y6 + 20y7

```
・제약조건 : y1 + y4 <= 20
            y1 + y5 <=  8
            y1 + y6 <= 20
            y1 + y7 <=  5
            y2 + y5 <= 11
            y2 + y6 <=  6
            y2 + y7 <= 17
            y2 + y4 <= 10
            y1 + y6 <=  8
            y1 + y7 <= 12
            y1 + y4 <= 14
            y1 + y5 <=  9
             (y 는 임의)
```

- **lamda를 이용한 잠재비용(Shadow Cost), 잠재가격(Shadow Price) :**

MATLAB®에서는 Dual Problem의 수식을 이용하여 잠재비용과 잠재가격을 산정할 수도 있으나, lamda를 이용하면 쉽게 산정할 수 있다. 먼저, 잠재가격의 경우, lamda structure에서 lower field를 보면, 결정변수이지만 zero 값을 가진 경우, 이들 결정변수가 값을 가지면 총 비용의 상승은 얼마인가를 산정한 것이다. 예를 들어 x1이 한 단위 증가하면, 총 비용은 6단위 증가함을 나타낸다. 잠재가격의 경우, lamda.eqlin에 출력되는 데 제약조건의 변화에 따라 총 비용의 영향을 산정한 것으로서, 제약조건 1의 경우 1단위 증가하면 비용은 3단위 감소한다. 제약조건 3의 경우는 비용이 3단위 증가한다.

```
>> lamda.eqlin
ans =
   -3.0000         0    3.0000
  -11.0000   -5.0000  -17.0000   -2.0000

>> lamda.lower
ans =
    6.0000    0.0000    0.0000    0.0000
    0.0000    1.0000    0.0000    8.0000
    0.0000   10.0000    0.0000   10.0000

>>
```

(2) 불균형 수송 문제 ($S_i \neq D_j$)

- **예제** : 공급량의 합과 수요량의 합이 불일치하는 경우

진성 물류회사에서는 공급지역 A, B, C 3개 지역에서 수요지역 X, Y, Z, W 4개 지역으로 물품을 수송하려한다. 지역별 단위수송비는 표와 같다. 수송은 단일수송, 즉 공급지역에서 수요지역으로만 수송되며, 공급지역간, 또는 수요지역간 수송은 없는 것으로 가정한다. 표에서 보는 바와 같이, 공급지역의 합이 수요지역의 합보다 큰 공급초과의 경우로서, 이때 총수송비를 최소로 하는 수송방안을 강구한다.

구 분		수요지역				총공급량
		X	Y	Z	W	
공급지역	A	20	8	20	5	90
	B	11	6	17	10	50
	C	8	12	14	9	40
총수요량		30	40	60	20	(150/180)

· 결정변수 : 3개 공급지역, 4개 수요지역 - - 12개 변수

· 목적함수 :

```
min Z = 20x1 + 8x2 + 20x3 + 5x4 + 11x5 + 6x6
      + 17x7 + 10x8 + 8x9 + 12x10 + 14x11 + 9x12
```

· 제약조건 : 공급이 초과되어 공급제약식은 부등식이 된다.

```
x1 + x2 + x3 + x4 ≦ 90          (공급지역 A 제약조건)
x5 + x6 + x7 + x8 ≦ 50          (공급지역 B 제약조건)
x9 + x10 + x11 + x12 ≦ 40       (공급지역 C 제약조건)
x1 + x5 + x9  = 30              (수요지역 X 제약조건)
x2 + x6 + x10 = 40              (수요지역 Y 제약조건)
x3 + x7 + x11 = 60              (수요지역 Z 제약조건)
x4 + x8 + x12 = 20              (수요지역 W 제약조건)
    ( 0 ≦ xi )
```

- MATLAB® Program :

Editor - C:₩Documents and Settings₩user₩My Documents₩MATLAB₩예제 3-2.m*

```
1   %-----------------------------
2   % 수송계획법 예제 2 : 불균형수송문제
3   %-----------------------------
4   f = [20 8 20 5  11 6 17 10  8 12 14 9 ]' ;
5   a = [1 1 1 1  0 0 0 0  0 0 0 0
6        0 0 0 0  1 1 1 1  0 0 0 0
7        0 0 0 0  0 0 0 0  1 1 1 1 ] ;
8   aeq = [1 0 0 0  1 0 0 0  1 0 0 0
9          0 1 0 0  0 1 0 0  0 1 0 0
10         0 0 1 0  0 0 1 0  0 0 1 0
11         0 0 0 1  0 0 0 1  0 0 0 1 ] ;
12  b = [ 90 50 40]' ;
13  beq= [ 30 40 60 20]' ;
14  lb = [0 0 0 0  0 0 0 0  0 0 0 0 ];
15  [x, fval] = linprog (f, a, b, aeq, beq, lb) ;
16
```

- MATLAB® Program 설명 :

f : 수송계획법 목적함수의 비용계수
a : 부등식의 제약조건 (3*12 행렬)
b : 부등식의 공급지역의 합을 나타낸 행렬 (3*1 행렬)
aeq : 등식의 제약조건 (4*12 행렬)
beq : 등식 공급지역의 합, 수요지역의 합 (4*1 행렬)
lb : 결정변수 x 의 하한값 (zero - 1*12 행렬)
x : 결정변수 (xij 가 아닌 xi , 따라서 결정변수는 12개)
fval : 수송계획법 목적함수 Z 의 최적값 (최소값)

1행 : Matrix f 입력, 행렬 (1*12)로 입력하였으나, 전치행렬로 전환
9행 : 부등식의 제약조건 계수 Matrix a 구성
10행 : 부등식의 제약조건 (공급지역 합) Matrix b 입력, 전치행렬로 전환
11행 : 등식의 제약조건 계수 Matrix aeq 구성
12행 : 등식 제약조건 Matrix beq 입력, 전치행렬로 전환
13행 : 결정변수 x 의 하한값 Matrix ib 로 입력
14행 : 선형계획법의 함수 "linprog" 수행, output은 x, fval로 지정
부등식의 제약조건, 등식의 제약조건 모두 고려

- **Output** : 공급지에서 수요지로 향하는 최적상태의 결정변수 x의 값,
  목적함수 Z의 값은 다음과 같다.

```
>> x
 x =
    0.0000
   40.0000
    0.0000
   20.0000
   13.4270
    0.0000
   36.5730
    0.0000
   16.5730
    0.0000
   23.4270
    0.0000

>> fval
 fval =
 1.6500e+003

>>
```

- 결정변수의 값을 문제의 구성방식과 같이 알기 쉽게 행렬로 표현하는 프로그램과 결과는 다음과 같다.

```
>>     x1 = x (1 : 4) ;
       x2 = x (5 : 8) ;
       x3 = x (9 : 12) ;
       xx = [x1';  x2';  x3'] ;
```

```
    xx =    0.0000     40.0000     0.0000     20.0000
           13.4270      0.0000    36.5730      0.0000
           16.5730      0.0000    23.4270      0.0000
```

- Output 설명 :

예제의 문제를 풀이한 최적값은 다음과 같다. A 지역에서는 X 지역, Z 지역으로 공급량이 없으며 Y 지역으로 40, W 지역 20을 공급하며, B 지역에서는 X 지역으로 13.4, Z 지역으로 36.6을 공급하며, C 지역에서는 X 지역으로 16.6, Z 지역으로 23.4를 공급하는 방안이 수송비를 최소로 하는 방안으로 분석되었다. 이때 진성 물류회사의 총 수송비는 1,650 으로 분석되었다. 예제는 공급초과의 현상을 나타내는 문제로서 최적해의 경우, B 지역과 C 지역은 공급 가능량이 모두 수요지역으로 배송되도록 결정되었으나, A 지역의 경우 공급 가능량은 90인데 비하여 최적 배송량은 60으로서 공급재고량이 30으로 산정되었다.

구 분		수요지역				총공급량
		X	Y	Z	W	
공급지역	A	0	40	0	20	60
	B	13.4	0	36.6	0	50
	C	16.6	0	23.4	0	40
총수요량		30	40	60	20	150

- 예제에 대한 쌍대문제 구성 :

1) Primal Problem 수식 :

· 목적함수 : min Z = 20x1 + 8x2 + 20x3 + 5x4 + 11x5 + 6x6 + 17x7 + 10x8 + 8x9 + 12x10 + 14x11 + 9x12

· 제약조건 : x1 + x2 + x3 + x4 ≦ 90
x5 + x6 + x7 + x8 ≦ 50
x9 + x10 + x11 + x12 ≦ 40
x1 + x5 + x9 = 30
x2 + x6 + x10 = 40
x3 + x7 + x11 = 60
x4 + x8 + x12 = 20
(0 ≦ xi)

2) Dual Problem 수식 :

```
· 목적함수 : max Z = 90y1 + 50y2 + 40y3 + 30y4 + 40y5
                    + 60y6 + 20y7
```

```
· 제약조건 : y1 + y4 <= 20,          y1 + y5 <=  8
            y1 + y6 <= 20,          y1 + y7 <=  5
            y2 + y5 <= 11,          y2 + y6 <=  6
            y2 + y7 <= 17,          y2 + y4 <= 10
            y1 + y6 <=  8,          y1 + y7 <= 12
            y1 + y4 <= 14,          y1 + y5 <=  9
             (y 는 임의)
```

- **lamda를 이용한 잠재비용(Shadow Cost), 잠재가격(Shadow Price) :**

MATLAB®에서는 lamda를 이용하여 잠재비용과 잠재가격을 쉽게 산정할 수 있다. 먼저, 잠재가격의 경우, lamda structure에서 lower field를 보면, 결정변수이지만 zero값을 가진 경우, 이들 결정변수가 값을 가지면 총 비용의 상승은 얼마인가를 산정한 것이다. 예를들어 x1이 한 단위 증가하면, 총 비용은 6.7단위 증가함을 나타낸다. 잠재가격의 경우, 제약조건의 변화에 따라 총 비용의 영향을 산정한 것으로서, 등식의 제약조건 4의 경우 1단위 증가하면 비용은 13.3단위 증가한다. 부등식의 제약조건 2의 경우는 비용이 2.3단위 감소한다.

```
>> lamda.lower
ans =
    6.7052    0.0000    0.7052    0.0000
    0.0000    0.2948    0.0000    7.2948
    0.0000    9.2948    0.0000    9.2948

>> lamda.eqlin
ans =
  -13.2948   -8.0000  -19.2948   -5.0000

>> lamda.ineqlin
ans =
    0.0000    2.2948    5.2948
```

(3) 시간문제를 고려한 수송문제 :

- **예제** : 수요예측에 따른 생산계획 결정 문제

진성 물류회사에서는 계절에 따라 수요가 변동하는 상품의 생산계획을 구상하고 있다. 상품은 성수기 5개월 동안에 집중적으로 판매되며, 성수기가 끝나면 모든 재고는 없는 것으로 하며, 예약판매도 없다고 가정한다. 성수기 월별 생산력과 생산단가, 그리고 이미 생산된 상품을 재고로 보관하는데 추가적으로 소요되는 재고비용은 다음의 표에서 보는바와 같다. 생산비를 최소화 하는 생산계획은 무엇인가.

성수기 (월)	수요량	생산량	단위당 생산비용	단위당 월별 재고비용
1	10	15	190	30
2	15	20	180	30
3	30	25	190	30
4	20	20	200	30
5	10	10	210	30
합	70	90		

- **문제의 구조화** :

예제의 문제를 수송계획법과 같은 Matrx 형태로 구조화 하면 다음과 같다. 수송비용은 "생산비 + 재고비"로 구성하면 수송문제와 같으며, 판매가 생산을 우선하는 예약판매도 없고, 생산계획 이전 및 이후에 재고도 없다.

	1 개월	2 개월	3 개월	4 개월	5 개월	생산능력
1 개월	190	220	250	280	310	15
2 개월	-	180	210	240	270	20
3 개월	-	-	190	220	250	25
4 개월	-	-	-	200	230	20
5 개월	-	-	-	-	210	10
수요량	10	15	30	10	5	

- **문제의 수식구성 :**

· 결정변수 : 월별 판매되는 상품수량 총 15개 변수 (x1-x15)
· 목적함수 : 생산 비용 최소화

```
min Z = 19x1 + 22x2 + 25x3 + 28x4 + 31x5 + 18x6 + 21x7 + 25x8
      + 27x9 + 19x10 + 22x11 + 25x12 + 20x13 + 23x14 + 21x15
```

· 제약조건 : 생산량과 수요량의 제약

```
190x1 + 220x2 +   250x3 +   280x4 +   310x5  <= 15
        180x6 +   210x7 +   240x8 +   270x9  <= 20
                 190x10 +  220x11 +  250x12 <= 25
                           200x13 +  230x14 <= 20
                                     210x15 <= 10
190x1                                        = 10
220x2 + 180x6                                = 15
250x3 + 210x7 + 190x10                       = 30
280x4 + 240x8 + 220x11 + 200x13              = 10
310x5 + 270x9 + 250x12 + 230x14 + 210x15     =  5
```

- **MATLAB® 프로그램 :**

예제에 대한 MATLAB 프로그램은 다음과 같다. 프로그램의 구성은 예제 2와 같이 수요와 공급이 불일치하는 공급 초과문제로서, 등식의 제약조건과 부등식의 제약조건으로 구성된다. 세부내용은 다음과 같다.

f : 목적함수의 계수 (1*15 행렬형태로 입력)
a, b : 부등식의 제약조건 계수 (5*15, 1*15 행렬형태로 입력)
aeq, beq : 등식의 제약조건 계수 (5*15, 1*15 행렬형태로 입력)
lb : 결정계수의 하한값 (비음조건에 따라 zero 이상 설정)
x : 결정변수의 출력변수
fval : 최적화의 값 출력변수

```
%---------------------------------
% 수송계획법 예제 3 : 시차수송문제
%---------------------------------
f = [19 22 25 28 31 18 21 24 27 19 22 25 20 23 21 ]' ;
a = [1 1 1 1 1 0 0 0 0 0 0 0 0 0 0
     0 0 0 0 0 1 1 1 1 0 0 0 0 0 0
     0 0 0 0 0 0 0 0 0 1 1 1 0 0 0
     0 0 0 0 0 0 0 0 0 0 0 0 1 1 0
     0 0 0 0 0 0 0 0 0 0 0 0 0 0 1 ] ;
aeq = [1 0 0 0 0 0 0 0 0 0 0 0 0 0 0
       0 1 0 0 0 1 0 0 0 0 0 0 0 0 0
       0 0 1 0 0 0 1 0 0 1 0 0 0 0 0
       0 0 0 1 0 0 0 1 0 0 1 0 1 0 0
       0 0 0 0 1 0 0 0 1 0 0 1 0 1 1 ] ;
b = [ 20 20 25 20 10 ]' ;
beq= [ 12 17 28 22 11]' ;
lb = 0*[1:15];
[x, fval] = linprog (f, a, b, aeq, beq, lb) ;
```

- **Output** : MATLAB®의 산정결과를 정수 (integer)로 변환하여 문제의 형식으로 정리하면 다음과 같다. 즉 1 개월차에서는 14개를 생산하여 1개월차에 12개를 판매하고, 2개월, 3 개월차에 1개씩 판매하는 것이 최적으로 분석되었다. 이러한 판매계획에 따라 MATLAB 의 수식산정으로 매월 생산비를 산정한 결과, 1개월차는 2,750의 생산비가 소요되며, 총 비용은 17,650으로 산정되었다.

```
>> y
y =
   12    1    1    0    0
        16    4    1    0
             23    1    1
                  20    0
                       10
>> z
z=
 2750  3960  4840  4000  2100  17650
```

- MATLAB®의 lamda를 이용한 잠재가격(Shadow Price) :

MATLAB®에서는 lamda를 이용하여 쌍대문제의 (Dual Problem) 잠재가격 (Shadow price)를 쉽게 산정할 수 있다. 잠재가격의 경우, lamda structure에서 제약조건의 변화에 따라 총 비용의 영향을 산정한 것으로서, 등식의 제약조건에 대한 잠재가격은 lamda.eqlin의 field에 출력되며, 부등식의 제약조건에 대한 잠재가격은 lamda.ineqlin의 field에 출력된다. 출력결과를 보면, 등식 제약조건의 경우 1단위 증가에 따라 생산비의 잠재가격은 지속적으로 감소하는 것으로 나타났다. 그리고 성수기의 마지막에는 수요증가에 따른 생산비의 잠재가격 감소가 최대로 나타났다. 부등식 제약조건의 경우, 생산능력의 증가는 생산비의 증가로 이어지며, 성수기의 초기에는 생산능력 증대가 생산비의 잠재가격에 영향이 적으나, 마지막에는 생산비의 잠재가격이 급증하는 것으로 나타났다.

```
>> lamda.eqlin

ans =

  -19.0000
  -22.0000
  -25.0000
  -28.0000
  -31.0000

>> lamda.ineqlin

ans =

    0.0000
    4.0000
    6.0000
    8.0000
   10.0000
```

(4) MATLAB® "Optimtool"에 의한 분석

- MATLAB "Optimtool"에 의한 분석사례 :
  앞에서 수행한 예제 (2) 불균형 수송문제를 "Optimtool"에 의하여 문제를 구조화하고, 계수들의 입력 후, 산정한 결과는 다음과 같다.

1) Solver : 산정함수 선택 - "linprog" 선택 (선형계획법)
2) Algorithm : 알고리즘을 선택 - "Medium Scale - Simplex"선택
3) Problem : 문제의 f, A, b, Aeq, beq, lb, ub 값 입력
   f = 20; 8; 20; 5; 11; 6; 17; 10; 8; 12; 14; 9
   A = 1 1 1 1 0 0 0 0 0 0 0 0; 0 0 0 0 1 1 1 1 0 0 0 0; . .
   aeq = 1 0 0 0 1 0 0 0 1 0 0 0; 0 1 0 0 0 1 0 0 0 1 0 0 . .
   b = 90; 50; 40
4) Run . . : 문제의 최적해 탐색, 최적결과 표시 (최적값 : 1,650)
5) Final Point : 최적해 표시 (x1 = 0, x2 = 40, x3 = 2, . . .)
6) Options : 선형계획법에 필요한 조건 입력 (예제는 디폴트 적용)

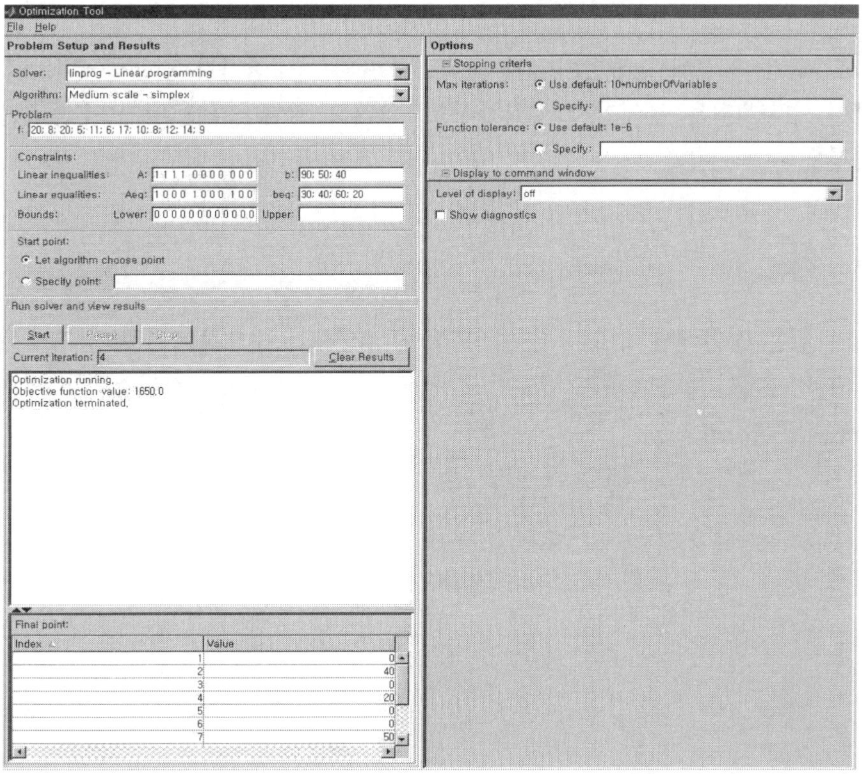

연 습 문 제

1. 상품 공급처 3 개소와 수요처 3개소 간의 수송비용이 다음의 표와 같이 산정되었다. 가장 경제적인 수송방안을 구상하시오. 단, 통행은 단일통행이며, 복합통행은 허용하지 않는다고 가정한다.

구 분		수요처			공급량
		A	B	C	
공급처	1	400	500	750	100
	2	350	300	800	120
	3	300	450	250	50
수요량		80	100	90	

2. 문제 1과 같은 상황에서 공급처 1과 2에서 20%의 공급증가가 발생하였다. 이때, 가장 경제적인 수송계획은 무엇인지 구상하시오. 그리고 공급증가에 따른 수급조절 문제를 검토하시오.

3. 문제 1과 같은 상황에서 수요처 B 가 문제가 발생하여 수요량의 50%가 감소된다고 한다. 이때 경제적인 수송계획은 무엇인지 구상하시오. 그리고 수요감소에 따른 수급조절의 문제를 분석하시오.

CHAPTER 9

DEA : (자료포락분석) Data Envelopment Analysis

9.1 개요

자료포락 분석은 (DEA - Data Envelopment Analysis) 선형계획법의 최적화 기법을 응용한 의사결정 기법으로서, 1978년 Charnes, Cooper& Rhodes에 의해 제안되어 복수의 투입요소와 복수의 산출요소에 관한 비율모형으로 의사결정 대안에 대한 효율성 정도를 파악하는데 매우 유용한 기법이다. 이 기법은 투입요소와 산출요소를 사용하여 동일하거나 매우 유사한 기능을 수행하는 의사결정단위(DMU) 또는 조직단위의 상대적 효율성을 측정하고 평가하는데 사용할 수 있는 방법론이다. 일반적으로 대부분의 시스템에서는 단일한 종류의 투입요소에 따른 단일한 종류의 산출요소이 이루어지기보다는, 여러 종류의 투입요소에 따른 여러 종류의 산출요소로 이루어진다. 이와 같은 다종류의 투입요소와 산출요소을 반복하는 시스템에 대하여 상대적 효율성을 측정하기 위하여 의사결정 단위를 (DMU - Decision Making Unit) 토대로 비교, 분석하게 되는데, DEA는 처음에 공공부문의 효율성을 평가하기 위해 개발되었으나, 이후 여러분야에서 시스템의 상대적 효율성을 평가하는 방법으로 응용되고 있다. 특히, DEA에 의한 운영실적의 사후적 평가를 통하여 투입요소의 과다, 산출요소의 과소 등을 파악하여, 향후 의사결정의 자료로 활용하고 있다.

(1) Multi-Input/Output의 상대적 효율성 측정법 :

시스템의 효율성은 투입요소에 대한 산출요소의 비율로 측정하는 것이 일반적이다. 예를 들어 A 시스템에서는 투입요소 1.0, 산출요소 1.0 이라할 때, 비슷한 규모이며 유사한 종류인 B 시스템에서는 투입요소 1.0, 산출요소 1.5라 하면 효율성은 B 시스템이 높으며, 그 비율은 1.5가 될 것이다. 이때, 측정되는 효율성이란 절대적인 개념이 아닌 상대적인 것이며, 또한 투입요소와 산출요소이 단일하지 않고 여러 종류인 경우, 효율성 측정을 위한 측정단위가 필요하다. DEA에서는 여러 종류의 투입요소와 산출요소에 대한 상대적 효율성 측정단위로 DMU를 (Decision Making Unit) 정의하였다.

여러 종류의 DMU가 투입요소 (Input 요소)가 되고, 여러 종류의 DMU가 산출요소 (Output 요소)가 되는 상황에서 시스템의 효율성 측정은 여러 방안이 구상되어 왔다. DEA에서는 기본적으로 효율성을 투입요소에 대한 산출요소의 비율로 산정하며, 여러 종류의 DMU를 고려하여 투입요소들과 산출요소들의 가중평균 값을 적용하게 산정한다. 이러한 DMU를 토대로 DEA 분석기법은 CCR 모형, BCC 모형, 승수모형, 부가적 모형으로 구분되는데, CCR 모형은 규모불변성 (constant returns to scale) 이라는 다수의 산출물을 단일 척도로 전환하는 기법의 분수형 선형계획법을 가정으로 한다. 그러나 규모의 효율성과 순수한 기술적 효율성을 구분하지 못하는 단점이 존재하여 BCC 모형의 규모가변성 (variable returns to scale)을 가정한 순수한 기술적 효용성을 추가로 분석하는 방법 등이 있다.

$$\cdot \quad DMU_j \text{ 의 효율성} = \frac{m\mu lti - output}{m\mu lti - input} = \frac{\sum_{k=1}^{m} u_k y_{kj}}{\sum_{i=1}^{n} v_i x_{ij}}$$

[i 는 투입요소, k 는 산출요소이며, u_k 는 산출요소 k에 대한 가중치,

v_i 는 투입요소 i에 대한 가중치, y_{kj} 는 DMU j 의 산출요소 k,

x_{ij} 는 DMU j 의 투입요소 i 이다]

(2) 무제약 CCR 모형 : Multi-I/O 의 무제약적 상대적 효율성 측정모형

DEA의 기본모형으로서 투입요소들의 가중합계에 대한 산출요소들의 가중 합계의 비율이 1을 초과해서는 안되며, 각 투입요소와 산출요소의 가중치들은 0보다 크다는 제약조건하에서 상대적 효율성 평가를 위해 개발되었다. 투입요소들의 가중 합계에 대한 산출요소들의 가중 합계의 비율을 최대화시키고자 하는 분수형 선형계획법으로서 규모불변성이라는 가정하에 규모 효율성과 기술적 효율성을 구분하지 못하는 단점이 있다. 이때, DMU에 의한 상대적 효율성의 측정을 위해서는 여러 종류의 투입요소와 산출요소에 대한 가중치 설정이 필요하다. 그러나 현실적으로 시스템들이 당면하고 있는 상황이 이질적이기에 여러 종류의 투입요소와 산출요소에 따른 공통의 가중치를 설정하는 것은 한계가 있다. DEA는 이러한 점을 고려하여 각 시스템에 가장 유리한 가중치를 주고 이러한 가중치에 대하여 각 시스템의 상대적 효율성을 산정하는 방식을 적용한다. 따라서 CCR 모형은 규모수익성(RTS)이 일정하다고 가정하며, 투입요소 기준 CCR 모형은 다음과 같이 구성된다.

· 목적함수 : $Max\ Zo = \dfrac{\sum_{k=1}^{m} u_k y_{kjo}}{\sum_{i=1}^{n} v_i x_{ijo}}$

· 제약조건 : $\dfrac{\sum_{k=1}^{m} u_k y_{kjo}}{\sum_{i=1}^{n} v_i x_{ijo}} \leq 1, \quad u_i,\ v_k \geq 1$

이때, $\sum_{i=1}^{n} v_i x_{ijo} = 1$의 조건을 부여하면, 목적함수와 제약조건은 다음과 같이 변형하여 보다 쉽게 산정이 가능하다.

· 목적함수 : $Max\ Zo = \sum_{k=1}^{m} u_k y_{kjo}$

· 제약조건 : $\sum_{i=1}^{n} v_i x_{ijo} = 1$

$\sum_{k=1}^{m} u_k y_{kjo} - \sum_{i=1}^{n} v_i x_{ijo} \leq 0$

$u_k,\ v_i \geq 0$

산출요소 기준의 CCR 모형은 위의 수식을 조금만 변형하여 얻을 수 있다.

· 목적함수 : $Min\ Zo = \sum_{i=1}^{n} v_i x_{ijo}$

· 제약조건 : $\sum_{k=1}^{m} u_k y_{kjo} = 1$

$\sum_{k=1}^{m} u_k y_{kjo} - \sum_{i=1}^{n} v_i x_{ijo} \leq 0$

$u_k,\ v_i \geq 0$

(3) 제약적 CCR 모형 : Multi-I/O 의 상대적 효율성 측정모형 (AR 제약)

DEA 기본모형인 CCR 모형은 투입요소들의 가중 합계에 대한 산출요소들의 가중 합계의 비율이 최대화시키고자 하는 분수형 선형계획법으로서, 규모불변성이라는 가정에 따라 시스템의 상대적 효율성을 평가한다. 이때 DMU에 대한 공통의 가중치 설정에 한계가 있어, 각 시스템에서 가장 유리한 가중치를 주고 이러한 가중치에 대하여 시스템의 상대적 효율성을 산정하는 방식이다. 투입요소들의 가상가격이 같다는 CCR 모형에 대하여, 만일 투입요소 x1의 가상가격이 x2에 비하여 2배가 높을 때, 이에대한 산정수식을 구상하게 되었다. 이때, x1, x2의 교환비율은 동등한 산출수준을 유지하면서 투입요소의 조합을 변환시킬 수 있는 비율로서 한계대체율과 동일한 개념이다. 이러한 모형을 가상가격의 제약 모형이라 하며 (CCR-AR 모형 : CCR - Assurance Range Model) 일반적으로 투입요소들의 가상가격에 대한 하한값 (lb_m^x, lb_m^y), 상한값(ub_m^x, ub_m^y)을 고려하여, 다음 제약조건을 설정하여 상대적 효율성을 산정한다. 다만, 가격은 가상가격이며 시장가격이 아니다.

· 가상가격의 절대제약 : $lb_m^x \le \nu_m \le ub_m^x$,

$$lb_n^y \le \upsilon_n \le ub_n^y$$

· 가상가격의 상대제약 : $lb_m^x \le \dfrac{\nu_m}{\nu_{m+i}} \le ub_m^x$,

$$lb_n^y \le \frac{\upsilon_n}{\upsilon_{n+j}} \le ub_n^y$$

· 가상가치의 절대제약 : $lb_m^x \le \nu_m x_m \le ub_m^x$,

$$lb_n^y \le \upsilon_n y_n \le ub_n^y$$

· 가상가치의 상대제약 : $lb_m^x \le \dfrac{\nu_m x_m}{\nu_{m+i} x_{m+i}} \le ub_m^x$

$$lb_n^y \le \frac{\upsilon_n y_n}{\upsilon_{n+j} y_{n+j}} \le ub_n^y$$

(4) BCC 모형 :

DEA의 기본모형으로서 개발된 CCR모형을 개선한 모형으로서, BCC 모형은 Banker가 개발한 모형이다. 이 모형은 CCR모형에서 가정하는 규모의 수익불변을 완화하여, 규모에 대한 가변성의 가정을 적용하고, 주어진 DMU들의 볼록성 필요조건을 추가하였다. 투입요소 기준의 BCC모형은 다음과 같이 선형계획법 모형으로 정식화할 수 있다.

· 목적함수 : $$Max\ Zo = \sum_{k=1}^{m} u_k y_{kjo} - z^k$$

· 제약조건 : $$\sum_{i=1}^{n} v_i x_{ijo} = 1$$

$$\sum_{k=1}^{m} u_k y_{kjo} - \sum_{i=1}^{n} v_i x_{ijo} \leq z^k$$

$$u_k,\ v_i \geq 0$$

$$z^k \text{ -- free}$$

여기서, 목적함수는 1 이하의 값을 가지며, 이를 토대로 DMU_0의 BCC 효율성이 측정 된다. BCC 모형이 CCR 모형과 차이가 나는 점은 DMU에 대한 참조집합 z^k의 크기를 1로 제한하는 볼록성 조건이다. 즉, z^k = free라는 제약조건을 추가함으로 규모수익성의 증가 등을 모두 포괄하게 된다. 그리고 DMU의 CCR 효율성과 BCC 효율성을 각각 $\theta^*\ CCR$, $\theta^*\ BCC$ 라고 할 때, 규모 효율성 (SE)이 산정된다. 규모 효율성은 생산규모가 최적규모 상태인가를 측정하는 것이며, 순수기술 효율성은 기술적 효율성에서 규모효율성의 효과를 제거한 것이다. CCR 효율성은 규모의 효과를 고려하지 않기 때문에 기술적 효율성(TE)이라 하고 BCC 효율성은 규모수익성가변을 가정하기 때문에 순수기술 효율성(PTE)이라고 한다. 이러한 개념은 "기술효율성 = 순수기술효율성 × 규모효율성"으로 측정된다. 이 책에서는 BCC 모형 보다는 DEA 개발과 함께 제시되었던 CCR 모형을 중심으로 분석토록 한다.

· 규모 효율성 (SE) = $$\frac{\theta^*\ CCR}{\theta^*\ BCC}$$

9.2 MATLAB® 적용사례

(1) Multi- Input / Output 상대적 효율성 측정 (CCR-무제약)

- **예제** : 3개 판매장의 상대적 효율성 측정

진성 쇼핑에서는 A, B, C 3개 판매장을 직영하고 있다. 각 매장의 상대적 효율성을 측정하기 위하여 경영본부에서는 투입요소로서 인원, 매장면적 등 2개 요소로 구분하였고 산출요소로서 식료품, 가전제품, 기타 공산품 등 3개 요소로 구분하였다. 경영본부에서 어느 매장이 더 효율적인가를 파악하며, 동시에 각 매장의 운영상태를 DEA로 비교, 분석한다.

구분	투입요소 (Input)		산출요소 (Output)		
	인원	규모	식료	가전	기타
매장 A	6	15	10	5	17
매장 B	9	16	6	8	11
매장 C	8	13	5	10	14

- **기본가정** : DEA 분석에서는 기본적으로 다음의 가정을 필요로 한다.

1) 상대적 효율성은 1.0을 최고의 효율성 기준으로 설정한다. 따라서 분석대상의 상대적 효율성이 1.0 에 미치지 못하면 상대적 효율성은 떨어지는 것으로 평가된다.

2) 상대적 효율성이란 투입요소의 가치에 대한 산출요소의 가치로 평가되는 것이며, 투입요소는 기본수식에서 1.0으로 설정하였기에, 이에따른 산출요소의 가중치를 선형적으로 합산하여 산정된다.

3) 측정단위의 상대적 효율성은 비교분석 대상의 투입요소 들에 대한 최대 산출요소들의 비율로 산정되기에 비교대상이 바뀌게 되면 효율성 평가 결과도 상이한 값으로 산정된다.

4) 투입요소와 산출요소의 가중치는 비음 (Non-Zero) 조건을 만족하여야 한다.

- **분석모형** : DEA 분석모형은 분석대상별로 각자의 투입요소를 가장 유리하게 가정하여 분석토록 설정되었기에 분석대상별로 구성된다.

· 결정변수 : 5개 - - 투입요소 (x1, x2), 산출요소(y1, y2, y3)

· 매장 A : 목적함수 : Max Z_1 = 10y1 + 5y2 + 17y3

제약조건 :

$$
\begin{aligned}
&6x1 + 15x2 = 1 \\
&10y1 + 5y2 + 17y3 - (6x1 + 15x2) \leqq 0 \\
&6y1 + 8y2 + 11y3 - (9x1 + 16x2) \leqq 0 \\
&5y1 + 10y2 + 14y3 - (8x1 + 13x2) \leqq 0 \\
&x1,\ x2,\ y1,\ y2,\ y3 \geqq 0
\end{aligned}
$$

· 매장 B : 목적함수 : Max Z_1 = 6y1 + 8y2 + 11y3

제약조건 :

$$
\begin{aligned}
&9x1 + 16x2 = 1 \\
&10y1 + 5y2 + 17y3 - (6x1 + 15x2) \leqq 0 \\
&6y1 + 8y2 + 11y3 - (9x1 + 16x2) \leqq 0 \\
&5y1 + 10y2 + 14y3 - (8x1 + 13x2) \leqq 0 \\
&x1,\ x2,\ y1,\ y2,\ y3 \geqq 0
\end{aligned}
$$

· 매장 C : 목적함수 : Max Z_1 = 5y1 + 10y2 + 14y3

제약조건 :

$$
\begin{aligned}
&8x1 + 13x2 = 1 \\
&10y1 + 5y2 + 17y3 - (6x1 + 15x2) \leqq 0 \\
&6y1 + 8y2 + 11y3 - (9x1 + 16x2) \leqq 0 \\
&5y1 + 10y2 + 14y3 - (8x1 + 13x2) \leqq 0 \\
&x1,\ x2,\ y1,\ y2,\ y3 \geqq 0
\end{aligned}
$$

· 잠재가격 (Shadow Price)을 이용한 추후 분석 : 분석대상별로 산정된 목적함수 값이 1.0을 넘지 못하면 비효율적인 것으로 평가되는데, 이때 MATLAB에서 DEA 분석결과와 함께 산정되는 lamda 값을 토대로 각 분석대상의 잠재가격을 (Shadow Price) 검토한다. 즉, 비효율로 평가되는 분석대상의 투입요소와 산출요소의 잠재가격을 비교, 분석하여 투입요소의 경우 과다한 측면은 없는지, 산출요소의 경우 과소한 측면은 없는지 검토하여 향후 의사결정의 기초자료로 제공된다.

- MATLAB® Program :

Editor - C:\Documents and Settings\user\My Documents\MATLAB\예제 9-1.m

```
%-----------------------------------
% DEA 예제 1 : 상대적 효율성 측정
%-----------------------------------
% 분석대상 1
%-----------------------------------
f1 = [-9 -6 -14 0 0 ]' ;
a =[  9  6 14 -5 -14
      7  8 10 -7 -13
      7 12 11 -6 -12 ];
b = [0; 0; 0];
aeq1 = [0 0 0 5 14 ] ;
beq= 1 ;
lb = [0 0 0 0 0 ];
[xx1, ff1, exitflag1, output, lamda1] = linprog (f1,a,b,aeq1,beq,lb);
%-----------------------------------
% 분석대상 2
%-----------------------------------
f2 = [-7 -8 -10 0 0 ]';
aeq2 = [ 0 0 0 7 13];
[xx2, ff2, exitflag2, output2, lamda2]=linprog(f2,a,b,aeq2,beq,lb);
%-----------------------------------
% 분석대상 3
%-----------------------------------
f3 = [ -7 -12 -11 0 0 ];
aeq3 = [0 0 0 6 12];
[xx3, ff3, exitflag3, output3, lamda3]=linprog(f3,a,b,aeq3,beq,lb);
```

f1 : 분석대상 1의 목적함수 공헌계수 입력 (분석대상 1의 산출요소)
f2 : 분석대상 2의 목적함수 공헌계수 입력 (분석대상 2의 산출요소)
f3 : 분석대상 3의 목적함수 공헌계수 입력 (분석대상 3의 산출요소)
aeq1 : 분석대상 1의 등식 제약조건 함수 계수 (분석대상 1의 투입요소)
aeq2 : 분석대상 2의 등식 제약조건 함수 계수 (분석대상 2의 투입요소)
aeq3 : 분석대상 3의 등식 제약조건 함수 계수 (분석대상 3의 투입요소)
beq : 등식 공급지역의 합, 수요지역의 합 (7*1 행렬)
a : 부등식 제약조건 계수, 분석대상 1, 2, 3에 공통으로 적용 (3*5 행렬)
b : 부등식 제약조건 사용가능 자원량, 분석대상 1, 2, 3에 공통으로 적용
lb : 결정변수 x 의 하한값, 분석대상 1, 2, 3에 공통으로 적용
xx1, xx2, xx3 : 분석대상 1, 2, 3의 결정변수
ff1, ff2, ff3 : DEA 분석대상 1, 2, 3의 최적값 출력변수
lamda1, lamda2, lamda3 : DEA 분석대상 1, 2, 3 의 Shadow Price

- Output :

MATLAB® 프로그램의 산정결과 다음의 결과를 얻었다. 이에 따르면, 매장 A와 매장 C는 1.0에 도달하여 효율적으로 나타났다. (MATLAB의 함수 기본식이 최소화 이어서 부호는 음으로 나타남) 그러나 매장 B 는 0.8765로서 비효율로 평가되었다.

```
Optimization terminated.
Optimization terminated.
Optimization terminated.

>> ff1, ff2, ff3

ff1 =    -1.0000
ff2 =    -0.8765
ff3 =    -1.0000

>>
```

MATLAB® 프로그램에서 Shadow Price를 산정한 lamda 값을 MATLAB Work Space에서 보면 다음과 같다.

```
>> lamda1.ineqlin
ans =     1.0000     0.0000     0.0000

>> lamda2.ineqlin
ans =     0.4242     0.0000     0.4545

>> lamda3.ineqlin
ans =     0.0000     0.0000     1.0000

>> lamda2.eqlin
ans =     1.0000

>> lamda1.eqlin
ans =     0.8765

>> lamda3.eqlin
ans =     1.0000
```

- **MATLAB® 프로그램의 잠재가격 (Shadow Price) 분석 :**

1) 등식을 가정한 투입요소의 잠재가격, 즉 가중치는 "eqlin"의 이름으로 출력된다. 이는 기본수식의 입력과 같이 투입요소를 1.0으로 가정한 수치이며, 산정결과를 보면, 분석대상 A와 분석대상 C의 경우 1.0으로 산정되지만, 분석대상 B 의 경우 0.8765 로 산정되었다. 이는 목표함수의 값과 동일하다.

2) 부등식의 제약조건으로 산정한 투입요소와 산출요소의 비율에 따른 잠재가격, 즉 가중치는 "ineqlin"의 이름으로 출력된다. 산정결과를 보면, 분석대상 A와 C의 경우 1.0으로 산정되었으나, 분석대상 B의 경우 0.424, 0, 0.456 으로 산정되었다. 이는 분석대상 A의 42.42%와 분석대상 C의 45.45% 의 조합이 분석대상 B의 값과 대등하다는 것으로 의미한다.

- **산정된 잠재가격을 토대로 추후분석을 위한 프로그램은 다음과 같다.**

1) 분석대상 A와 비교수치를 산정한다. "a(1,1:5)" : 프로그램에서 a는 분석대상의 산출요소, 투입요소의 계수이며, 그 중에서 1번 행의 첫째 열부터 5번째 열을 선정한다. "lamda2. ineqlin(1)" : 분석대상 B의 lamda값을 모아놓은 것이 "lamda2"라는 변수이며, 그 중 부등식의 제약조건 lamda값으로 산정된"ineqlin"의 1번 열을 선정한다. 이 두 개의 값을 곱하면 분석대상 A가 분석대상 B와 비교한 수치의 상대적 비율이 산정되는 것이다.

2) 분석대상 C 와 비교수치를 산정한다. "a(3,1:5)" : 프로그램에서 a는 분석대상의 산출요소, 투입요소의 계수이며, 그 중에서 3번 행의 첫째 열부터 5번째 열을 선정한다. "lamda2. neqlin(3)" : 분석대상 B의 lamda값을 모아놓은 것이 "lamda2"라는 변수이며, 그 중 부등식의 제약조건 lamda값으로 산정된 "ineqlin"의 3번 열을 선정한다. 이 두 개의 값을 곱하면 분석대상 C가 분석대상 B와 비교한 수치의 상대적 비율이 산정되는 것이다.

3) 분석대상 A와 C의 비교수치를 합산한다. 이때 주의하여야 할 점은 이과정이 Matrix 산정과정이라는 점이다.

4) 분석대상 A와 C의 비교수치를 합산한 값과 분석대상 B의 투입요소 및 산출요소와 차이를 산정한다.

5) "a(2,1:5)" : 분석대상 B 의 투입요소와 산출요소를 출력하여 앞에서 산정한 분석대상 A와 C의 비교수치를 합산한 값과 비교한다.

이에 따르면 산출요소의 경우, 산출요소 1과 (식료품)과 산출요소 2는(가전) 다른 분석대상과 차이가 없으나, 산출요소 3 (기타품목)은 분석대상 A와 C의 비교 산정한 결과 10.9394의 산출이 적정한 반면 실적은 10으로 나타나 과소 산출로 판단된다.

그리고 투입요소 1 (인원)의 경우, 분석대상 A와 C를 비교분석한 결과, 약 4.85 단위가 적정한 반면, 현재 7단위를 투입하고 있는 것으로 나타났다. 따라서 매출의 증대가 없는 한, 현재 인원의 약 30% 감축이 필요할 것으로 분석된다.

투입요소 2 (규모)의 경우 분석대상 A와 C를 비교분석한 결과, 약 11.4단위가 적정한 반면, 현재 13단위를 투입하고 있다. 따라서 매출 증대가 없는 한, 현재 규모에서 약 12%의 축소가 필요한 것으로 분석된다.

```
>> aa1=a(1,1:5)*lamda2.ineqlin(1)

aa1 =    3.8182    2.5455    5.9394   -2.1212   -5.9394

>> aa3=a(3,1:5)*lamda2.ineqlin(3)

aa3 =    3.1818    5.4545    5.0000   -2.7273   -5.4545

>> aaa=aa1+aa3

aaa =    7.0000    8.0000   10.9394   -4.8485  -11.3939

>> dd=aaa-a(2,1:5)

dd =   -0.0000    0.0000    0.9394    2.1515    1.6061

>> a(2,1:5)

ans =      7     8    10    -7   -13

>>
```

(2) Multi- Input / Output 상대적 효율성 측정 (CCR-AR 제약)

- **예제** : 앞의 예제와 같은 상황에서 3개 판매장 상대적 효율성 측정

진성 쇼핑에서는 A, B, C 3개 판매장을 직영하고 있다. 각 매장의 상대적 효율성을 측정하기 위하여 경영본부에서는 투입요소로서 인원, 매장면적 등 2개 요소로 구분하였고 산출요소로서 식료품, 가전제품, 기타 공산품 등 3개 요소로 구분하였다. 경영본부에서 어느 매장이 더 효율적인가를 파악하며, 동시에 각 매장의 운영상태를 DEA로 비교, 분석한다.
(다만, 가상가격의 상대적 제약으로서 0.4 <= x1/x2 <= 1.0 고려)

구분	투입요소 (Input)		산출요소 (Output)		
	인원	규모	식료	가전	기타
매장 A	6	15	10	5	17
매장 B	9	16	6	8	11
매장 C	8	13	5	10	14

- **기본가정** : DEA 분석의 기본가정은 앞의 예제와 같다.

- **분석모형** : DEA 분석모형은 분석대상별로 각자의 투입요소를 가장 유리하게 가정하여 분석토록 설정되었기에 분석대상별로 구성된다.

· 결정변수 : 5개 - - 투입요소 (x1, x2), 산출요소(y1, y2, y3)

· 매장 A : 목적함수 : Max Z_1 = 10y1 + 5y2 + 17y3

제약조건 :

$$
\begin{aligned}
&6x1 + 15x2 = 1 \\
&10y1 + 5y2 + 17y3 - (6x1 + 15x2) \leqq 0 \\
&6y1 + 8y2 + 11y3 - (9x1 + 16x2) \leqq 0 \\
&5y1 + 10y2 + 14y3 - (8x1 + 13x2) \leqq 0 \\
&0.4 \leqq x1 / x2 \leqq 1.0 \\
&x1,\ x2,\ y1,\ y2,\ y3 \geqq 0
\end{aligned}
$$

· 매장 B, 매장 C은 유사하기에 생략한다. (예제 1 참조)

- MATLAB® Program :

```
%--------------------------------
% DEA 예제 2 : CCR -AR 모형
%--------------------------------
% 분석대상 1
%---------------------------------
f1 = [-9 -6 -14 0 0 ]' ;
a =[  9  6 14 -5 -14
      7  8 10 -7 -13
      7 12 11 -6 -12
      0  0  0 -1 0.4
      0  0  0  1  -1];
b = [0 0 0 0 0]';
aeq1 = [0 0 0 5 14 ] ;
beq= 1 ;
lb = [0 0 0 0 0 ];
[xx1, ff1] = linprog (f1,a,b,aeq1,beq,lb);
%---------------------------------
% 분석대상 2
%---------------------------------
f2 = [-7 -8 -10 0 0 ]';
aeq2 = [ 0 0 0 7 13];
[xx2, ff2]=linprog(f2,a,b,aeq2,beq,lb);
%---------------------------------
% 분석대상 3
%---------------------------------
f3 = [ -7 -12 -11 0 0 ];
aeq3 = [0 0 0 6 12];
[xx3, ff3]=linprog(f3,a,b,aeq3,beq,lb);
```

- Output :

MATLAB® 프로그램의 결과는 다음과 같다. 매장 A와 매장 C는 1.0으로 효율적으로 나타났으며, (MATLAB의 함수 기본식이 최소화 이어서 부호는 음으로 나타남) 매장 B는 비효율로 평가되었다. (예제 1에서는 0.8765 이었으며, 제약조건으로 효율성이 더 떨어지는 것으로 나타남)

```
>> ff1, ff2, ff3

 -1.0000
 -0.8439
 -1.0000
```

- MATLAB® 프로그램 의 잠재가격 (Shadow Price) 분석 :

MATLAB® 프로그램에서 Shadow Price를 산정한 lamda 값을 MATLAB Work Space 에서 보면 다음과 같다.

1) 등식을 가정한 투입요소의 잠재가격, 즉 가중치는 "eqlin"의 이름으로 출력된다. 이는 기본수식의 입력과 같이 투입요소를 1.0으로 가정한 수치이며, 산정결과를 보면, 분석대상 A와 분석대상 C의 경우 1.0으로 산정되지만, 분석대상 B의 경우 0.8439로 산정되었다. 이는 목표함수의 값과 동일하다.

2) 부등식의 제약조건으로 산정한 투입요소와 산출요소의 비율에 따른 잠재가격, 즉 가중치는 "ineqlin"의 이름으로 출력된다. 산정결과를 보면, 분석대상 A와 C의 경우 1.0으로 산정되었으나, 분석대상 B의 경우 0.424, 0, 0.456으로 산정되었다. 이는 분석대상 A의 42.42%와 분석대상 C의 45.45%의 조합이 분석대상 B의 값과 대등하다는 것으로 의미한다. 또한 x1, x2의 하한값에 대한 제약의 잠재가격이 1.0587로 나타났다.

```
>> lamda1.ineqlin
ans =     1.0000     0.0000     0.0000     0.0000     0.0000

>> lamda2.ineqlin
ans =     0.4242     0.0000     0.4545     1.0587     0.0000

>> lamda3.ineqlin
ans =     0.0000     0.0000     1.0000     0.0000     0.0000

>> lamda1.eqlin
ans =     1.0000

>> lamda2.eqlin
ans =     0.8439

>>lamda3.eqlin
ans =     1.0000

>>
```

- 산정된 잠재가격을 토대로 추후분석을 위한 프로그램은 다음과 같다. 프로그램은 예제 1과 유사하여 자세한 설명은 생략한다.

앞에서 산정한 분석대상 A와 C의 비교수치를 합산한 값과 비교한다. 산출요소의 경우, 산출요소 1과 (식료품)과 산출요소 2 는(가전) 다른 분석대상과 차이가 없으나, 산출요소 3 (기타품목)은 분석대상 A와 C의 비교 산정한 결과 10.9394의 산출이 적정한 반면, 실적은 10으로 나타나 과소 산출로 판단된다.

그리고 투입요소 1 (인원)의 경우, 분석대상 A와 C를 비교분석한 결과, 약 4.85 단위가 적정한 반면, 현재 7단위를 투입하고 있는 것으로 나타났다. 따라서 매출의 증대가 없는 한, 현재 인원의 약 30% 감축이 필요할 것으로 분석된다.

투입요소 2 (규모)의 경우 분석대상 A와 C를 비교분석한 결과, 약 11.4단위가 적정한 반면, 현재 13단위를 투입하고 있다. 따라서 매출 증대가 없는 한, 현재 규모에서 약 12%의 축소가 필요한 것으로 분석된다.

```
>> aa1=a(1,1:5)*lamda2.ineqlin(1)

aa1 =     3.8182     2.5455     5.9394    -2.1212    -5.9394

>> aa3=a(3,1:5)*lamda2.ineqlin(3)

aa3 =     3.1818     5.4545     5.0000    -2.7273    -5.4545

>> aaa=aa1+aa3

aaa =     7.0000     8.0000    10.9394    -4.8485   -11.3939

>> dd=aaa-a(2,1:5)

dd =   -0.0000     0.0000     0.9394     2.1515     1.6061

>> a(2,1:5)

ans =     7     8    10    -7   -13

>>
```

연습문제

1. 청해기술공사에서는 5개 작업장에 대한 2개의 투입요소와 1개의 산출요소에 대한 소요량을 조사하여 다음과 같이 요약하였다.

작업장	투입요소 1	투입요소 2	산출요소
1	200	350	150
2	350	300	180
3	350	400	200
4	400	200	150
5	200	250	100

1) 각 작업장의 효율성을 측정하시오.

2) 각 작업장의 제약조건에 따른 잠재가격을 측정하시오

2. 연습문제 1에 있어서 작업장별 2개의 투입요소에 대하여 투입요소의 가상가격에 대한 제약조건을 다음과 같이 가정하고자 한다.

0.5 <= x1/x2 <=1.5

1) AR 제약조건하에서 각 매장의 효율성을 측정하시오.

2) 각 매장의 제약조건에 따른 잠재가격을 측정하시오

CHAPTER 10

네트워크 분석 : Network Analysis

10.1 개요

네트워크는 (Network) 결절점과 (Node) 이를 연결하는 연결선으로 (Link) 이루어지며, 결절점과 연결선의 상호작용에 따른 경로에 (Path) 의하여 하나의 체계로 (System) 결합된 것을 말한다. 일반적으로 교통망, 전화망 등이 대표적인 네트워크의 사례이다. 네트워크의 구분은 연결선의 교차가 정점에서 이루어지는 평면 네트워크와 연결선의 교차가 정점 이외에서도 이루어지는 비평면 네트워크로 구분되기도 하며, 이와는 별도로 네트워크의 순환가능여부, 방향을 나타내는 지향성 여부에 따라 네트워크를 구분하기도 한다.

의사결정에서 네트워크 분석은 의사결정의 대상이 되는 일련의 활동을 결절점 (Node), 연결선 (Link)으로 현실과 가장 가깝게 상황을 도식화하여 방향을 갖는 지향성의 경로 (Path)를 토대로 제반활동의 선후관련성을 규명하여 당면문제를 해결하려는 계획기법이다. 일반적으로 네트워크 분석은 목적함수와 제약조건의 설정이 선형계획법과 유사하며, 선형계획법의 특수한 형태로 구분되기도 한다. 네트워크 분석은 현실의 다양하며 복잡한 활동과 이를 대상으로 하는 의사결정 과정을 결절점과 연결선의 네트워크로 표현하여, 이해도를 높일 수 있는 장점이 있어 최근에는 그 중요도가 점차 높아지고 있다. 일반적으로 네트워크 분석에서 사용되는 변수와 계수는 다음과 같다.

· Node : 분석대상이 되는 제반 활동 (Activity)

· Source Node : 네트워크 내에서 활동이 시작되는 Node

· Sink Node : 네트워크 내에서 활동이 끝나는 Node

· Link : 활동을 연결하는 연결선

· Path : 일련의 Link를 연결하여 방향성을 갖는 의사결정의 흐름

· Capacity : Link 가 허용할 수 있는 최대 활동량 (최대 활동 규모)

10.2 네트워크 분석의 기본 수식

네트워크 분석의 기본수식은 선형계획법과 유사하나, 제약조건의 설정에서 활동의 특성에 따라 선형계획법과 다른 독특한 형태를 보이게 된다. 네트워크 분석의 기본수식은 다음과 같다.

- **목적함수** (Objective Function) :

$$\min \sum_{i=1}^{n} \sum_{j=1}^{m} c_{ij}\, x_{ij}$$

· x_{ij} (Decision Variable) : i Node 에서 j Node로 이동하는 Activity

· c_{ij} (Cost Coefficients) : i Node에서 j Node로 이동함에 따라 목적함수에 영향을 주는 계수로서 일반적으로 단위당 비용

- **제약조건** (Constraints) :

$$\sum_{j \in N_i} x_{ij} = \sum_{j \in N_{i'}} x_{ji}$$

$$\sum_{j=1}^{m} x_{ij} = P \quad (i = Source\,Node,\, Sink\,Node)$$

$$x_{ij} \geq 0, \text{ for } all\ i,\ j$$

· 제약조건에서 처음에 제시되는 수식은 결절점에서의 누수가 없다면, 유입량과 유출량이 같다는 의미이다. 즉, "In Flow = Out flow"의 등식으로서 결절점을 기준으로 유입, 유출의 항등 관계를 나타낸다.

· 제약조건의 두 번째 수식은 Activity가 시작되는 Source Node와 Activity가 끝나는 Sink Node의 값이 같다는 의미이다. 이때, P는 정수로서, 활동 특성에 따라 다르지만, 일반적으로 1.0의 값을 설정하여 Activity의 활동상황을 분석하게 된다.

10.3 MATLAB® 적용사례

(1) 최단 경로 문제 (Shortest Path Problem)

- **예제** : 출발지에서(Source Node) 도착지까지(Sink Node) 최단 경로문제(최단 경로 문제는 Dijkstra Method, Power Method, Warshall-Floyd Method 등으로 산정되나, 본 예제는 설비문제를 분석대상으로 함)

진성 물류회사에서는 초대형 크레인을 필요로 한다. 유지비는 사용년수에 따라 증가하며, 사용년수에 따른 잔존가치는 중고품으로 다른 업체에 매매할 수 있다. 사용년수에 따른 유지비용과 중고판매가격은 다음의 표와 같을 때, 비용 최소화 방안은 무엇인가.

사용년수	연간 유지비용	중고판매가격	구매가격
0	2	-	15
1	4	9	15
2	8	8	15
3	10	4	15
4	12	2	15
5	-	0	15

- **문제의 구조화** :

예제의 문제를 수송계획법과 같은 Matrix 형태로 구조화 하면 다음과 같다. 수송문제의 수송비용 대신 "구매가 + 유지비 - 중고판매가격"로 구성하면, 수송문제와 같은 형식이 된다. 예를들어 초기년도에 구매하여 1년차에 중고로 판매할 경우, "15 + 2 - 9 = 8"이 된다. 2년차에 중고로 판매하면, "15 + 2 + 4 - 8 = 13"이 된다.

	0	1	2	3	4	5
0	-	8	13	25	37	51
1	-	-	8	13	25	37
2	-	-	-	8	13	25
3	-	-	-	-	8	13
4	-	-	-	-	-	8

- **문제의 수식구성** : 예제의 문제는 네트워크 분석에 의하여 최단경로를 찾아 이를 토대로 최소 비용을 산정하는 것이다. 이는 다음의 Node 와 Link 로 구성된 그림과 같이, 출발지점에서 도착지점까지 최단 경로를 탐색하는 것이 최적의 방안임을 보이기 때문이다.

```
(Source Node) -> ① - ② - ③ - ④ - ⑤
                  ① - ② - ③ - ④
                        ① - ② - ③
                              ① - ②
                                    ① -> (Sink Node)
```

· 결정변수 : 년도별 유지관리비 관련 15개 변수 (x1-x15)

· 목적함수 : 유지비용 최소화, 목적함수의 계수는 앞에서 산정한 바와 같이 "구매비용 - 유지비 + 중고판매가"를 토대로 구성한다.

```
min Z = 8x1 + 13x2 + 25x3 + 37x4 + 51x5
            +  8x6 + 13x7 + 25x8 + 37x9
                   + 8x10 + 13x11 + 25x12
                          + 8x13 + 13x14
                                 + 8x15
```

· 제약조건 : 네트워크의 특성을 제약조건으로 구성한다.
첫 번째 제약조건은 네트워크의 활동이 시작되는 조건으로 1.0 입력
두 번째부터 다섯번째 제약조건은 활동의 연계를 나타내는 것이며
마지막 제약조건은 네트워크 활동이 끝나는 조건을 나타낸 것이다.

```
x1 + x2 +  x3 +  x4 +  x5  = 1
     x6 +  x7 +  x8 +  x9  = x1
          x10 + x11 + x12 = x2 + x6
                x13 + x14 = x3 + x7 + x10
                      x15 = x4 + x8 + x11 + x13
                        1 = x5 + x9 + x12 + x14 + x15
```

- **MATLAB® 프로그램 :**

```
%-------------------------------------
% 네트워크 분석 예제 1 : 최단경로문제
%-------------------------------------
f = [8 13 25 37 51  8 13 25 37  8 13 25  8 13  8]' ;
aeq = [1  1  1  1  1    0  0  0  0  0    0  0  0  0  0
      -1  0  0  0  0    1  1  1  1  0    0  0  0  0  0
       0 -1  0  0  0   -1  0  0  0  0    0  1  1  1  0
       0  0 -1  0  0    0 -1  0  0 -1    0  0  0  1  1
       0  0  0 -1  0    0  0 -1  0  0   -1  0 -1  0  1
       0  0  0  0 -1    0  0  0 -1  0    0 -1  0 -1 -1  ] ;
beq= [ 1 0 0 0 0 -1 ]' ;
lb = 0*[1:15];
[x, fval] = linprog (f, [], [], aeq, beq, lb) ;
```

- **MATLAB® Program 설명 :**
  f : 네트워크 분석을 위한 목적함수의 계수 (15*1 행렬)
  aeq : 등식의 제약조건 계수 (6*15 행렬)
  beq : 등식 활동상황 결정 (6*1 행렬)
  lb : 결정변수 x의 하한값 (zero : 1*15 행렬)
  x, fval : 결정변수 (15*1 행렬), 목적함수 Z 의 최소값

- **Output** : 결정변수를 문제의 형태로 조정하면 다음과 같다. 이에서 보면, 최단 경로는 1-3-5 로서, 매입후 2년마다 중고품으로 판매하는 것이 비용최소화 전략으로 분석된다.

```
 Optimization terminated.

x =
    0.0000    1.0000    0.0000    0.0000    0.0000
              0.0000    0.0000    0.0000    0.0000
                        1.0000    0.0000    0.0000
                                  0.0000    1.0000
                                            0.0000
```

(2) 최소비용 유동량 산정 문제

- **예제** : Link 용량과 비용의 제약하에서 최소비용 유동량 산정

진성 물류회사에서는 공장에서 (Source Node) 영업점까지 (Sink Node) 100톤의 물품을 공급하려고 한다. 수송로의 Link 별 용량과 비용은 다음과 같이 파악되었다. 수송로의 용량을 고려하여 최소비용의 물품 수송방안을 강구한다.

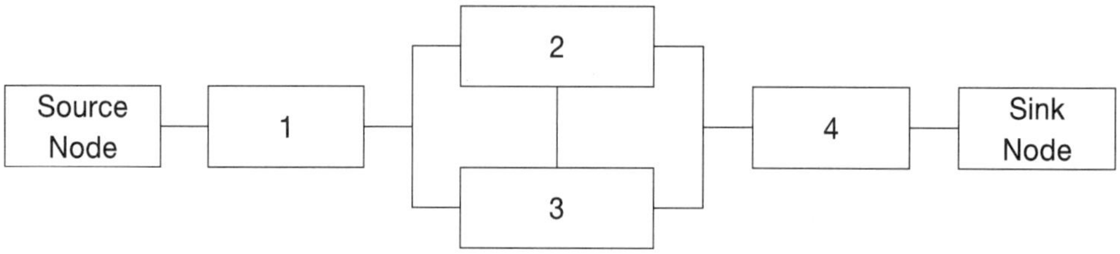

Link	1-2	1-3	2-3	2-4	3-4
용량	70	50	50	35	65
비용	5	10	4	10	8

· 결정변수 : Xij , i Node에서 j Node 로 이동하는 물량 (총 5개)

· 목적함수 :

```
min Z = 5x12 + 10x13 + 4x23 + 10x24 + 8x34
```

· 제약조건 :

```
100= x12 +x13              (Node 1 의 유입 = 유출)
x12 = x23 + x24            (Node 2 의 유입 = 유출)
x13 + x23 = x34            (Node 3 의 유입 = 유출)
x24 +x23 = 100             (Node 4 의 유입 = 유출)
x12 <= 70                  (Link 12 의 용량)
x13 <= 50                  (Link 13 의 용량)
x23 <= 50                  (Link 23 의 용량)
x24 <= 35                  (Link 24 의 용량)
x34 <= 65                  (Link 34 의 용량)
```

- MATLAB® Program :

```
%--------------------------------
% 네트워크 분석 예제 2 : 최소경비경로
%--------------------------------
f = [5 10 4 10 8]' ;
aeq = [ 1 1  0  0  0
        1 0 -1 -1  0
        0 1  1  0 -1
        0 0  0  1  1 ] ;
beq= [100 0 0 100 ]' ;
a=[ 1 0 0 0 0
    0 1 0 0 0
    0 0 1 0 0
    0 0 0 1 0
    0 0 0 0 1 ];
b =[ 70 50 50 35 65 ];
lb = 0*[1:5];
[x, fval] = linprog (f, a, b, aeq, beq, lb) ;
```

- **Output** : Link 별 물동량은 분석결과와 같으며, 경로별 물동량은 다음과 같다.

x12 - x24 : 35 (Node 1 - 2 - 4)

x13 - x34 : 30 (Node 1 - 3 - 4)

x12 - x23 - x34 : 35 (Node 1 - 2 - 3 -4)

이때, 목적함수의 비용은 1,660 단위로서 최소비용이 된다.

```
 Optimization terminated.

x =
   70.0000    30.0000    35.0000    35.0000    65.0000

fval =
   1.6600e+03
>>
```

- **MATLAB®의 lamda를 이용한 잠재가격(Shadow Price) :**

MATLAB®에서는 lamda를 이용하여 쌍대문제의 (Dual Problem) 잠재가격 (Shadow price)를 쉽게 산정할 수 있다. 잠재가격의 경우, lamda structure에서 제약조건의 변화에 따라 총 비용의 영향을 산정한 것으로서, 등식의 제약조건에 대한 잠재가격은 lamda.eqlin의 field에 출력되며, 부등식의 제약조건에 대한 잠재가격은 lamda.ineqlin 의 field 에 출력된다. 출력결과를 보면, Link 의 용량에 따른 부등식 제약조건의 경우 1단위 증가에 따라 생산비의 잠재가격은 지속적으로 증가하는 것으로 나타났다. Link 13, Link 23은 용량에 비하여 물품 배송량이 작기 때문에, 자원의 변화가 있어도 목적함수에 미치는 영향은 매우 작아, Zero를 나타내는 것으로 분석되었다. 그리고 Node 의 유출입 조건에 따른 등식의 제약조건에 대한 잠재가격의 경우, Node 1은 음의 값으로 나타났으며, Node 2, Node 3은 양의 값으로 나타났다. 특히 네트워크 상의 Node 2 에 대한 잠재가격은 가장 높으며, 이는 네트워크 상에서 중요한 중계거점으로서의 기능을 하는 것으로 분석된다.

```
>> lamda.ineqlin

ans =
    1.0000
    0.0000
    0.0000
   14.9283
   12.9283

>> lamda.eqlin

ans =
  -30.9283
   24.9283
   20.9283
    0.0000
```

(3) 복합수송의 최소비용 유동량 산정 문제

- **예제** : Link 용량과 비용의 제약하에서 복합수송 최소비용 유동량 산정

진성 물류회사에서는 공장에서 (Source Node) 영업점까지 (Sink Node) 두 종류의 물품을 공급하려고 한다. 수송로의 Link 별 용량과 비용은 다음과 같이 파악되었다. 최소비용의 물품 수송방안을 강구한다.

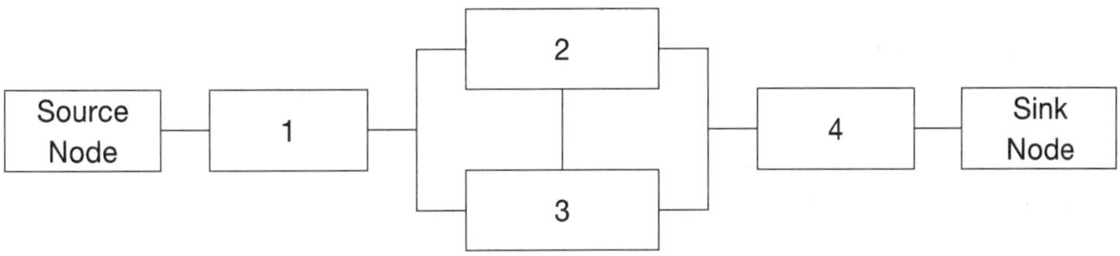

Link		1-2	1-3	2-3	2-4	3-4	수송량
용량		70	50	50	35	65	
비용	품목 1	4	9	4	9	6	40
	품목 2	5	6	4	6	6	60

· 결정변수 : Xij , i Node에서 j Node로 이동하는 품목별 물량 (총 10개)

· 목적함수 :

```
min Z = 4x12 + 9x13 + 4x23 + 9x24 + 6x34
        + 5y12 + 6y13 + 4y23 + 6y24 + 6y34
```

· 제약조건 :

```
40= x12 +x13,  40=y12 +y13        (Node 1 의 유입 = 유출)
x12 = x23 + x24, y12=y23 +y24     (Node 2 의 유입 = 유출)
x13 +x23 = x34,  y13=y23 +y34     (Node 3 의 유입 = 유출)
x24 +x23 = 60,  y24+y24 = 60      (Node 4 의 유입 = 유출)
x12 + y12 <= 70                          (Link 12 의 용량)
x13 + y13 <= 50                          (Link 13 의 용량)
x23 + y23 <= 50                          (Link 23 의 용량)
x24 + y24 <= 35                          (Link 24 의 용량)
x34 + y34 <= 65                          (Link 34 의 용량)
x12 + x13 + x23 + x24 + x34 <=40         (품목 1의 수송량)
y12 + y13 + y23 + y24 + y34 <= 60        (품목 2 의 수송량)
```

- MATLAB® Program :

```
%--------------------------------
% 네트워크 분석 예제 3 : 복합수송
%--------------------------------
f = [4 9 4 9 6  5 6 4 6 6]' ;
aeq = [ 1 1  0  0  0   0 0  0  0  0
        0 0  0  0  0   1 1  0  0  0
        1 0 -1 -1  0   0 0  0  0  0
        0 0  0  0  0   1 0 -1 -1  0
        0 1  1  0 -1   0 0  0  0  0
        0 0  0  0  0   0 1  1  0 -1
        0 0  0  1  1   0 0  0  0  0
        0 0  0  0  0   0 0  0  1  1  ] ;
beq= [ 40  60 0 0 0 0  40  60  ]' ;
a=[ 1 0 0 0 0  1 0 0 0 0
    0 1 0 0 0  0 1 0 0 0
    0 0 1 0 0  0 0 1 0 0
    0 0 0 1 0  0 0 0 1 0
    0 0 0 0 1  0 0 0 0 1 ];
b =[ 70 50 50 35 65 ]';
lb = 0*[1:10]';
[x, fval] = linprog (f, a, b, aeq, beq, lb) ;
```

- Output : Link 별 물동량은 분석결과와 같으며, 경로별 물동량은 다음과 같다.

품목 1 : x12 - x24 (14), x13 - x24 (0), x12 - x23 - x34 (26)

품목 2 : x12 - x24 (21), x13 - x24 (39), x12 - x23 - x34 (0)

이때, 목적함수의 비용은 1,245 단위로서 최소비용이 된다.

```
x =
   40.0000    0.0000   26.0139   13.9861   26.0139
   21.0139   38.9861    0.0000   21.0139   38.9861

fval =
   1.2450e+03
```

- MATLAB®의 lamda를 이용한 잠재가격(Shadow Price) :

MATLAB®에서는 lamda를 이용하여 쌍대문제의 (Dual Problem) 잠재가격 (Shadow price)를 쉽게 산정할 수 있다. 잠재가격의 경우, lamda structure에서 제약조건의 변화에 따라 총 비용의 영향을 산정한 것으로서, 등식의 제약조건에 대한 잠재가격은 lamda.eqlin의 field에 출력되며, 부등식의 제약조건에 대한 잠재가격은 lamda.ineqlin의 field에 출력된다. 출력결과를 보면, Link 의 용량에 따른 부등식 제약조건의 경우 1단위 증가에 따라 생산비의 잠재가격은 Link 24, link 34에서만 나타났다. 다른 Link 들은 용량에 비하여 물품 배송량이 작기 때문에 Zero를 나타내는 것으로 나타났다. 그리고 Node 의 유출입 조건에 따른 등식 제약조건에 대한 잠재가격의 경우 Node 1은 품목 1, 품목 2 모두 음의 값으로 나타났으며, 품목 1, 품목 2 모두 Node 2, Node 3에서 양수의 값으로 나타났다. 특히 Node 2의 잠재가격은 가장 높으며, 이는 네트워크 상에서 중요한 중계거점으로서의 기능을 하는 것으로 분석된다.

```
>> lamda.eqlin
ans =
  -49.5901
  -47.5901
   45.5901
   42.5901
   41.5901
   41.5901
    0.0000
         0

>> lamda.ineqlin
ans =
    0.0000
    0.0000
    0.0000
   36.5901
   35.5901

>>
```

연습문제

1. 한양특수개발에서는 대형 시설물을 필요로 한다. 유지비는 사용년수에 따라 증가하며, 사용년수에 따른 잔존가치는 중고품으로 다른 업체에 매매할 수 있다. 사용년수에 따른 유지비용과 중고판매가격은 다음의 표와 같을 때, 비용 최소화 방안은 무엇인가.

사용년수	연간 유지비용	중고판매가격	구매가격
1	3	12	15
2	6	6	15
3	9	4	15
4	12	3	15
5	15	2.4	15

2. 다음의 네트워크 상에서 Source Node로 부터 Sink Node에 이르기까지 유동량 70 단위를 가장 경제적으로 운송하는 방안을 강구하시오.

출발 Node	Source Node5	1	1	2	2	2	3	3	4	5
도착 Node	1	2	3	3	4	5	4	5	5	Sink Node
용량	-	40	50	50	40	20	20	40	50	-
비용	-	5	8	4	6	9	5	7	8	-

CHAPTER 11

PERT/CPM 분석 : PERT/CPM Analysis

11.1 개요

일반적으로, 프로젝트 (Project)는 구분된 일련의 단위활동으로 구성된 하나의 시스템을 말한다. 프로젝트는 일련의 단위활동들을 하나의 시스템으로서 생산성 향상을 위하여 작업의 특성에 따라 분업화하고, 분업단위 조직간의 통합과 조정을 위한 분업화의 원리에 따른 체계적인 관리방안이 필요하다. PERT (Project Evaluation and Review Technique)는 이러한 프로젝트의 관리와 통제를 위하여 개발되었으며, CPM (Critical Path Method)은 각 분업들의 활동시간이 일정한 수준으로 주어진 상황 속에서 프로젝트의 목표달성과 비용의 교환분석 (Trade-off) 에 중점을 두는 분석방법이다.

PERT와 CPM은 의사결정 과정에서 프로젝트를 네트워크의 구성방법을 이용하여 분석하는데, 네트워크는 결절점과 (Node) 이를 연결하는 연결선으로 (Link) 이루어지며, 결절점과 연결선의 상호작용에 따른 경로에 (Path) 의하여 하나의 체계로 (System) 결합된 것을 말한다. PERT와 CPM은 의사결정의 대상이 되는 일련의 단위활동을 결절점 (Node), 연결선 (Link) 으로 현실과 가장 가깝게 상황을 도식화하여 방향을 갖는 지향성의 경로 (Path)를 토대로 단위활동들의 선후관련성을 규명하여 프로젝트의 작업 흐름을 파악하는 계획기법이다. PERT와 CPM은 네트워크 분석과 같이 목적함수와 제약조건의 설정이 선형계획법과 유사하며, 선형계획법의 특수한 형태로 구분되기도 한다. PERT와 CPM에서 적용되는 결절점은 분석대상이 되는 단위 활동으로 정의되며, 연결선은 단위활동의 선후관계를 연결하는 연결선이며, 경로는 일련의 연결선을 연결하여 방향성을 갖는 의사결정의 흐름을 말한다. PERT와 CPM 의 적용을 위해서는 일반적으로 다음의 사항이 필요하다.

- 활동구분 : 프로젝트를 특성에 따라 부분 또는 단위활동으로 구분한다.

- 활동순서 : 각 단위활동들의 선후관계를 결정하며, 이에따라 선행 단위활동의 종료시각과 후속 단위활동의 시작시간에 대한 분석이 이루어진다.

- 활동소요시간 : 각 단위활동들의 소요시간 추정

11.2 분석기법

(1) 단위소요시간과 분산 추정

PERT와 CPM에서는 프로젝트를 구성하는 각 단위활동들의 소요시간을 추정하여 이를 토대로 프로젝트 전반에 걸친 작업의 흐름을 분석하는 기법으로서, 단위활동의 소요시간과 분산의 추정이 중요한 과업의 하나이다. 단위활동의 소요시간 추정은 단위활동 특성에 따라 상이하며, 일반적으로 단위활동의 소요시간은 다음과 같이 구분된다.

1) 낙관적 추정시간 (Optimistic Estimate) : 단위활동이 무리없이 이루어진다고 가정하였을 때, 소요되는 시간 - 가장 짧은 소요시간으로 산정

2) 비관적 추정시간 (Pessimistic Estimate) : 단위활동이 여러 장애가 있을 것이라 가정하였을 때, 소요되는 시간 - 가장 긴 소요시간으로 산정

3) 최우 추정시간 (Most Likely Estimate) : 단위활동이 이루어지는데 가장 가능성이 있는 것으로 가정할 때, 소요시간 - 단위활동의 완료까지 경험 등을 통한 평균적 소요시간으로 산정된다. (단, 산술평균이 아님)

PERT와 CPM에서는 이상의 단위활동에 대한 3개 소요시간을 토대로 기대 소요시간과 분산을 산정하는데, 과거 분석 등에 따르면 시간의 분포가 정규분포가 아니라 분포의 중심이 낙관적인 추정시간으로 치우치며, 비관적인 추정시간이 긴 분포의 양상을 보이는 것으로 나타났다. 이에따라 일반적으로 기대소요시간과 분산은 다음의 수식으로 산정된다.

· 기대소요시간 = $\dfrac{(\text{낙관적 추정시간} + 4^{*}\text{최우 추정시간} + \text{비관적 추정시간})}{6}$

· 분산 = $\left[\dfrac{(\text{비관적 소요시간} - \text{낙관적 소요시간})}{6} \right]$ 의 제곱

(2) PERT 계산표 작성

단위활동별 기대 소요시간과 분산이 산정되었으면, 각 단위활동에 대하여 가장 빠른 가능시간 (Te : Earliest Possible Time)과 가장 늦은 가능시간 (Tl : Latest Allowable Time), 그리고 이들의 차이를 산정한 여유시간을 산정한다. 이에 따라 프로젝트 전체 소요시간 관리를 위한 표를 작성하는데, 이를 "PERT 계산표", "PERT 시간표", "PERT 공정시간표" 등으로 불린다.

- **가장 빠른 가능시간** : Te

PERT 네트워크에 있어서 각 Node 의 경우, 다음 단위활동에 착수 할 수 있는 가장 빠른 시점의 기대값을 말한다. 산정사례는 다음과 같다.

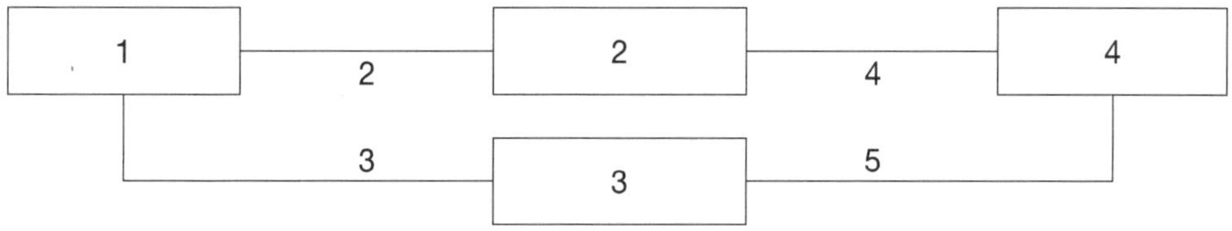

- **가장 늦은 가능시간** : Tl

PERT 네트워크에 있어서 각 Node 의 경우, 전체 완료시간에 지연을 발생하지 않는 다음 단위활동 시점의 기대값을 말한다. 산정사례는 다음과 같다.

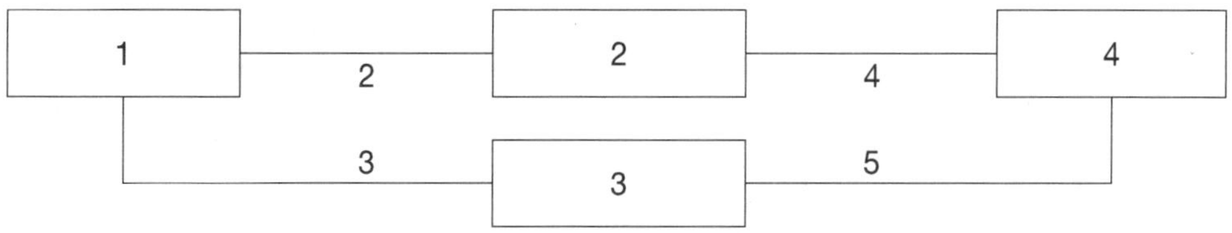

- **여유시간 (Slack)** : 가장 늦은 가능시간 (Tl) - 가장 빠른 가능시간 (Te)

- **PERT 계산표** : 여유시간이 Zero이면 CP : Critical Path이다. (1-3-4)

Node	가장 빠른 가능시간	가장 늦은 가능시간	여유시간
1	0	0	0
2	2	4	2
3	3	3	0
4	8	8	0

(3) PERT/CPM의 기본 수식

PERT/CPM의 기본수식은 선형계획법과 유사하나, 분석목적에 따라 목적함수와 제약조건의 설정에서 활동의 특성에 따라 선형계획법과 다른 독특한 형태를 보이게 된다. 이에 따라 PERT/CPM의 수식을 일반화하기는 어렵지만 이해를 돕기 위하여 구성한 기본적인 수식은 다음과 같다.

· 목적함수 (Objective Function) :

$$\min \sum_{i=1}^{n} c_i x_i$$

x_i (Decision Variable) : i 단위활동

c_{ij} (Cost Coefficients) : i 단위활동으로 목적함수에 영향을 주는 계수

· 제약조건 (Constraints) :

(1) $\sum_{j \in N_i} x_{ij} = \sum_{j \in N_i} x_{ji}$

$$\sum_{j=1}^{m} x_{ij} = P \quad (i = \text{프로젝트 시작,끝})$$

(2) $\sum_{i,j \in N_i} (x_i - x_j) \geq T$

x_i : 후속 단위활동 x_j : 선행단위활동

T : 기대소요시간

$x_{ij} \geq 0$, for $all\ i,\ j$

* PERT 산정에서 목적함수는 단위활동만을 구성되기도 한다.
CPM 산정 등에서 목적함수는 계수를 가지는 형태가 되기도 한다.

* 제약조건 수식은 네트워크 분석과 예제를 참조하기 바란다.

11.3 MATLAB® 적용사례

(1) 프로젝트 완료의 주경로 탐색

- **예제** 1 : 단위활동 소요시간을 토대로 프로젝트의 주경로 탐색

진성 물산에서는 새로운 프로젝트를 수행하기 위하여, 단위활동을 다음과 같이 11개로 구분하였으며, 단위활동간의 순서와 기대소요시간을 표에서 보는 바와 같이 추정하였다. 진성물산이 새로운 프로젝트의 무리없는 완료를 위하여 주경로를 탐색하는 방안을 구상하시오.

단위활동	선행활동	기대소요시간
A	-	4
B	-	3
C	-	5
D	A	7
E	B	5
F	B	6
G	C	8
H	D,E	7
I	F	4
J	G	3
K	H, I, J	9

· 단위활동 흐름도 :

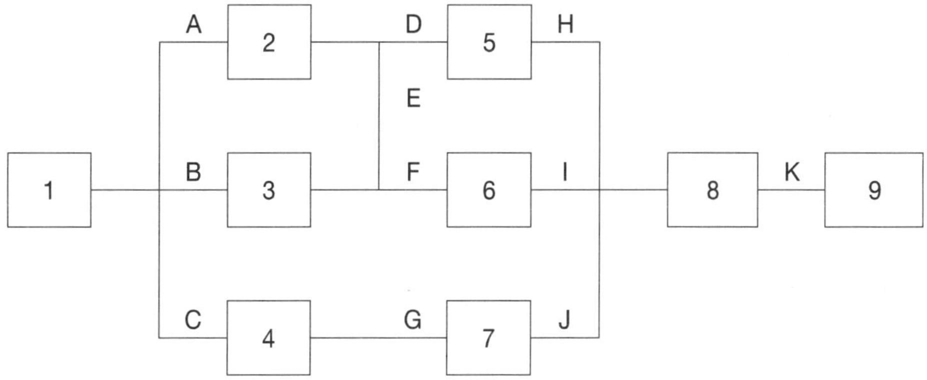

- **기본수식** :

· 목적함수 : 결정변수들의 (단위활동 - 11개 변수) 최대화

$$\max Z = 4x1 + 3x2 + 5x3 + 7x4 + 5x5 + 6x6 + 8x7 + 7x8 + 4x9 + 3x10 + 9x11$$

· 제약조건 : 각 결절점에서의 의사결정 (유입=유출)

x1 + x2 + x3 = 1	(결절점 1 의 제약조건)
x1 = x4	(결절점 2 의 제약조건)
x2 = x5 + x6	(결절점 3 의 제약조건)
x3 = x7	(결절점 4 의 제약조건)
x4 + x5 = x8	(결절점 5 의 제약조건)
x6 = x9	(결절점 6 의 제약조건)
x7 = x10	(결절점 7 의 제약조건)
x8 + x9 + x10 = x11	(결절점 8 의 제약조건)
x11 = 1	(결절점 9 의 제약조건)
(0 ≦ xi)	(비음 의 제약조건)

- MATLAB® Program :

```
%-------------------------------
% PERT/CPM 예제 1 : 주경로문제
%-------------------------------
f = [-4 -3 -5 -7 -5  -6 -8 -7 -4 -3  -9]' ;
aeq = [1  1  1  0  0    0  0  0  0  0    0
       1  0  0 -1  0    0  0  0  0  0    0
       0  1  0  0 -1   -1  0  0  0  0    0
       0  0  1  0  0    0 -1  0  0  0    0
       0  0  0  1  1    0  0 -1  0  0    0
       0  0  0  0  0    1  0  0 -1  0    0
       0  0  0  0  0    0  1  0  0 -1    0
       0  0  0  0  0    0  0  1  1  1   -1
       0  0  0  0  0    0  0  0  0  0    1  ] ;
beq= [ 1 0 0 0 0   0 0 0 1 ]' ;
lb = 0*[1:11];
[x, fval] = linprog (f, [], [], aeq, beq, lb) ;
```

- MATLAB® Program 설명 :

f : 목적함수의 계수 (11*1 행렬)
aeq : 등식의 제약조건 (결절점의 제약조건 계수 . . . 9*11 행렬)
beq : 등식 제약조건 (결절점의 의사결정 . . . 9*1 행렬)
lb : 결정변수 x 의 하한값 (zero - 11*1 행렬)
x : 결정변수 (xi , 따라서 결정변수는 11개 - 11*1 행렬)
fval : 목적함수 Z 의 최적값 (최대값)

- Output : 최적상태의 결정변수 x 의 값은 (x1 = x4 = x8 = x11 = 1)로 분석되었다. 이는 예제의 PERT에서 주경로는 단위활동 A, D, H, K로 분석되었으며, 경로는 [1 - 2 - 5 - 8 - 9]로 분석되었다. 이는 예제 프로젝트를 완료하기 위한 최소 시간의 주경로를 나타낸 것으로서, 이때 주경로에 따른 목적함수 Z의 값은 27로 산정되었다. 주경로는 프로젝트의 완료를 위하여 주의를 기울여야 할 경로로서, 만일 주경로의 시간이 증가할 경우 프로젝트의 완료시간 증가로 나타난다.

```
Optimization terminated.

x =
    1.0000
    0.0000
    0.0000
    1.0000
    0.0000
    0.0000
    0.0000
    1.0000
    0.0000
    0.0000
    1.0000

fval =
  -27.0000

>>
```

- **lamda를 이용한 잠재비용** (Shadow Codt), **잠재가격**(Shadow Price) :

MATLAB®에서는 lamda를 이용하여 쌍대문제의 (Dual Problem) 잠재가격 (Shadow price)를 쉽게 산정할 수 있다. 잠재비용의 경우, lamda structure에서 결정변수의 변화에 따라 목적함수에 미치는 영향을 산정한 것으로서, lamda.lower의 field에 출력된다. 잠재가격의 경우, lamda structure에서 제약조건의 변화에 따라 총 비용의 영향을 산정한 것으로서, 등식의 제약조건에 대한 잠재가격은 lamda.eqlin의 field에 출력된다. 잠재비용의 경우, 결정변수 중에서 비기저변수인 x2, x3, x5, x6, x7, x9, x10 등이 값을 가질 경우 목적함수에 미치는 연향을 산정한 것으로서, x6, x9가 가장 큰 값으로 산정되었다. 잠재가격은 두 번째, 세 번째 제약조건을 제외하면 양의 값으로서 이에 대한 의사결정의 주의를 요하는 것으로 나타났다.

```
>> lamda.lower
ans =
     0.0000
     1.4652
     0.8393
     0.0000
     1.5348
     1.7674
     0.3214
     0.0000
     1.7674
     0.8393
          0

>> lamda.eqlin
ans =
     4.4652
    -0.4652
          0
     1.3741
     6.5348
     7.7674
     9.6955
    13.5348
    22.5348
```

(2) 프로젝트 완료의 시간 최소화

- **예제** 2 : 단위활동 소요시간을 토대로 프로젝트의 완료시간 최소화

진성 물산에서는 새로운 프로젝트를 수행하기 위하여, 단위활동을 다음과 같이 11개로 구분하였으며, 단위활동간의 순서와 기대소요시간을 표에서 보는 바와 같이 추정하였다. 진성물산이 새로운 프로젝트의 무리없는 완료를 위하여 시간을 최소화하는 방안을 구상하시오.

단위활동	선행활동	기대소요시간
A	-	4
B	-	3
C	-	5
D	A	7
E	B	5
F	B	6
G	C	8
H	D,E	7
I	F	4
J	G	3
K	H, I, J	9

· 단위활동 흐름도 :

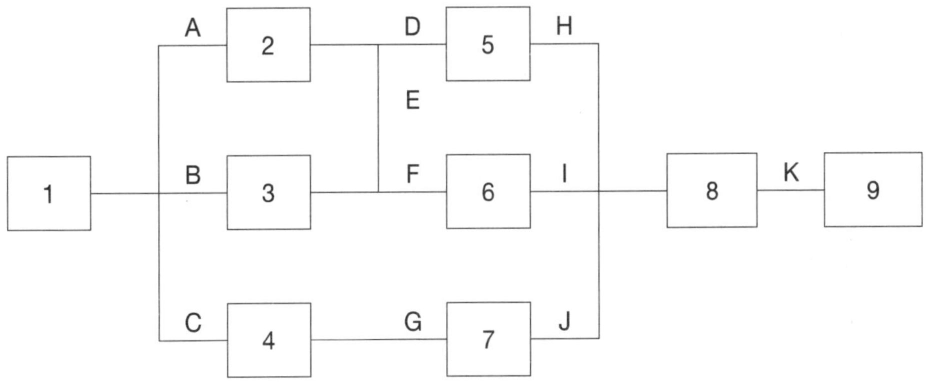

- **기본수식** :

· 목적함수 : 결정변수들의 활동 착수시간 최소화

```
min Z = x9
```

· 제약조건 : 각 결절점에서의 활동 착수시간 (유입=유출)

```
x1 >= 0
x2 >= x1 + 4          (활동 A 의 제약조건)
x3 >= x1 + 3          (활동 B 의 제약조건)
x4 >= x1 + 5          (활동 C 의 제약조건)
x5 >= x2 + 7          (활동 D 의 제약조건)
x5 >= x3 + 5          (활동 E 의 제약조건)
x6 >= x3 + 6          (활동 F 의 제약조건)
x7 >= x4 + 8          (활동 G 의 제약조건)
x8 >= x5 + 7          (활동 H 의 제약조건)
x8 >= x6 + 4          (활동 I 의 제약조건)
x8 >= x7 + 3          (활동 J 의 제약조건)
x9 >= x8 + 9          (활동 K 의 제약조건)
```

- MATLAB® Program :

```
%--------------------------------
% PERT/CPM 예제 2 : 최소시간문제
%--------------------------------
f = [0 0 0 0 0  0 0 0 1]' ;
a = [-1  0  0  0  0    0  0  0  0
      1 -1  0  0  0    0  0  0  0
      1  0 -1  0  0    0  0  0  0
      1  0  0 -1  0    0  0  0  0
      0  1  0  0 -1    0  0  0  0
      0  0  1  0 -1    0  0  0  0
      0  0  1  0  0   -1  0  0  0
      0  0  0  1  0    0 -1  0  0
      0  0  0  0  1    0  0 -1  0
      0  0  0  0  0    1  0 -1  0
      0  0  0  0  0    0  1 -1  0
      0  0  0  0  0    0  0  1 -1   ] ;
b= [ 0 -4 -3 -5 -7  -5 -6 -8 -7 -4  -3 -9  ]' ;
lb = 0*[1:9];
[x, fval] = linprog (f, a, b, [], [], lb) ;
```

- MATLAB® Program 설명 :

f : 목적함수의 계수 (9*1 행렬)
a : 부등식의 제약조건 (결절점의 제약조건 계수 . . . 12*9 행렬)
b : 부등식 제약조건 (결절점의 의사결정 . . . 12*1 행렬)
lb : 결정변수 x 의 하한값 (zero - 9*1 행렬)
x : 결정변수 (xi , 따라서 결정변수는 9개 - 9*1 행렬)
fval : 목적함수 Z 의 최적값 (최대값)

- Output : 최적상태의 결정변수 x의 값은 다음과 같이 분석되었다. 이는 예제의 PERT에서 프로젝트를 완료하기 위한 최소 시간의 단위활동별 최소 소요시간을 나타낸 것으로서, 이때 주경로에 따른 목적함수 Z의 값은 27로 산정되었다. Node 1의 경우 4.0, Node 2의 경우 4.13, Node 3의 경우 5.53으로 분석되었으나, Node 1의 경우 기대소요시간은 4, Node 2 의 경우 3, Node 3의 경우, 5로 산정되었기에, Node 1의 경우 여유시간은 0, Node 2 의 경우 1.13, Node 3의 경우 0.53으로 산정된다.

```
Optimization terminated.

x =
    0.0000
    4.0000
    4.1330
    5.5307
   11.0000
   11.7928
   14.1608
   18.0000
   27.0000


fval =
   27.0000

>>
```

- **lamda를 이용한 잠재비용 (Shadow Codt), 잠재가격(Shadow Price) :**

MATLAB® 에서는 lamda를 이용하여 쌍대문제의 (Dual Problem) 잠재가격 (Shadow price)를 쉽게 산정할 수 있다. 잠재비용의 경우, lamda structure에서 결정변수의 변화에 따라 목적함수에 미치는 영향을 산정한 것으로서, lamda.lower의 field 에 출력된다. 잠재가격의 경우, lamda structure에서 제약조건의 변화에 따라 총 비용의 영향을 산정한 것으로서, 등식의 제약조건에 대한 잠재가격은 lamda.eqlin의 field 에 출력된다. 잠재비용의 경우, 결정변수 중에서 비기저변수인 x1이 값을 가질 경우 목적함수에 미치는 영향도를 산정한 것이다. 잠재가격은 첫 번째 제약조건을 제외하면, 2번째, 5번째, 9번째, 12번째의 제약조건이 최소값을 나타내는 것으로 분석되었다.

```
>> lamda.lower
ans =
      0.5000
      0.0000
      0.0000
      0.0000
      0.0000
      0.0000
      0.0000
      0.0000
      0.0000

>> lamda.ineqlin
ans =
      0.5000
      1.0000
      0.0000
      0.0000
      1.0000
      0.0000
      0.0000
      0.0000
      1.0000
      0.0000
      0.0000
      1.0000
```

(3) 제약조건 변경에 따른 프로젝트 완료시간 최소화

- **예제** 3 : 단위활동 소요시간 조건변경에 따른 프로젝트의 완료시간 최소화

주경로 분석으로 통하여, 예제 (2) 와 같은 상황에서 단위활동 D 에 대하여 조정을 수행하였다. 즉 단위활동 D 는 기대 소요시간이 7 단위이나, 노동력을 투입하여 기대 소요시간을 최대 2 단위의 축소가 가능하다고 한다. 이에따라 무리없는 프로젝트의 완료를 위하여 시간을 최소화하는 방안을 구상하시오.

단위활동	선행활동	기대소요시간
A	-	4
B	-	3
C	-	5
D	A	7
E	B	5
F	B	6
G	C	8
H	D,E	7
I	F	4
J	G	3
K	H, I, J	9

· 단위활동 D = 7 - 2w , w=1 이면 D=5, w=0 이면 D=7 로 조정

· 단위활동 흐름도 :

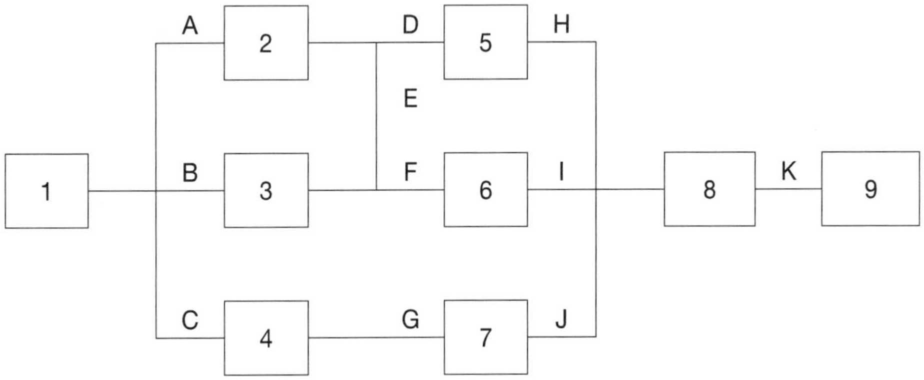

- **기본수식 :**

· 목적함수 : 결정변수들의 활동 착수시간 최소화

```
min Z = x9 + x10
```

· 제약조건 : 각 결절점에서의 활동 착수시간 (유입=유출)

```
x1 >= 0
x2 >= x1 + 4            (활동 A 의 제약조건)
x3 >= x1 + 3            (활동 B 의 제약조건)
x4 >= x1 + 5            (활동 C 의 제약조건)
x5 >= x2 + 7 - 2x10     (활동 D 의 제약조건)
x5 >= x3 + 5            (활동 E 의 제약조건)
x6 >= x3 + 6            (활동 F 의 제약조건)
x7 >= x4 + 8            (활동 G 의 제약조건)
x8 >= x5 + 7            (활동 H 의 제약조건)
x8 >= x6 + 4            (활동 I 의 제약조건)
x8 >= x7 + 3            (활동 J 의 제약조건)
x9 >= x8 + 9            (활동 K 의 제약조건)
```

- **MATLAB® Program :**

```
%-------------------------------
% PERT/CPM 예제 3 : 조건변경 문제
%-------------------------------
f = [0 0 0 0 0  0 0 0 1 1]' ;
a = [-1  0  0  0  0    0  0  0  0 0
      1 -1  0  0  0    0  0  0  0 0
      1  0 -1  0  0    0  0  0  0 0
      1  0  0 -1  0    0  0  0  0 0
      0  1  0  0 -1    0  0  0  0 -2
      0  0  1  0 -1    0  0  0  0 0
      0  0  1  0  0   -1  0  0  0 0
      0  0  0  1  0    0 -1  0  0 0
      0  0  0  0  1    0  0 -1  0 0
      0  0  0  0  0    1  0 -1  0 0
      0  0  0  0  0    0  1 -1  0 0
      0  0  0  0  0    0  0  1 -1 0 ] ;
b= [ 0 -4 -3 -5 -7  -5 -6 -8 -7 -4   -3 -9  ]' ;
lb = 0*[1:10];
[x, fval] = linprog (f, a, b, [], [], lb) ;
```

- MATLAB® Program 설명 :

f : 목적함수의 계수 (9*1 행렬)
a : 부등식의 제약조건 (결절점의 제약조건 계수 . . . 12*10 행렬)
b : 부등식 제약조건 (결절점의 의사결정 . . . 12*1 행렬)
lb : 결정변수 x 의 하한값 (zero - 10*1 행렬)
x : 결정변수 (xi , 따라서 결정변수는 10개 - 10*1 행렬)
fval : 목적함수 Z 의 최적값 (최대값)

- Output : 최적상태의 결정변수 x의 값은 다음과 같이 분석되었다. 이는 예제의 PERT에서 프로젝트를 완료하기 위한 최소 시간의 단위활동별 최소 소요시간을 나타낸 것으로서, 이때 주경로에 따른 목적함수 Z의 값은 26로 산정되었다. 그러나, 목적함수에서 인위변수 x10이 있기에 실제 목적값은 x10의 값인 1.0을 제외한 25가 된다. Node 1의 경우 4.0, Node 2의 경우 3.34, Node 3의 경우 5.0으로 분석되나, Node 1의 경우 기대소요시간은 4, Node 2의 경우 3, Node 3의 경우, 5로 산정되었기에, Node 1의 경우 여유시간은 0, Node 2의 경우 0.34, Node 3의 경우 0으로 산정된다. 그리고 조건변경에 따라, 주경로는 [1-2-5-8-9], [1-4-7-8-9]로 분석되었으며, 단위활동 D의 기대 소요시간은 7에서 5로 조정하는 것이 최적값으로 분석되었다.

```
Optimization terminated.

x =
    0.0000
    4.0000
    3.4232
    5.0000
    9.0000
   10.5692
   13.0000
   16.0000
   25.0000
    1.0000

fval =
   26.0000
```

- **lamda를 이용한 잠재비용 (Shadow Codt), 잠재가격(Shadow Price) :**

MATLAB®에서는 lamda를 이용하여 잠재비용과 잠재가격을 쉽게 산정할 수 있다. 잠재비용의 경우, lamda structure에서 결정변수의 변화에 따라 목적함수에 미치는 영향을 산정한 것으로서, lamda.lower의 field에 출력된다. 잠재가격의 경우, lamda structure에서 제약조건의 변화에 따라 총 비용의 영향을 산정한 것으로서, 부등식의 제약조건에 대한 잠재가격은 lamda.eqlin의 field에 출력된다. 잠재비용의 경우, 결정변수 중에서 비기저변수인 x1이 값을 가질 경우 목적함수에 미치는 영향을 산정한 것이다. 잠재가격은 주경로가 2개로 나타났기에, 0.5의 값으로 산정되었다.

```
>> lamda.lower
ans =
     0.5000
     0.0000
     0.0000
     0.0000
     0.0000
     0.0000
     0.0000
     0.0000
     0.0000
     0.0000

>> lamda.ineqlin
ans =
     0.5000
     0.5000
     0.0000
     0.5000
     0.5000
     0.0000
     0.0000
     0.5000
     0.5000
     0.0000
     0.5000
     1.0000
```

연 습 문 제

1. 프로젝트의 단위활동에 대한 기대 소요시간과 선행활동이 산정되었다.

단위활동	선행활동	기대소요시간
A	-	2
B	-	3
C	-	4
D	A	9
E	B,C	11
F	C	9
G	D,E,F	11
H	D	12

1) 프로젝트의 PERT Network (또는, Arrow Diagram)을 작성하시오.

2) 프로젝트의 PERT 계산표를 작성하시오.

3) 프로젝트의 주경로 (Critical Path) 를 탐색하시오.

2. 프로젝트의 단위활동에 대한 소요시간과 선행활동이 산정되었다.

단위활동	선행활동	낙관추정 (O.E)	최우추정 (M.E)	비관추정 (P.E)
A	-	2	5	8
B	A	5	6	6
C	A	3	5	7
D	B	5	8	9
E	B	6	10	14
F	C	5	7	9
G	C	3	5	7
H	F, G	5	7	10
I	D, E, H	3	6	7

1) 단위활동의 기대 소요시간과 분산을 산정하시오.

2) 프로젝트의 PERT Network (또는, Arrow Diagram)을 작성하시오.

3) 프로젝트의 PERT 계산표를 작성하시오.

4) 프로젝트 주경로 (Critical Path) 를 탐색하시오.

5) 프로젝트를 30일 까지 완료할 가능성에 대하여 검토하시오.

CHAPTER 12

재고분석 : Inventory Analysis

12.1 개요

재고분석은 변화하는 수요에 대응하여 적정 재고수준을 결정하는 기법이다. 일반적으로 목적함수가 비선형이기에 비선형계획법의 특수한 형태로 분류되기도 한다. 제약조건은 공급과 수요의 제한과 같이 비교적 단순하게 구성되며, 목적함수는 최소화를 목적으로 한다. 재고분석의 기본목표는 총 재고비용의 최소화이다. 총 재고비용은 (Total Cost) 세부적으로 재고 유지비용 (THC), 주문비용 (TOC), 재고 부족비용 (TSC) 등으로 구분되며, 이러한 세부항목으로 구성된 재고시스템의 최적화 방안을 모색한다.

(1) 총 재고비용 : 재고유지비용 + 주문비용 + 재고부족비용

1) **재고유지비용** : THC - Total Holding Cost

이는 적정량의 재고수준을 유지하기 위한 비용을 말하는 것으로서, 재고에 대한 보관 및 유지비용은 물론, 재고에 대한 투입자본의 이자 및 기회 손실비용 등이 포함된다.

2) **주문비용** : TOC - Total Ordering Cost

이는 주문에 따른 재고조달에 관련된 비용으로서, 일반적으로 주문수량과 관계없이 주문회수에 의하여 비용의 규모가 결정된다.

3) **재고부족비용** : TSC - Total Shortage Cost

이는 수요가 재고수준을 초과할 때, 발생하는 비용으로서, 재고부족량과 재고 부족기간에 따라 결정되는 비용이다. 판매전략에 따라 재고의 부족상황을 허용하지 않는 경우도 있지만, 일반적으로 총 재고비용의 최소화전략에 따라 재고부족의 상황을 감수하기도 한다.

(2) 경제적 주문량 : (Economic Order Quantity)

재고의 부족을 고려하지 않을 경우, 재고부족비용 (TSC) 은 Zero 가 된다. 따라서 총 재고비용은 재고유지비용과 재고주문비용의 합으로 구성되며, 이를 최소화하는 주문량을 EOQ (Economic Order Quantity)라 한다. 이를 산정하기 위한 수식과 그림을 도시하면 다음과 같다.

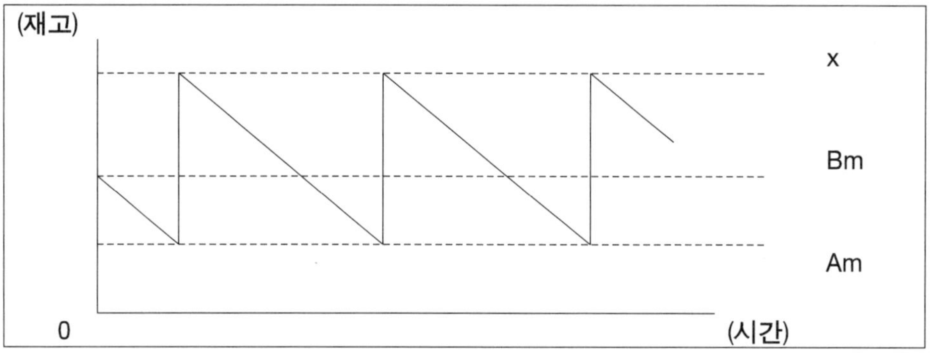

· x (주문량) : 1회 주문에 따라 조달되는 상품의 수량
· Am (최소 재고수준) : 상품의 주문을 발주하여야 할 재고수준
· Bm (평균 재고수준) : 재고의 평균적인 수준 (Am + x/2)
· Cm (주문비용) : 상품의 주문을 발주할 때 발생하는 비용
· Dm (재고유지비용) : 상품의 재고를 유지함에 따른 비용
· Y (수요) : 상품의 총 수요, 일반적으로 이미 알고 있다고 가정한다.

· TC = THC + TOC

= (x/2 + Am)* Dm + Y/x * Cm

이때, 총 재고비용 수식은 x 의 비선형수식으로서, 이를 최소화하는 값은 x에 대하여 미분한 값을 Zero로 할 때의 값이 된다.

$$x = \sqrt{\frac{2\,Y\,Cm}{Dm}}$$

$$TC = \sqrt{2x\,Cm\,Dm} + A\,m\,Dm$$

12.2 재고분석의 수식

(1) 기본 수식

재고분석에서 적용되는 기본수식과 수식에서 사용된 변수 및 계수는 다음과 같다.

· 목적함수 (Objective Function) :

$$\min\ TC = f(Q)$$

· 제약조건 (Constraints) :

$$Q_i \leqq P_i$$

$$Q \geqq 0$$

· $F(Q)$: 목적함수인 총 재고비용의 함수로서, 목적함수는 재고분석의 목적에 따라 다양하게 변화되기에, 일반적으로 주문량의 함수로 표현된다. 예를 들어, 앞에서 기술한 경제적 주문량을 결정하는 문제의 경우, 목적함수는 다음과 같다.

" TC = (x/2 + Am) * Dm + Y /x Cm"

· 제약조건은 재고분석의 목적에 따라 다양한 방법으로 구성된다. 위의 수식은 일반적으로 표현되는 제약조건을 표현한 것이다. 예를 들어, 앞에서 기술한 경제적 주문량의 결정문제의 경우, 제약조건은 다음과 같이 간단하게 구성되기도 한다.

" $Q \geqq 0$ "

Q_i : 제약조건 i에 따른 주문량이 된다.

P_i : 제약조건 i에 따른 주문량의 제한량이 된다.

(2) MATLAB® 프로그램 형태 : fsolve (MATLAB® 비선형함수 해찾기)

- MATLAB® 프로그램에서 등호의 좌측은 Output에 관한 사항을 입력하며, 등호의 우측은 Input에 관한 사항을 입력한다.

1) $x = fsolve\ (f,\ x0)$

x 의 초기치 조건에서 목적함수의 최적해 x 찾기

2) $x = fsolve\ (f,\ x0, options)$

초기치, option 의 조건에서 목적함수의 최적해 x 찾기

3) $[x, fval] = fsolve(\ldots)$

x : 조건에 맞는 최적해의 값, fval : 목적함수 Z 값을 출력한다.

4) $[x, fval, exitflag] = fsolve(\ldots)$

x : 조건에 맞는 최적해의 값, fval : 목적함수 Z 값,
exitflag : 최종상태 등을 출력한다.

* 최종상태를 나타내는 exitflag 수치는 다음의 상태를 나타낸다.

1 = 최적해   0 = 반복 회수 초과
2 = X too small   3 = residual norm too small
4 = search direction too small   -1 = Stopped by output function
-2 = Converged to a point that is not a root.

5) $[x, fval, exitflag, output] = fsolve(\ldots)$

x : 조건에 맞는 최적해의 값, fval : 목적함수 Z 값,
exitflag : 최종 상태, output : 최적상태의 정보 등을 출력한다.

6) $[x, fval, exitflag, output, jacob] = fsolve(\ldots)$

x : 조건에 맞는 최적해의 값, fval : 목적함수 Z 값,
exitflag : 최종 상태, output : 최적상태의 정보, Jacobian 값

12.3 MATLAB® 적용사례

(1) 기본적인 경제적 주문량 문제

- **예제** : 재고수준과 주문비용을 고려한 경제적 주문량의 문제

진성 물류회사에서는 1년에 2,000 단위의 상품을 판매한다. 수요는 비교적 일정하며, 주문 후 상품의 배송은 즉시 이루어지며, 주문비용은 1회에 4만원이 발생한다. 상품은 20만원에 구입하여 22만원에 판매한다. 상품의 저장비용은 없으나 자본비용은 10%를 설정하고 있다. 진성물류에서 주문량을 얼마로 하는 것이 경제적인지 결정하고자 한다.

- **문제의 구조화** :

· 결정변수 : x -- 주문량
· 상품의 수요 : Y -- 주문량 -- 2,000 (단위)
· 주문비용 : Cm - - 40,000 (원)
· 재고유지비용 : Dm - - 200,000 * 0.1 = 20,000

- **목적함수 : (총비용 최소화)**

```
TC = (x/2 +  Am) * Dm   +   Y * Cm / x
   = (2,000/2) * x + (2,000 *40,000) /x
   = 1,000 * x +  80,000,000/x
```

- **제약조건 : (경제적 주문량 - - x)**

```
x >= 0
```

- MATLAB® **프로그램** :

```
%--------------------------------
% 재고분석 예제 1 : 경제적 주문량
%--------------------------------
ff=@(x) (x+ 80000/x)
x0 = 0.1;
[x, fval] = fsolve (ff, x0) ;
```

- **Output** : MATLAB® 프로그램 산정결과, 경제적 주문량은 282로 산정된다. 이때, 총 비용은 565.7 단위가 된다.

```
x =

  282.8422


fval =

  565.6854

>>
```

- **미분을 이용한 산정방식** : 예제는 MATLAB의 "fsolve"와 같은 비선형 함수를 적용하지 않고, 함수의 미분을 수리적인 방법을 적용하여도 쉽게 분석이 가능하다. 물론, 미분을 하여 산정한 값과 앞에서 MATLAB 함수로 산정한 값은 같으며, 이에 대한 설명은 생략한다.

· 목적함수 : min TC = 1,000 * x + 80,000,000/x

(목적함수가 최소화가 되기 위해서는 함수의 미분 값이 Zero이면 가능)

· 목적함수 미분 : $TC' = 1000 - 80{,}000{,}000 / x^2$

미분 값 = 0, TC' = 0,

$$1 = 80{,}000 / x^2$$

$$x^2 = 80{,}000$$

$$\therefore \quad x = 282.8$$

$$TC = 565.7$$

(2) 기본적인 경제적 주문량 문제

- **예제** : 재고수준과 주문비용을 고려한 경제적 주문량의 문제

앞의 예제와 같은 상황이다. 진성 물류회사에서는 1년에 2,000 단위의 상품을 판매한다. 수요는 비교적 일정하며, 주문후 상품의 배송은 즉시 이루어지며, 상품은 대량주문일 때 할인이 되는데, 300개 미만이면 단위당 20,000원, 300개 이상에서 500개 미만이면 단위당 17,000원, 500개 이상이면 단위당 15,000원이라 한다. 상품의 저장비용은 없으나 자본비용은 10%를 설정하고 있으며, 주문비용은 1회에 40,000이다. 가장 경제적인 주문량은 얼마인가 산정하시오.

- **문제의 구조화** :

· 결정변수 : x -- 주문량
· 상품의 수요 : Y -- 주문량 -- 2,000 (단위)
· 주문비용 : Cm - - 40,000
· 재고유지비용 : Dm(1) - - 20,000 * 0.1 = 1,000
Dm(2) - - 17,000 * 0.1 = 1,350
Dm(3) - - 15,000 * 0.1 = 1,250

- **목적함수 : (총비용 최소화)**

TC = (x/2 + Am) * Dm + Y * Cm / x

TC(1) = (2,000/2) * x + (2,000 * 40,000) /x

TC(2) = (1,700/2) * x + (2,000 * 40,000) / x

TC(3) = (1,500/2) * x + (2,000 * 40,000) / x

- **제약조건 : (경제적 주문량 - - x)**

x >= 0

- MATLAB® 프로그램 :

```
%--------------------------------
% 재고분석 예제 2 : 수량할인 주문량
%--------------------------------
ff1=@(x) (2*x/2 + 40*2000/x );
ff2=@(x) (1.7*x/2 + 40*2000/x );
ff3=@(x) (1.5*x/2 + 40*2000/x );
x0 = 0.1;
[x1, fval1] = fsolve (ff1, x0) ;
[x2, fval2]= fsolve (ff2, x0) ;
[x3, fval3]= fsolve(ff3,x0);
```

- Output : MATLAB® 프로그램 산정결과, 300개 미만을 주문할 경우 주문량은 282개로서 이때 비용은 565가 산정되었다. 300개에서 500개 미만의 경우, 주문량은 306.7개로서 이때 비용은 521.5로 산정되었다. 500개 이상의 경우 주문량은 326개로서 이때 비용은 489.9 로 최소값을 나타내었다. 이에따라 가장 경제적인 주문량은 500개로서 결정된다.

```
x1 =
  282.8422

fval1 =
  565.6854

x2 =
  306.7861

fval2 =
  521.5362

x3 =
  326.5959

fval3 =
  489.8979

>>
```

- **미분을 이용한 산정방식** : 예제는 MATLAB의 "fsolve"와 같은 비선형 함수를 적용하지 않고, 함수의 미분을 수리적인 방법을 적용하여도 쉽게 분석이 가능하다.

· 목적함수 : min TC(1) = (2,000/2) * x + (2,000 * 40,000) /x

TC(2) = (1,700/2) * x + (2,000 * 40,000) / x

TC(3) = (1,500/2) * x + (2,000 * 40,000) / x

(목적함수가 최소화가 되기 위해서는 함수의 미분 값이 Zero이면 가능)

· 목적함수 미분 : TC(1)' = 1000 - 80,000,000 / x^2

TC(2)' = 850 - 80,000,000 / x^2

TC(3)' = 750 - 80,000,000 / x^2

미분 값 = 0, TC(1)' = TC(2) ' = TC(3)' = 0,

x(1) = 282.8, Z = 565.7

x(2) = 306.8, Z = 521.5

x(3) = 326.6, Z = 489.9

· x(1)은 주문의 조건이 300개 미만, x(2)는 주문 조건이 300-500개, x(3)은 500개 이상이다. 최소값은 x(3) 일 때 이므로, 최적 주문량은 500개가 되며, 이때 비용은 489.9개가 된다.

(3) 복합적인 경제적 주문량 문제

- **예제** : 재고수준과 주문비용을 고려한 복합적인 경제적 주문량의 문제

진성 물류회사에서는 3개의 물품을 취급하고 있다. 품목별 년간 수요와 주문비용, 연간 유지비용, 그리고 단위당 소요공간 및 창고 수용능력이 다음 표와 같이 조사되었다. 가장 경제적인 주문량은 얼마인가 산정하시오.

품목	년간 수요	주문비용	재고유지비용	소요공간	창고공간
1	200	500	60	1	
2	500	300	50	1	200
3	350	900	90	1	

- **문제의 구조화** :

· 결정변수 : x1, x2, x3 -- 품목별 주문량
· 상품의 수요 : Y1, Y2, Y3 -- 주문량
· 주문비용 : Cm1, Cm2, Cm3 - - 주문비용
· 재고유지비용 : Dm1, Dm2, Dm3 - - 품목별 유지비용
· 창고의 공간 제한 : x1 + x2 + x3 <= 200

- **목적함수 : (총비용 최소화)**

```
TC = (x/2 + Am) * Dm  +  Y * Cm / x

TC(1) = (60/2) * x + (200 * 500) /x

TC(2) = (50/2) * x + (500 * 300) / x

TC(3) = (90/2) * x + (350 * 900) / x
```

- **제약조건 : (창고제한)**

```
x1 + x2 + x3 <= 200
```

- **MATLAB® 프로그램** :

```
%------------------------------
% 재고분석 예제 3 : 복합주문량
%------------------------------
ff1=@(x) (60*x/2 + 200*500/x) ;
ff2=@(x) (50*x/2 + 500*300/x) ;
ff3=@(x) (90*x/2 + 350*900/x);
x0 = 1;
[x1,fval1 ] = fsolve (ff1,x0) ;
[x2,fval2 ] = fsolve (ff2,x0) ;
[x3,fval3 ] = fsolve (ff3,x0) ;
```

- **Output** : MATLAB® 프로그램 산정결과, 품목 1은 57.7, 품목 2는 77.5, 품목 3은 83.7로 분석되었다. 이때 재고비용은 품목 1의 경우 3,464, 품목 2의 경우 3,873, 품목 3의 경우 7,529로 분석되었다. 창고의 크기기 200으로 제한되어 있는데, 3개 품목의 수량을 합하면 약 200으로서 창고의 크기를 넘어서게 된다. 일반적으로 이러한 경우, 최적값을 선형 보간법으로 조정하여 최적의 값을 산정한다. 선형보간법을 적용할 경우 목적함수는 품목1의 경우 "30x +60000x +wx"로 하여 w를 산정한 다음, x를 산정한다. w의 산정은 미분을 이용한 방법에서 설명토록 한다.

```
x1 =
   57.7350

fval1 =
   3.4641e+03

x2 =
   77.4597

fval2 =
   3.8730e+03

x3 =
   83.6660

fval3 =
   7.5299e+03
```

- **미분을 이용한 산정방식** : 예제는 MATLAB 의 “fsolve”와 같은 비선형 함수를 적용하지 않고, 함수의 미분을 수리적인 방법을 적용하여도 쉽게 분석이 가능하다.

· 목적함수 : min TC(1) = (60/2) * x + (200 * 500) /x + wx

TC(2) = (50/2) * x + (500 * 300) / x +wx

TC(3) = (90/2) * x + (350 * 900) / x +wx

(목적함수가 최소화가 되기 위해서는 함수의 미분 값이 Zero이면 가능)

· 목적함수 미분 : TC(1)' = (60+2w) - 2*200*500 / x^2

TC(2)' = (50+2w) - 2*500*300 / x^2

TC(3)' = (90+2w) - 2*350*900 / x^2

미분 값 = 0, TC(1)' = TC(2) ' = TC(3)' = 0,

x(1) = sqrt (2*2*5 / (60+2w)) * 100

x(2) = sqrt (2*5*3 / (50+2w)) * 100

x(3) = sqrt (2*3.5*9 / (90+2w)) * 100

x(1) + x(2) + x(3) 〈= 200

· 창고의 공간제약에 따른 조정계수 w를 구하는 수식은 다음과 같다.

sqrt (2*2*5 / (60+2w)) + sqrt (2*5*3 / (50+2w))
+ sqrt (2*3.5*9 / (90+2w)) 〈= 200

· 조정계수를 구하기 위한 MATLAB 프로그램은 다음과 같다.

```
ff4=@(x) (sqrt(20/(60+2*x)) + sqrt(30/(50+2*x)) . . .
        + sqrt(63/(90+2*x))-2);
[x4,fval4] = fsolve (ff4,x0);
```

· MATLAB®에서 산정된 조정계수의 값은 다음과 같다.

```
x4 =
    6.3283

fval4 =
   2.4683e-06
```

· 이에따라 창고의 규모제약에 따라 최종적으로 조정된 품목별 주문량은 품목 1의 경우 52.5, 품목 2는 69.2 품목 3은 78.3로 분석되었다. 이때 재고비용은 품목 1의 경우 3,811, 품목 2의 경우 4,335, 품목 3의 경우 8,041 로 분석되었다. 창고의 크기기 200 으로 제한되어 있는데, 3개 품목의 수량을 합하면 약 200 으로서 창고의 크기를 넘지 않는다.

```
x1 =
   52.4719

fval1 =
   3.8116e+03

x2 =
   69.2046

fval2 =
   4.3350e+03

x3 =
   78.3451

fval3 =
   8.0413e+03
```

연습문제

1. (주) 지음에서는 연간 5,000개의 상품을 판매하고 있다. 연간 수요는 비교적 일정하며, 재고수준에 따라 주문하여 재고관리를 하는데, 최저 재고수준은 2개로 설정하고 있다. 상품의 주문에 따라 배송되는 시간은 (Lead Time) 없다고 가정하며, 주문 1회당 주문 비용은 1만원이며, 상품은 10만원에 매입하여, 12만원에 판매하고 있다. 상품의 저장비용은 없으나, 자본비용은 약 10%를 설정하고 있다.

   1) 자본비용 등을 고려한 경제적 주문량은 얼마인가 산정하시오.

   2) 경제적 주문량에 따른 주문회수를 산정하시오.

2. 연습문제의 (1) 과 같은 상황이다. 다만, 상품의 주문량에 따라 다음과 같이 상품의 가격이 달라진다. 이러한 경우의 최적 주문량을 산정하시오.

주문량 50개 미만	상품 단위가격 : 100,000
주문량이 50개 이상, 100개 미만	상품 단위가격 : 90,000
주문량이 100개 이상	상품 단위가격 : 80,000

PART Ⅳ

합리적인 의사결정은 최적화 기법 이외 통계적, 수리적 기법도 적용된다. 4부는 의사결정에 적용되는 통계적, 수리적기법을 중심으로 구성하였다. 통계적, 수리적 기법은 컴퓨터 발달에 따라 많은 연구가 진행되고 있다. 이 책에서는 6개 부문으로 구분하여 통계적, 수리적 기법을 살펴본다. 각 기법은 "MATLAB® 2012"를 적용한 사례분석으로 이해를 도모한다.

CHAPTER 13

수요예측과 회귀분석 : Demand Estimation & Regression Analysis

13.1 개요

의사결정 과정에서 시간의 변화에 따른 영향을 고려하여야 할 경우가 있다. 시간의 영향을 받는 형태의 자료를 시계열 자료라 하며, 시계열 분석은 불확실한 상황에 대한 미래지향적 의사결정을 위하여 기존의 최적화 방안과 함께 의사결정에서 매우 중요한 부분을 차지한다. 특히 언제나 변화하고 있는 시장의 변동을 고려하여 현재부터 장래에 걸쳐 수행하게 되는 수요예측 과정은 의사결정과정에서 정확히 파악되어야 할 요소이다. 그동안 수요예측 방법은 다양한 기법들이 개발되어 왔으며, 일반적인 구분방법에 따라 나눠보면 다음과 같다.

(1) **정성적 방법** : 예측을 수행하는데 있어서 자료 등의 객관적인 자료에 의하여 수행되기보다는 예측을 수행하는 사람의 지식, 과거 경험 등에 따른 주관적인 견해를 토대로 예측하는 방법이다. 이 방법은 과거 자료의 이용이 어렵거나 단기간에 예측을 수행하고자 할 때 적용된다. 대표적인 방법으로는 전문가들을 대상으로 조사하는 직관이용법, 델파이법, 위원회 합의법, 일반인등을 대상으로 하는 시장조사법, 의견 종합법, 관련 자료와 문헌 등에 의한 유추법 등이 있다.

(2) **정량적 방법** : 과거의 자료와 조사 등을 통하여 시장의 변화를 파악하고 수요에 영향을 미치는 정량적인 변수들의 분석을 통하여 예측하는 방법이다. 정량적인 방법은 다시 세분화 하여 다음과 같이 구분된다.

- 시계열형 분석 : 시간의 영향을 받는 형태의 자료 분석을 토대로 예측을 수행한다. 대표적인 분석방법으로는 이동평균법, 지수평활법 등이 있다.
- 인과형 분석 : 수집된 자료의 분석을 통하여 수요에 영향을 미치는 변수를 토대로 인과관계에 의한 예측을 수행한다. 대표적 방법으로 수요를 종속변수로 설정하고 이에 영향을 미치는 변수를 독립변수로 설정하여 변수들의 인과성을 토대로 예측을 수행하는 선형, 비선형 회귀분석 등이 있다.

13.2 분석방법

(1) 시계열 분석

y_t는 시간 t에서의 시계열 관측값, e_t는 $E(e_t)=0$, $Var(e_t)=\mu^2$, $Cov(e_t, e_t)=0$의 확률변수이다. 이는 다음과 같이 구분하여 요약될 수 있다.

· 시계열이 일정 수준에 머물면서, 우연변동에 의한 변화를 보여준다.

$y_t = \alpha + e_t$

(α는 미지의 모수로서, 과거자료에서 추정)

· 시계열이 일정 수준에 머물면서, 일정한 주기를 가지고 변화하는 계절적 요인 (Seasonal Variation), 월별 요인 (Monthly Variation), 요일별 요인 (Weekly Variation), 시간별 요인 (Timely Variation) 등에 의한 변화를 보여준다.

$y_t = \alpha + \beta_1 \sin(\frac{2\pi t}{k}) + \beta_2 \cos(\frac{2\pi t}{k}) + e_t$

(α, β_1, β_2 는 미지의 모수로서 과거자료에서 추정,
k 는 주기로서, 월별 변동요인을 고려할 경우 "12" 의 값을 적용)

· 시계열이 시간에 따라 변화하는 경향변동 (Trend Variation)을 보이면서 우연변동에 의한 변화를 보여준다.

$y_t = \alpha + \beta_1 t + \beta_2 t + e_t$

(α, β_1, β_2 는 미지의 모수로서 과거자료에서 추정)

· 시계열이 시간에 따라 변화하는 경향변동을 보이면서, 일정한 주기를 가지고 변화하는 계절적 요인, 월별 요인, 요일별 요인, 시간별 요인 등에 의한 변화를 보여준다.

$y_t = \alpha + \beta_1 t + \beta_2 \sin(\frac{2\pi t}{k}) + \beta_3 \cos(\frac{2\pi t}{k}) + e_t$

(α, β_1, β_2, β_3 는 미지의 모수로서 과거자료에서 추정, k는 주기로서, 월별 변동요인을 고려할 경우 "12"의 값을 적용)

· 시계열이 일정 수준에 머물다가, 전체적인 수준이 영구적으로 변화하는 것으로서 단계별로 우연변동, 경기변동 등에 의한 변화를 보여준다.

$$y_t = \alpha_1 + e_t\ ,\quad y_t = \alpha_2 + e_t$$

(α_1 , α_2 는 미지의 모수로서, 과거자료에서 추정)

$$y_t = \alpha_1 + \beta_1 t + e_t\ ,\quad y_t = \alpha_2 + \beta_2 t + e_t$$

(α_1 , α_2, β_1, β_2는 미지의 모수로서, 과거자료에서 추정)

· 시계열이 일정 수준에 머물다가, 전체적인 수준이 영구적으로 변화하는 것으로서 단계별로 우연변동, 경기변동 등에 의한 변화를 보여준다.

$$y_t = \alpha_1 + e_t\ ,\quad y_t = \alpha_2 + e_t$$

(α_1 , α_2는 미지의 모수로서, 과거자료에서 추정)

· 시계열의 현재값은 이를 설명하여 주는 과거 시계열 값과 이를 설명하여 주지 못하는 a_t 의 선형결합으로 나타내는 AR 모형 (Auto-Regressive Model)이 있다.

$$Y_t = \phi_1 Y_{t-1} + \phi_2 Y_{t-2} \cdots \phi_p Y_{t-p} + a_t$$

(과거 설명자료에 따라 p 의 자동회귀 과정이라 불리며, ϕ 는 가중치)

· 시계열의 현재값은 과거의 예측오차 ($Z_t - Z_t^* = a_t$) 의 선형결합으로 나타내는 MA 모형 (Moving Average Model)이 있다.

$$Y_t = a_t - a_{t-1}\phi_1 - a_{t-2}\phi_2 \cdots - a_{t-q}\phi_q$$

(과거 설명자료에 따라 q 의 이동평균 과정이라 불리며, ϕ 는 가중치)

· AR 모형 (Auto-Regressive Model)과 MA 모형이 혼합된 Box-Jenkins에 의한 ARIMA 모형 (Auto-Regressive Integrated Moving Average Model)이 있다. MATLAB에서는 ARIMA 모형도 지원하고 있으나, 이에 대한 구체적인 설명은 관계문헌을 참조하기 바란다.

(2) 회귀분석

y_t는 시간 t에서의 종속변수, x_t는 독립변수이다.

· 단일변량 선형 회귀분석 : 종속변수와 독립변수의 인과성을 토대로 분석을 수행하는 방법이다. 단순하게, 독립변수는 시간으로 두고 산정하기도 한다.

$$y_t = \alpha + \beta x_t$$

(α, β는 미지의 모수로서, 과거자료에서 추정)

· 단일변량 비선형 회귀분석 : 종속변수와 독립변수의 인과성을 토대로 추정되나, 함수식이 선형이 아닌 2차식, 지수함수식, log 함수식, 로지스틱 함수식 등의 비선형 함수식이 적용된다.

$$y_t = f(x_t)$$

· 단일변량 선형 추세분석 : ARIMA 모형의 특수한 형태로서, 단일변량에 의해 자동회귀하는 다항추세모형으로 (Polynomial Trend Model) 불린다.

$$y_t = \alpha + \beta_1 x_{1t} + \beta_2 x_{2t} + \ldots + \beta_k x_{kt} + e_t$$

(α, $\beta_1, \beta_2, \ldots \beta_k$는 미지의 모수로서, 과거자료에서 추정)

· 다변량 선형 회귀분석 : 종속변수와 독립변수들 간의 인과성을 토대로 분석을 수행하는데, 회귀분석의 기본가정인 선형성, 정규성, 독립성, 등분성 등의 만족여부에 따라 모형의 질이 결정된다.

$$y_t = \alpha + \beta_1 x_{1t} + \beta_2 x_{2t} \ldots$$

(α, $\beta_1, \beta_2 \ldots$ 는 미지의 모수로서, 과거자료에서 추정)

· 다변량 비선형 회귀분석 : 종속변수와 독립변수들 간의 인과성을 토대로 분석을 수행하는데, 회귀분석의 함수식이 선형이 아닌 2차식, 지수함수식, log 함수식, 로지스틱 함수식 등의 비선형 함수식이 적용된다.

$$y_t = f(x_{1t}, x_{2t}, x_{3t} \ldots)$$

13.3 MATLAB® 적용사례

(1) 이동평균법 (Moving Average Method)

- **예제** 1 : K=3 에 대한 이동 평균법의 산정

다음의 자료에 대한 k=3 (분기별 수요) 의 이동 평균을 산정하시오.

시간	1	2	3	4	5	6	7	8	9	10	11	12
x	33	40	41	50	40	35	45	42	38	42	46	34
시간	13	14	15	16	17	18	19	20	21	22	23	24
x	39	41	34	47	44	42	34	40	38	43	44	45

- K=3 일 때, 이동평균은 현재의 값은 과거 3개의 자료를 평균하여 산정한다는 의미로서 수식은 다음과 같다.

$$y(n) = 1/3\ x(n) + 1/3\ x(n-1) + 1/3\ x(n-2)$$

예를 들어, 3번째의 자료는 다음과 같이 산정된다.

$$y(3) = 1/3 * 41 + 1/3 * 40 + 1/3 * 33 = 38.0$$

* K의 값은 월별 자료를 대상으로 분기별로, 또는 계절별로 자료의 평활을 하고자 할 때는 K=3을 쓰며, 반년 단위로 하고자 할 때는 K=6을 쓴다.

* 이동평균법은 우연변동과 계절변동 요소들을 평활하여 (Smooth) 주기 때문에, 계절조정 (Seasonal Adjustment) 방법으로 많이 쓰인다. 요소분해법에서는 (method of decomposition) 경향변동 및 순환변동을 다른 변동으로부터 분리하고자 할 때 많이 쓰인다.

* MATLAB®의 이동평균 함수는 "filter"이며, 기본수식은 다음과 같다.

$$a(1)*y(n) = b(1)*x(n) + b(2)*x(n-1) + . . . -a(2)*y(n-1)-a(3)*y(n-2). .$$

- MATLAB® 프로그램 :

```
%---------------------------------
% 수요예측 예제 1 : 이동평균
%---------------------------------
x=[33 40 41  50 40 35   45 42 38   42 46 34 ....
   39 41 34  47 44 42   34 40 38   43 44 45 ]';
a=1;
b=[1/3 1/3 1/3 ];
y=filter(b,a,x);
```

- Output :

시간	시각	판매실적	이동평균	예측치
2010. 1	1	33	-	-
" . 2	2	40	-	-
" . 3	3	41	38.0000	-
" . 4	4	50	43.6667	38.0000
" . 5	5	40	43.6667	43.6667
" . 6	6	35	41.6667	43.6667
" . 7	7	45	40.0000	41.6667
" . 8	8	42	40.6667	40.0000
" . 9	9	38	41.6667	40.6667
" . 10	10	42	40.6667	41.6667
" . 11	11	46	42.0000	40.6667
" . 12	12	34	40.6667	42.0000
2011. 1	13	39	39.6667	40.6667
" . 2	14	41	38.0000	39.6667
" . 3	15	34	38.0000	38.0000
" . 4	16	47	40.6667	38.0000
" . 5	17	44	41.6667	40.6667
" . 6	18	42	44.3333	41.6667
" . 7	19	34	40.0000	44.3333
" . 8	20	40	38.6667	40.0000
" . 9	21	38	37.3333	38.6667
" . 10	22	43	40.3333	37.3333
" . 11	23	44	41.6667	40.3333
" . 12	24	45	44.0000	41.6667

(2) 이중 이동평균법 (Moving Average Method)

- **예제** 1 : K=3 에 대한 이중 이동 평균법의 산정

다음의 자료에 대한 k=3 (분기별 수요)의 이중 이동평균을 산정하시오.

시간	1	2	3	4	5	6	7	8	9	10	11	12
x	33	40	41	50	40	35	45	42	38	42	46	34
시간	13	14	15	16	17	18	19	20	21	22	23	24
x	39	41	34	47	44	42	34	40	38	43	44	45

- K=3 일 때, 이동평균은 현재의 값은 과거 3개의 자료를 평균하여 산정한다는 의미로서 수식은 다음과 같다.

· 1차 이동평균

y1(n) = 1/3 x(n) + 1/3 x(n-1) + 1/3 x(n-2)

예를 들어, 3번째의 자료는 다음과 같이 산정된다.

y1(3) = 1/3 * 41 + 1/3 * 40 + 1/3 * 33 = 38.0

· 2차 이동평균

y2(n) = 1/3 y1(n) + 1/3 y1(n-1) + 1/3 y1(n-2)

예를 들어, 3번째의 자료는 다음과 같이 산정된다.

y2(3) = 1/3 * 38 + 1/3 * 43.7 + 1/3 * 43.7 = 41.8

* MATLAB®의 이동평균 함수는 “filter”이며, 기본수식은 다음과 같다.

a(1)*y(n) = b(1)*x(n) + b(2)*x(n-1) + . . . -a(2)*y(n-1)-a(3)*y(n-2). .

- MATLAB® 프로그램 :

```
%--------------------------------
% 수요예측 예제 2 : 이중 이동평균
%--------------------------------
x=[33 40 41  50 40 35   45 42 38   42 46 34 ,...
   39 41 34  47 44 42   34 40 38   43 44 45 ]';
a=1;
b=[1/3 1/3 1/3 ];
y1=filter(b,a,x);
y2=filter (b,a,y1);
```

- Output :

시간	시각	판매실적	이동평균1	이동평균 2	예측치
2010. 1	1	33	-	-	-
" . 2	2	40	-	-	-
" . 3	3	41	38.0000	-	-
" . 4	4	50	43.6667	-	-
" . 5	5	40	43.6667	41.7778	-
" . 6	6	35	41.6667	43.0000	41.7778
" . 7	7	45	40.0000	41.7778	43.0000
" . 8	8	42	40.6667	40.7778	41.7778
" . 9	9	38	41.6667	40.7778	40.7778
" . 10	10	42	40.6667	41.0000	40.7778
" . 11	11	46	42.0000	41.4444	41.0000
" . 12	12	34	40.6667	41.1111	41.4444
2011. 1	13	39	39.6667	40.7778	41.1111
" . 2	14	41	38.0000	39.4444	40.7778
" . 3	15	34	38.0000	38.5556	39.4444
" . 4	16	47	40.6667	38.8889	38.5556
" . 5	17	44	41.6667	40.1111	38.8889
" . 6	18	42	44.3333	42.2222	40.1111
" . 7	19	34	40.0000	42.0000	42.2222
" . 8	20	40	38.6667	41.0000	42.0000
" . 9	21	38	37.3333	38.6667	41.0000
" . 10	22	43	40.3333	38.7778	38.6667
" . 11	23	44	41.6667	39.7778	38.7778
" . 12	24	45	44.0000	42.0000	39.7778

(3) 지수평활법 (Exponential Smoothing Method)

- **예제** 3 : $\alpha = 0.1$ 에 대한 단순 지수 평활법의 산정

다음 자료에 대한 $\alpha = 0.1$ 의 단순 지수 평활법을 산정하시오.

시간	1	2	3	4	5	6	7	8	9	10	11	12
x	33	40	41	50	40	35	45	42	38	42	46	34
시간	13	14	15	16	17	18	19	20	21	22	23	24
x	39	41	34	47	44	42	34	40	38	43	44	45

- $\alpha = 0.1$일 때, 지수평활은 현재의 값과 과거 자료를 토대로 하여 산정한다는 의미로서 수식은 다음과 같다.

y(n) = α * x(n) + (1 - α) * y (n-1)

예를들어, 1번째의 자료는 다음과 같이 산정된다. (y0 = 39로 가정)

y(1) = 0.1 * 33 + 0.9 * 39 = 38.4

* 지수평활법에서 예측값과 관측값 사이의 연산식은 다음과 같다.

$$S_t = S_{t-1} + \alpha * (y_t - S_{t-1})$$
$$= \alpha * y_t + (1-\alpha) * S_{t-1}$$

수식에서, S_t를 지수평활값 (Exponential Smoothed Value)라 하며, 또한, 0 〈 α 〈 1 의 α는 평활계수 (Smoothing Coefficient)라 한다.

* 주의하여야 할 점은 초기 추정치 y0의 산정값이다. 예제에서는 과거의 자료를 토대로 39.0으로 가정하였으나, 일반적으로 전체 평균 값, 또는 이동 평균값을 적용하기도 한다. 다만, 산정시간이 길어지면 그 비중은 점차 작아진다.

- MATLAB® 프로그램 :

```
%--------------------------------
% 수요예측 예제 3 : 지수평활
%--------------------------------
x=[33 40 41  50 40 35   45 42 38   42 46 34 ,...
   39 41 34  47 44 42   34 40 38   43 44 45 ]';
z=zeros*[size(x)];  z(1)=39;
for i=1:size(x),
     y(i)=0.1*x(i)+ 0.9*z(i)
     z(i+ 1)=y(i),
end
```

- Output :

시간	시각	판매실적	지수평활	예측치
2010. 1	1	33	38.4000	39.0000
" . 2	2	40	38.5600	38.4000
" . 3	3	41	38.8040	38.5600
" . 4	4	50	39.9236	38.8040
" . 5	5	40	39.9312	39.9236
" . 6	6	35	39.4381	39.9312
" . 7	7	45	39.9943	39.4381
" . 8	8	42	40.1949	39.9943
" . 9	9	38	39.9754	40.1949
" . 10	10	42	40.1778	39.9754
" . 11	11	46	40.7601	40.1778
" . 12	12	34	40.0841	40.7601
2011. 1	13	39	39.9757	40.0841
" . 2	14	41	40.0781	39.9757
" . 3	15	34	39.4703	40.0781
" . 4	16	47	40.2232	39.4703
" . 5	17	44	40.6009	40.2232
" . 6	18	42	40.7408	40.6009
" . 7	19	34	40.0667	40.7408
" . 8	20	40	40.0601	40.0667
" . 9	21	38	39.8541	40.0601
" . 10	22	43	40.1687	39.8541
" . 11	23	44	40.5518	40.1687
" . 12	24	45	40.9966	40.5518

(4) 단일변량의 추세모형 (Polynomial Trend Model)

- **예제 4** : 단일변량에 대한 단일항 및 다항추세모형을 구성한다.

다음 자료에 대한 단일항 및 다항의 추세선을 구성하시오.

t	0	0.3	0.6	1.0	1.5	2.1	2.5
y	0.6	0.7	1.0	1.4	1.5	1.3	1.2

- **단일항 추세선** : $y^{*} = \alpha + \beta t$

- **다항(3차) 추세선** : $y^{*} = \alpha + \beta_1 t + \beta_2 t^2 + \beta_3 t^3$

- **MATLAB® 프로그램** :

```
%--------------------------------
% 수요예측 예제 4 : 단변량 추세
%--------------------------------
t= [  0  0.3  0.6  1.0  1.5  2.1  2.5];
y= [0.6  0.7  1.0  1.4  1.5  1.3  1.2];
%---------------------------------
% 1차 추세선
p1=polyfit(t,y,1);
f1=polyval(p1,t);
%---------------------------------
% 3차 추세선
p3=polyfit(t,y,3);
f3=polyval(p3,t);
```

· "polyfit" 함수는 다항추세선의 계수를 산정하여 주는 함수이다.
1차 추세선은 괄호 속에 1을 입력, 3차 추세선은 3을 입력한다.

· "polyval" 함수는 다항추세선의 값을 산정하여 주는 함수이다.
1차 추세선 계수로 산정된 "p1"과 "t"를 토대로 추정값을 "f1"에 출력

- Output :

```
>> p1
p1 =
   0.2664    0.7955

>> p3
p3 =
  -0.0632   -0.1220    0.9483    0.5331
```

· 1차 추세선 : y = 0.2664 * t + 0.7955

· 3차 추세선 : y = -0.0632 * t^3 -0.1220 * t^2 + 0.9483 * t + 0.5331

· 추세선에 의한 추정값 검토 : 시간 t의 단일변량에 대한 1차 추세선과 3차 추세선에 의한 추정값을 "f1", "f3" 이라는 변수의 이름으로 출력하여 그 내용을 검토한다. 잔차를 산정하여 분포를 검토하고, 잔차의 제곱을 산정하여 어느 다항식이 가장 합리적으로 현재의 측정값을 잘 설명하고 있는지 검토한다. 예제에서는 3차 추세선이 1차 추세선에 비하여 잔차의 제곱 값이 작고, 잔차의 분포도 상대적으로 균일하여 적정한 추세선으로 판단되었다.

t		0	0.3	0.6	1.0	1.5	2.1	2.5	-
y		0.6	0.7	1.0	1.4	1.5	1.3	1.2	-
1차	f1	0.796	0.875	0.955	1.062	1.195	1.355	1.462	-
	잔차	0.196	0.175	-0.045	-0.338	-0.305	0.055	0.262	0.35
3차	f3	0.533	0.805	1.045	1.296	1.468	1.401	1.153	-
	잔차	-0.067	0.105	0.045	-0.104	-0.033	0.101	-0.047	0.04

· 추세선의 R^2를 산정한 결과는 다음과 같다.

R^2 = 1 - SSR / SST, SST=(7-1)*var(y) = 6*0.12= 0.72
1차 추세선 : (1 - 0.35 / 0.72) = 0.514
3차 추세선 : (1 - 0.04 / 0.72) = 0.944

(5) 단일변량의 비선형 추세모형 (Nonlinear Trend Model)

- **예제** 5 : 단일변량에 대한 비선형 추세모형을 구성한다.

다음 자료에 대한 단일항 및 다항의 추세선을 구성하시오.

t	0	0.3	0.6	1.0	1.5	2.1	2.5
y	0.6	0.7	1.0	1.4	1.5	1.3	1.2

- **비선형 추세선** : $y^{*} = a_0 + a_1 * \exp(-t) + a_2 * t * \exp(-t)$

- MATLAB® **프로그램** :

```
%--------------------------------
% 수요예측 예제 5 : 비선형 추세
%--------------------------------
t= [ 0  0.3  0.6  1.0  1.5  2.1  2.5]';
y= [0.6  0.7  1.0  1.4  1.5  1.3  1.2]';
%---------------------------------
%  y=a0 + a1*exp(-x) + a2*t*exp(-t)
%---------------------------------
x1=[ones(size(t))  exp(-t)  t.*exp(-t)];
a1=x1₩y;
y1=x1*a1;
re=y-y1;
rer=re.^2
ssr=sum(rer);
sst=(length(y)-1)*var(y);
rr= 1-ssr/sst;
```

· 계수 산정을 위한 함수식은 "x1\y"이다. 계수는 'a1' 이름으로 출력된다.

· "y1"은 모형에 의한 추정 값을 출력하는 변수 이름이다.
"re"는 잔차이며, "rer"은 잔차의 제곱이다.

- Output : 산정된 계수를 이용하여 추세선 수식을 구성하면 다음과 같다.

```
>> a1

a1 =
    1.1513
   -0.6698
    0.9945
```

· 비선형 추세선 : $y^* = 1.1513 - 0.6698 * \exp(-t) + 0.9945 * t * \exp(-t)$

· 추세선에 의한 추정값 검토 : 시간 t의 단일변량에 대한 비선형 추세선의 추정값을 "a1" 이라는 변수의 이름으로 출력하여 그 내용을 검토한다. 수식은 위에서 보는 바와 같이 상수항은 1.15로 산정되었으며, 나머지 항의 계수들은 수식에서 보는 바와 같다. 이러한 계수를 이용하여 잔차를 산정하여 분포를 검토하여, 잔차의 제곱을 산정하여 수식이 얼마나 합리적으로 현재의 측정값을 잘 설명하고 있는지 검토한다. 예제에서 잔차의 제곱 값이 0.11로 산정되었으며, 잔차의 분포도 비교적 균일하여 적정한 추세선으로 판단된다.

t	0	0.3	0.6	1.0	1.5	2.1	2.5	-
y	0.6	0.7	1.0	1.4	1.5	1.3	1.2	-
y1	0.482	0.876	1.111	1.271	1.335	1.325	1.300	
re	0.118	-0.176	-0.111	0.129	0.165	-0.025	-0.100	
rer	0.014	0.031	0.012	0.017	0.027	0.001	0.010	0.11

(6) 다변량의 추세모형 (Multivariate Polynomial Trend Model)

- **예제** 6 : 다변량에 대한 추세모형을 구성한다.

다음의 다변량 자료에 대한 추세선을 구성하시오.

x1	0	0.3	0.6	1.0	1.5	2.1	2.5
x2	1	0.85	0.71	0.55	0.32	0.22	0.35
y	0.6	0.7	1.0	1.4	1.5	1.3	1.2

- **다변량 추세선** : $y^* = \alpha + \beta_1 x_1 + \beta_2 x_2$

- MATLAB® **프로그램** :

```
%--------------------------------
% 수요예측 예제 6 : 다변량 추세
%--------------------------------
x1= [ 0 0.3 0.6 1.0 1.5 2.1 2.5 ]';
x2= [ 1 0.85 0.71 0.55 0.32 0.22 0.35 ]';
y= [0.6  0.7  1.0  1.4  1.5  1.3  1.2]';
%---------------------------------
%  y=a0 + a1*x1 + a2*x2
%---------------------------------
xx=[ones(size(y)) x1  x2  ];
a1=xx₩y;
y1=xx*a1;
re=y-y1;
rer=re.^2
ssr=sum(rer);
sst=(length(y)-1)*var(y);
rr= 1-ssr/sst;
```

· 계수 산정을 위한 함수식은 “x1\y”이다. 계수는 ‘a1’ 이름으로 출력된다.
· “y1”은 모형에 의한 추정 값을 출력하는 변수 이름이다.
“re”는 잔차이며, “rer”은 잔차의 제곱이다.

- Output :

```
>> a1

a1 =
    2.4727
   -0.2746
   -1.8530
```

· 다변량 추세선 : y = 2.4727 - 0.2746 * x1 - 1.8530 *x2

· 추세선에 의한 추정값 검토 : 시간 t의 단일변량에 대한 비선형 추세선의 추정값을 “a1” 이라는 변수의 이름으로 출력하여 그 내용을 검토한다. 수식은 위에서 보는 바와 같이 상수항은 1.15로 산정되었으며, 나머지 항의 계수들은 수식에서 보는 바와 같다. 이러한 계수를 이용하여 잔차를 산정하여 분포를 검토하여, 잔차의 제곱을 산정하여 수식이 얼마나 합리적으로 현재의 측정값을 잘 설명하고 있는지 검토한다. 예제에서 잔차의 제곱 값이 0.11로 산정되었으며, 추세선의 설명력을 나타내는 R^2 값은 0.857로 산정되었다. 잔차의 분포도 비교적 균일하여 적정한 추세선으로 판단된다.

t	0	0.3	0.6	1.0	1.5	2.1	2.5	-
y	0.6	0.7	1.0	1.4	1.5	1.3	1.2	-
y1	0.620	0.815	0.992	1.179	1.468	1.488	1.138	
re	-0.020	-0.115	0.008	0.221	0.032	-0.188	0.062	
rer	0.001	0.013	0.000	0.049	0.001	0.036	0.004	0.103

· 추세선의 R^2 를 산정한 결과는 다음과 같다.

R^2 = 1 - SSR / SST, SST=(7-1)*var(y) = 6*0.12= 0.72

= 1 - 0.103 / 0.72 = 0.857

(7) 로지스틱 성장모형 (Logistic Growth Model)

- **예제** 7 : 자연계에서 많이 발생하는 로지스틱 성장모형을 구성한다.

다음의 자료에 대한 로지스틱 추세모형을 구성하시오.

년 도	인 구
1996	106,100
1997	107,595
1998	109,103
1999	110,572
2000	111,939
2001	113,088
2002	114,154
2003	115,174
2004	116,133
2005	117,060
2006	117884
2007	118,693
2008	119,483
2009	120,235
2010	121,047

- **로지스틱 성장곡선** : $y^* = \dfrac{K}{1+\exp(a-bt)}$

· 일반적으로 로지스틱 곡선식은 비선형 회귀함수의 추정법을 이용한다. 비선형 회귀함수 적용에 앞서서 수식은 다음과 같이 조정하여 적용한다.

$$\frac{1}{y^*} = \frac{1+\exp(a-bt)}{K} = a(1) + a(2) * \exp(-a(3) * t)$$

· 본 예제에서는 $1/y^*$의 값이 지나치게 작아져서, $1000000/y^*$ 를 적용하였다. 비선형 회귀함수를 적용하면, a(1), a(2), a(3) 이 산정되며, 이를 원래의 수식과 같은 형태로 변환하면 로지스틱 함수식을 구성할 수 있다. 이때, K 값은 로지스틱 성장의 임계값으로 알려져 있다.

- **MATLAB® 프로그램 형태** : nlinfit (MATLAB® 비선형회귀 함수)

1) $\beta = nlinfit\,(x, y, func, b_0)$

독립변수 x, 종속변수 y, 함수 func, 초기치 b0의 조건에서
해 찾기 (beta)

2) $[\,\beta, r\,] = nlinfit\,(x, y, func, b_0)$

독립변수 x, 종속변수 y, 함수 func, 초기치 b0의 조건에서
해 (beta), 잔차 (r) 찾기

3) $[\,\beta, r, J\,] = nlinfit\,(x, y, func, b_0)$

독립변수 x, 종속변수 y, 함수 func, 초기치 b0의 조건에서
해 (beta), 잔차 (r) , Jacobian 산정치(J) 찾기

4) $[\,\beta, r, J, Cov\,] = nlinfit\,(x, y, func, b_0)$

독립변수 x, 종속변수 y, 함수 func, 초기치 b0의 조건에서
해 (beta), 잔차 (r), Jacobian (J), 공분산 (Cov) 찾기

5) $[\,\beta, r, J, Cov, mse\,] = nlinfit\,(x, y, func, b_0)$

독립변수 x, 종속변수 y, 함수 func, 초기치 b0의 조건에서
해 (beta), 잔차 (r), Jacobian (J), 공분산 (Cov), 잔차제곱(mse) 찾기

6) $[\,\beta, r, J, Cov, mse\,] = nlinfit\,(x, y, func, b_0, Options)$

독립변수 x, 종속변수 y, 함수 func, 초기치 b0, Option 의 조건에서
해 (beta), 잔차 (r), Jacobian (J), 공분산 (Cov), 잔차제곱(mse) 찾기

* 비선형 회귀분석 함수에서 많이 쓰이는 Option :
Display : Display 수준 Largescale : 알고리즘의 규모 설정
MaxIter : 반복산정 회수 TolFun : 반복산정 중지 임계치

- MATLAB® 프로그램 :

```
%-----------------------------------
% 수요예측 예제 7 : 로지스틱 추세
%-----------------------------------
y= [106100 107595 109103 110572 111939 113088 114154 ,...
   115174 116133 117060 117884 118693 119483 120235 121047  ]';
t= [1 2 3 4 5 6 7 8 9 10 11 12 13 14 15 ]';
%------------------------------------
%  y= a1 / (1 + exp( a2 + a3*t))
%------------------------------------
yy=y.₩1000000;
md=@(a,t) (a(1)+ a(2)*exp(-a(3)*t));
a0=[ 2 2 2]';
[alpha,r,j,cov,mse]=nlinfit(t,yy,md,a0);
```

· 종속변수 "y" 는 "yy"로 변환되었다.
· 계수 산정의 함수식은 "md"이다. 계수는 'a1pha' 이름으로 출력된다.
· "r"은 잔차, "J"은 Jacobian, "cov"은 공분산, "mse"는 잔차제곱 값이다.

- Output :

```
>> alpha
alpha =

    7.7845
    1.7868
    0.0863
```

· 로지스틱 성장곡선 : 1000000/y = 7.8 + 1.8 * exp(-0.086 *t)

[a(1) = 1000000/7.8= 128,205,   a(2)=ln(7.8*1.8)=2.65]

$$y = \frac{128,205}{1 + \exp(2.65 - 0.086 * t)}$$

연습문제

1. 다음의 인구자료를 토대로 각 추정법을 구성하시오.

년 도	인 구
1996	106,100
1997	107,595
1998	109,103
1999	110,572
2000	111,939
2001	113,088
2002	114,154
2003	115,174
2004	116,133
2005	117,060
2006	117884
2007	118,693
2008	119,483
2009	120,235
2010	121,047

1) 이중 이동평균법으로 분석하시오. (K=3 가정)

2) 지수평활법으로 분석하시오. (α=0.1 가정)

3) 1차, 2차 선형 수식으로 분석하시오. ($y = \alpha + \beta t,\ y = \alpha + \beta 1 t + \beta_2 t^2$)

4) 대수 곡선식으로 분석하시오. ($y = \log(a\, b^t)$)

5) 지수 곡선식으로 분석하시오. ($y = a\, b^t$)

6) 수정 지수곡선식으로 분석하시오. (K=200,000 가정 - $y = K + a b^t$)

7) 수정 지수곡선식으로 분석하시오. ($y = K + a b^t$)

8) 곰뻬르쯔 곡선식으로 분석하시오. ($y = K a^{b^* t}$)

2. 다음과 같이 전력사용량에 대한 자료를 얻었다.

전력사용량	온도	인구	건물면적
2.4	20.3	120,305	100.2
2.4	28.5	130,537	100.7
3.5	30.1	135,625	103.5
4.2	26.1	137,652	105.3
4.4	29.1	140,832	109.2
5.2	30.1	144,854	110.3
5.6	30.2	146,253	120.4
6.2	29.3	145,825	140.2
6.5	33.1	146,097	140.9

1) 전력소비량에 대한 다중회귀식을 구성하시오.

2) 온도 30, 인구 145, 건물면적 130에서 전력사용량을 예측하시오.

3. 다음의 자료가 얻어졌다.

x	1	2	3	3	4	5	5	6	7	8	9	9	9
y	14	13	15	16	14	16	17	18	21	22	22	24	26

1) 산포도를 작성하시오.

2) 연습문제 1과 같은 수식을 산정하시오.

3) 어느 수식이 자료를 가장 잘 설명하는지 검토하시오.

CHAPTER 14

의사결정과 게임이론 : Decision Making & Game Theory

14.1 개요

개인적인 입장에서 또는 조직의 일원으로서 특정 목적을 위하여, 그리고 현재와 장래의 상황에 적절히 대처하기 위하여, 수행 가능한 많은 행동 중에서 가장 바람직한 하나의 행동을 선택하는 것을 의사결정이라 할 것이다. 의사결정 과정에서 선택되는 행동은 목표달성을 위하여 최선으로 분석된 행동이지만, 여러 제약조건이 변화할 때, 최적의 값을 유지할 것인지의 여부는 확실치 않다. 의사결정의 문제는 분류방법에 따라 차이가 있겠으나, 기본적으로 다음의 몇 가지 요소로 구성된다.

(1) **장래의 상황** : 일반적으로 현재의 상황이나 장래의 상황은 의사결정자가 자신의 의지로서 자유롭게 변화 시킬 수 없는 성질의 것이다. 따라서 의사결정 과정에서는 장래의 상황은 변화없이 수용하여야만 하는 상태, 또는 자연적인 상태로 가정하여 의사결정을 수행하거나, 주어진 여건 및 제약조건 등으로 가정하여 의사결정을 수행하게 된다.

(2) **대안 설정** : 의사결정자가 자신의 의지대로 자유롭게 변화시킬 수 있는 성질의 것으로서, 구체적인 의사결정의 대상이 되는 것을 말한다. 일반적으로 대안은 목적달성을 위한 하나 이상의 대안집합으로 구상되어야 하며, 의사결정자는 대안의 집합 속에 있는 복수의 대안을 비교, 분석하기 위한 일정한 기준을 설정하여야 한다. 예를 들어, 대안들을 어떠한 기준으로 순서화하고 분석할 것인가 등에 대한 방안이 준비되어야 한다.

(3) **결과의 평가** : 장래의 상황과 대안의 설정과정이 이루어지면, 의사결정을 수행하는데, 이때 객관적이며 과학적인 분석을 통하여 선택된 대안의 결과에 대한 평가가 이루어져야 한다. 의사결정 과정에서는 모의실험 등을 통하여 의사결정이 이루어졌을 경우를 예상하여 이해득실표 (Pay-off Matrix)를 통한 분석을 수행하기도 한다. 특히 게임이론에서는 이러한 접근방법을 적극 활용하기도 한다. 일반적으로 의사결정에 대한 결과의 평가는 다음 단계의 의사결정을 위한 Feed-Back 자료로 활용된다.

14.2 의사결정 환경

의사결정 환경은 크게 다음과 같이 구분된다.

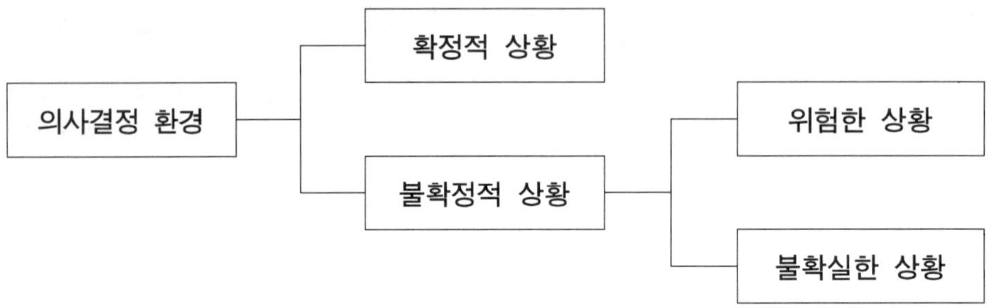

(1) **확정적 상황** : 의사결정에 필요한 모든 정보가 알려져 있으며, 불확실한 요소가 없는 완전 정보체계의 상황을 말한다. 현실적으로 이루어지기 어려우나, 최적화 기법들의 많은 기법이 이를 토대로 수행된다.

(2) **위험한 상황** : 완전정보의 체계는 아니지만, 대안에 대한 특정결과가 일어날 확률을 추정가능한 경우이다. 따라서 확률적 상황을 추정하고 이에 따른 의사결정을 수행한다.

(3) **불확실한 상황** : 대안에 대한 특정 결과가 일어날 확률추정도 불가능한 경우이다. 현실성이 가장 높은 상황으로서 다음의 5개 기준에 따라 의사결정이 이루어진다.

· 라플라스 기준 : 장래의 발생확률을 알 수 없기 때문에, 모든 상황에 동일한 확률을 부여하여 가장 큰 기댓값을 갖는 대안을 선택하는 기준

· 맥시민 기준 : 대안별로 가장 작은 기대치를 갖는 대안을 선택한 다음, 그 중에서 가장 큰 기대치의 대안을 선택. 조심스러우며 비관적인 기준

· 맥시맥시 기준 : 대안별로 가장 큰 기대치를 갖는 대안을 선택한 다음, 그중에서 가장 큰 기대치의 대안을 선택. 낙관적이며 모험적 기준

· 후루비츠 기준 : 맥시민과 맥시맥시의 중간 형태 기준

· 미니맥스 기준 : 기회손실 기준, 후회기준이라고도 하며, 상황별 최대 기회손실을 산정하고 그 중에서 가장 작은 값을 갖는 대안을 선택.

14.3 MATLAB® 적용 사례

(1) 위험한 상황에서의 의사결정 문제

- **예제** 1 : 기대값 기준과 기대기회손실 기준 문제

진성 투자회사에서는 아시아, 미주, 유럽의 3개 지역 투자대안을 고려하고 있다. 각 투자대안 수익은 향후 경제상황에 따라 달라진다. 일반적으로 경제상황은 저성장, 일반성장, 고성장으로 구분되며, 각 경제상황이 발생할 확률은 저성장 0.5, 일반성장 0.3, 고성장 0.2로 예측되었다. 투자수익률이 다음의 표와 같을 때, 기대값 기준과 기대기회손실 기준을 이용하여 의사결정을 탐색한다.

구분	경 제 상 황		
	저성장 (p=0.5)	일반성장(p=0.3)	고성장 (p=0.2)
아시아	10,000	50,000	70,000
미주	-10,000	30,000	90,000
유럽	-30,000	40,000	80,000

- **기대값 기준 : (기대값 = 발생확률 * 기대수익)**
(계산사례 : 아시아= 0.5 * 10,000 + 0.3 * 50,000 + 0.2*70,000 = 34,000)

	저성장 (p=0.5)	일반성장 (p=0.3)	고성장 (p=0.2)	기대값
아시아	40,000	20,000	0	34,000
미주	20,000	0	20,000	22,000
유럽	0	10,000	10,000	13,000

- **기대기회손실 기준 : (최소값=0, 차이를 표시)**

	저성장 (p=0.5)	일반성장 (p=0.3)	고성장 (p=0.2)	산정값
아시아	40,000	20,000	0	26,000
미주	20,000	0	20,000	14,000
유럽	0	10,000	10,000	5,000

- 투자대안의 투자수익을 산정한 결과는 다음과 같다. 즉, 기대값을 기준으로 보면, 투자수익은 69,000으로 산정되었으며, 그 중에서 아시아 시장이 34,000, 미주시장이 22,000, 유럽시장이 13,000 으로 분석되었다. 기대기회손실 기준으로 보면, 45,000 으로 예측되었으며, 아시아 시장이 26,000, 미주시장이 14,000, 유럽시장이 5,000 으로 예측되었다.

· 기대값 기준 : (아시아, 미주, 유럽) = (34 + 22 + 13) = 69,000

· 기대기회손실 기준 : (아시아, 미주, 유럽) = (26 + 14 + 5) = 45,000

- 이상과 같이 위험한 상황에서의 의사결정은 특정상황이 발생할 확률을 알고 있을 때의 의사결정으로서, 예제의 경우 각 시장의 경제상황을 정확하게 예측할 수 있다고 가정하여 의사결정을 수행한다.

- **MATLAB® 프로그램**

```
%--------------------------------
% 의사결정 예제 1 : 위험한 상황
%--------------------------------
pr=[0.5 0.3 0.2];
aa=[ 10 50 70 ; -10 30 90 ; -30 40 80];
bb=[aa(:,1)-min(aa(:,1)),aa(:,2)-min(aa(:,2)) . . .
    ,aa(:,3)-min(aa(:,3))];
aa*pr';
bb*pr';
```

** 위험한 상황에 대하여 예제의 “기대값 기준과 기대기회손실 기준” 이외, 다음의 기준에 따른 의사결정방법도 적용된다.

- 최우 미래 기준 ; (最尤) 장래 상황에 대하여 발생확률이 가장 높은 상황을 가정하여 행동을 선택하는 의사결정 방법, 이익을 도모할 경우는 최대화, 비용일 경우는 최소화이다. 이익추구 수식은 다음과 같다.

· max u (ai, s^*)

s^* : 가장 확률이 높은 상황
ai, u : 가장 높은 발생확률의 상황 s^*에 따른 행동대안, 이익

· 산정 사례 : 예제의 장래확률은 저성장(0.5), 일반성장(0.3), 고성장(0.2) 이다. 따라서 가장 확률이 높은 저성장을 선택하며, 저성장에 따른 대안 집합 [아시아(10,000), 미주 (-10,000), 유럽(-30,000)] 중에서 가장 이익이 높은 아시아 시장을 선택하는 방법이다.

- 요구 수준 기준 : 의사결정자가 설정한 요구 K를 달성하기 위한 의사결정방법이다. 이익일 경우 요구수준 K 이상, 비용일 경우 요구수준 K 이하를 선택한다. 이익을 추구할 경우 수식은 다음과 같다.

· max P (ai의 이익 〉= K)

K : 의사결정자가 설정한 요구수준
ai, P : 행동대안 ai 에 따른 이익의 확률 (P)

· 산정 사례 : K = 50,000 이라 가정한다

아시아 = P (이익 〉= 50,000) = 0 + 0.3 + 0.2 = 0.5
미주 = P (이익 〉= 50,000) = 0 + 0 + 0.2 = 0.2
유럽 = P (이익 〉= 50,000) = 0 + 0 + 0.2 = 0.2

가장 확률이 높은 행동대안 “아시아”를 선택한다.

(2) 불확실한 상황에서의 의사결정 문제

- **예제** 2 : 라플라스, 맥시민, 맥시맥스, 후르비츠, 미니맥스 기준 문제

진성 투자회사에서는 아시아, 미주, 유럽의 3개지역 투자대안을 고려하고 있다. 각 투자대안 수익은 향후 경제상황에 따라 달라진다. 일반적으로 경제상황은 저성장, 일반성장, 고성장으로 구분되며, 각 경제상황의 발생확률은 불확실하다. 투자수익률이 다음 표와 같을 때, 의사결정을 탐색한다.

	저성장	일반성장	고성장
아시아	10,000	50,000	70,000
미주	-10,000	30,000	90,000
유럽	-30,000	40,000	80,000

· 라플라스 기준 : 경제상황 발생 확률을 균등하게 1/3로 가정

	저성장	일반성장	고성장	기대값
아시아	10,000	50,000	70,000	43,333
미주	-10,000	30,000	90,000	36,667
유럽	-30,000	40,000	80,000	30,000
				43,333

· Maximin 기준 : (소극적) min 중에서 최대의 대안 선택

	저성장	일반성장	고성장	기대값
아시아	10,000	50,000	70,000	10,000
미주	-10,000	30,000	90,000	-10,000
유럽	-30,000	40,000	80,000	-30,000
				10,000

· Maximax 기준 : (적극적) Max 중에서 최대의 대안 선택

	저성장	일반성장	고성장	기대값
아시아	10,000	50,000	70,000	70,000
미주	-10,000	30,000	90,000	90,000
유럽	-30,000	40,000	80,000	80,000
				90,000

· 후르비츠 (Hurwitz) 기준 : 맥시민과 맥시맥스의 중간형태로서 낙관계수를 이용하여 산정한다. 낙관계수는 미래에 대한 낙관적인 정도를 나타내는 값으로서 0에서 1사이의 값이다. 각 대안의 "최대치"에 "낙관계수"를 곱한 값과 각 대안의 "최소치"에 "1-낙관계수"를 곱한 값을 더하여 가장 큰 값을 나타내는 대안을 선정하는 방법이다. (예제에서 낙관계수=0.6) 예제의 경우, 미주시장이 후르비츠 기준에 따른 기대값 50,000이 산정되어, 최적대안으로 분석되었다.

(계산사례 : 아시아 : 70 * 0.6 + 10 * 0.4 = 42 + 4 = 46)

	저성장	일반성장	고성장	기대값
아시아	10,000	50,000	70,000	46,000
미주	-10,000	30,000	90,000	50,000
유럽	-30,000	40,000	80,000	36,000
				50,000

· Minimax 기준 : 기회손실 기준, 후회기준 등으로 불리는데, 각 상황별로 최대 기회손실을 구하고, 그중에서 가장 작은 값을 나타내는 대안을 선정하는 방안이다. 기회손실은 각 상황별로 최대수익에서 각 대안별 수익과의 차이를 나타낸다. 예제의 경우, 동점의 대안이 발생하는데, 이런 경우 Minimax 기준에 따른 최적 대안은 미주시장과 아시아 시장의 2개로 선정된다. (Tie - Break Problem으로 불린다.)

(계산사례 : 저성장 : 최대 (10,000) - 차이 (0, 20,000, 40,000))

(계산사례 : 아시아 : max (0, 0, 20,000) -> 20,000)

	저성장	일반성장	고성장	기대값
아시아	0	0	20,000	20,000
미주	20,000	20,000	0	20,000
유럽	40,000	10,000	10,000	40,000
				20,000

- MATLAB® 프로그램 :

```
%------------------------------------
% 의사결정 예제 2 : 불확실한 상황
%------------------------------------
aa=[ 10 50 70 ; -10 30 90 ; -30 40 80];
%------------------------------------
% Laplace
%------------------------------------
ll=[ 1/3 1/3 1/3]';
la=aa*ll;
%------------------------------------
% Maximin
%------------------------------------
mi=[ min(aa(1,:)),min(aa(2,:)),min(aa(3,:)) ] ;
ma=max(mi);
%------------------------------------
% Maximax
%------------------------------------
mx=[ max(aa(1,:)),max(aa(2,:)),max(aa(3,:)) ];
my=max(mx);
%------------------------------------
% Hurwitz
%------------------------------------
cc= [max(aa(1,:))*0.6+ min(aa(1,:))*0.4,
max(aa(2,:))*0.6+ min(aa(2,:))*0.4,
        max(aa(3,:))*0.6+ min(aa(3,:))*0.4];
mz=max(cc);
%------------------------------------
% Minimax
%------------------------------------
bb=[max(aa(:,1))-aa(:,1),
      max(aa(:,2))-aa(:,2),
        max(aa(:,3))-aa(:,3)];
dd=[max(bb(1,:)), max(bb(2,:)), max(bb(3,:)) ];
mw=min(dd);
```

(3) 베이지안 정리 (Bayesian Theorem) 이용한 의사결정

- **예제** 3 : 사전확률을 사후확률로 전환하는 베이지안 정리 문제

진성 물산에서는 3개의 공장에서 동일한 제품을 생산하고 있다. 제품은 A 공장에서 35%, B 공장에서 20%, C 공장에서 45%를 생산하고 있다. 제품의 불량률은 A 공장에서 1%, B 공장에서 1.3%, C 공장에서 2% 로 알려져 있다. 임의의 제품 1개가 불량품으로 판정되었을 때, 공장별로 생산되었을 확률을 검토한다.

* 베이지안 정리 : 주어진 주변확률과 조건부 확률을 이용하여 다른 조건부 확률을 산정하는 방식

$$P(A1 \mid B) = \frac{P(A1) * P(B \mid A1)}{P(A1)*P(B \mid A1) + P(A2)*P(B \mid A2) + P(A3)*P(B \mid A3)}$$

$$P(A1 \mid B) = \frac{0.35 * 0.01}{0.35 * 0.01 + 0.2 * 0.013 + 0.45 * 0.02} = 0.23$$

$$P(A2 \mid B) = \frac{0.2 * 0.013}{0.35 * 0.01 + 0.2 * 0.013 + 0.45 * 0.02} = 0.17$$

$$P(A3 \mid B) = \frac{0.45 * 0.02}{0.35 * 0.01 + 0.2 * 0.013 + 0.45 * 0.02} = 0.60$$

* 사후확률 : 특정한 사상 Ai를 조건으로, 이러한 조건하에서 실험결과를 얻는 조건부 확률을 사후확률의 개념으로 산정한다.

	사전확률 P(A)	우도 P(A|B)	결합확률 P(A)P(A|B)	사후확률
A	0.35	0.01	0.0035	0.232
B	0.2	0.013	0.0026	0.172
C	0.45	0.02	0.0090	0.596

(4) 두 사람에 의한 Zero-Sum Game : 순수전략

- **예제 4** : 게임을 반복하면서도 처음부터 똑같은 전략으로 수행 (순수전략)

경쟁관계에 있는 두 기업이 판매경쟁을 하고 있다. 각각 판매전략에 따라 예상되는 성과표를 (Pay-Off Table) 다음과 같이 정리하였다. 이는 A 기업이 전략 a1를 선택하고 B 기업이 b1을 선택하면 A 기업은 점유율이 6% 증가하나, B 기업은 상대적으로 6% 감소하는 것을 의미한다. 각 기업의 전략을 검토한다.

		B 전략	
		b1	b2
A 전략	a1	6	5
	a2	4	2

· A의 목적함수 :

```
Min Z = x1 + x2
```

· A의 제약조건 :

```
6x1 + 4x2 >= 1
5x1 + 2x2 >= 1
x1, x2 >=0
```

· B의 목적함수 :

```
Max Z = y1 + y2
```

· B의 제약조건 :

```
6y1 + 5y2 <= 1
4y1 + 2y2 <= 1
y1, y2 >=0
```

- **A의 전략** : Minimax

전략의 minimum : a1 (5), a2 (2) -> max -> a1 (5)

- **B의 전략** : Maximin

전략의 Maximum : b1 (6), b2 (5) -> min -> b2 (5)

- **안점 (Saddle Point)** : A 전략 a1, B 전략 b2, 안점 “5”

- **MATLAB® 프로그램** :

```
%--------------------------------
% 의사결정 예제 4 : Zero-Sum Game
%--------------------------------
f1=[1 1];
a1=[-6 -4
    -5 -2 ];
b1=[-1 -1]';
aeq=[ 1 1];
beq=1;
lb=[0 0]';
[x,fval1]=linprog(f1,a1,b1,aeq,beq,lb);
%--------------------------------
f2=[-1 -1];
a2=[6 5
    4 2 ];
b2=[1 1]';
[y,fval2]=linprog(f2,a2,b2,[],[],lb);
```

- Output : x = (0.2, 0) a1 전략 (순수전략) 사용

y = (0, 0.2) b2 전략 (순수전략) 사용

(5) 두 사람에 의한 Zero-Sum Game : 혼합전략

- **예제** 5 : 게임을 반복하면서도 서로 다른 전략으로 수행 (혼합전략)

경쟁관계에 있는 두 기업이 판매경쟁을 하고 있다. 각각 판매전략에 따라 예상되는 성과표를 (Pay-Off Table) 다음과 같이 정리하였다. 이는 A 기업이 전략 a1를 선택하고 B 기업이 b1을 선택하면 A 기업은 점유율이 4% 증가하나, B 기업은 상대적으로 4% 감소하는 것을 의미한다. 각 기업의 전략을 검토한다.

		B 전략	
		b1	b2
A 전략	a1	4	3
	a2	2	8

· A 의 목적함수 :

```
Min Z = x1 + x2
```

· A의 제약조건 :

```
4x1 + 2x2 >= 1
3x1 + 8x2 >= 1
x1, x2 >=0
```

· B의 목적함수 :

```
Max Z = y1 + y2
```

· B의 제약조건 :

```
4y1 + 3y2 <= 1
2y1 + 8y2 <= 1
y1, y2 >=0
```

- **A의 전략** : Minimax

전략의 minimum : a1 (3), a2 (2) -> max -> a1 (3)

- **B의 전략** : Maximin

전략의 Maximum : b1 (4), b2 (8) -> min -> b1 (4)

- **안점 (Saddle Point)** : A 전략 a1, B 전략 b1, 안점 비존재

- **MATLAB® 프로그램** :

```
%-------------------------------
% 의사결정 예제 5 : Zero-Sum Game
%-------------------------------
f1=[1 1];
a1=[-4 -2
    -3 -8 ];
b1=[-1 -1]';
lb=[0 0]';
[x,fval1]=linprog(f1,a1,b1,[],[],lb);
%--------------------------------
f2=[-1 -1];
a2=[4 3
    2 8];
b2=[1 1 ]';
[y,fval2]=linprog(f2,a2,b2,[],[],lb);
```

- **Output** : x = (0.23, 0.04), 즉 a1 전략과 a2 전략의 혼합사용

y = (0.19, 0.08), 즉 b1 전략과 b2 전략의 혼합사용

연습문제

1. 다음과 같이 4개의 상황에 대한 발생확률이 산정되었으며, 이에 따른 행동대안들의 성과표 (Pay-off Table) 가 산정되었다.

행동대안	상황 1	상황 2	상황 3
대안 1	16	14	17
대안 2	9	12	16
대안 3	10	9	8
발생확률	0.35	0.25	0.4

1) 기대값 기준에 따른 의사결정을 선택하시오.

2) 기대 기회손실 기준에 따른 의사결정을 선택하시오.

3) 최우 미래 기준에 따른 의사결정을 선택하시오.

4) 요구수준 (K=15) 기준에 따른 의사결정을 선택하시오.

2. 연습문제 1)에 있어서, 장래 상황에 대한 발생확률이 불확실 한 것으로 나타났다. 이에 따른 의사결정 방안을 강구한다.

1) 라플라스 기준에 따른 의사결정을 선택하시오.

2) Maximin 기준에 따른 의사결정을 선택하시오.

3) Maximax 기준에 따른 의사결정을 선택하시오.

4) 후르비츠 기준에 따른 의사결정을 선택하시오.

5) Minimax 기준에 따른 의사결정을 선택하시오.

3. (주) 지음이 어느 프로젝트를 수행하는데 있어서 경쟁적인 두 사업 대안을 구상하였으며, 사업대안의 성과표를 (Payoff Table) 다음과 같이 산정하였다. 이 성과표는 사업대안 A를 토대로 산정한 것으로서, 이를 이용하여 두 사업대안의 전략을 강구한다.

구 분		사업대안 B		
		전략 b1	전략 b2	전략 b3
사업대안 A	전략 a1	55	33	40
	전략 a2	60	25	23

CHAPTER 15

계층분석적 의사결정 : AHP - Analytic Hierarchy Process

15.1 개요

1980년 미국 피츠버그 대학의 T.L. Saaty, 교수에 의하여 제안된 계층분석적 의사결정법은 (AHP - Analytic Hierarchy Process) 1960년대 제안된 게임이론과 함께 전세계적으로 광범위하게 인정받은 의사결정론으로 평가된다. AHP 는 다른 의사결정 방법론과 달리 다음의 몇 가지 특성을 가진다.

(1) 계층구조 (Hierarchy Structure) :

AHP 는 의사결정 문제를 몇 개의 계층으로 구분하여 수행하는데, 계층구조의 가장 간단한 형태는 다음과 같이 3단계 계층구조이다. 계층구조의 최상위층에는 의사결정의 문제를 위치토록 하며, 그 다음으로는 평가기준을 위치하며, 마지막으로는 대안들을 위치시킨다. 이때 평가기준은 다양하게 복수로 구성될 수 있으며, 복수의 평가기준에 대한 복수의 대안들이 상호 비교를 통하여 평가를 수행하게 된다. 이때 주의하여야 할 점은 각 평가기준과 대안들은 상호독립적이어야 한다는 것이다. 만일, 평가기준들과 대안들 사이에 상관성이 존재하면 AHP의 평가결과는 신뢰도에 문제가 발생할 수 있다. 평가기준별 가중치의 합은 1.0이 되며, Level 1)의 경우, $\sum \omega_i = 1$, Level 2)의 경우, $\sum \omega_{ij} = 1$, Level 3)의 경우, $\sum v_j = \sum \sum \omega_{ij} = 1$ 이 된다.

(2) 쌍대비교 (Pair-Wise Comparison) :

대안별 비교는 여러 방식이 이용될 수 있으나, 가장 명확한 비교는 비교대상 2개씩 선정하여 어느 것이 얼마나 더 우월한가를 평가하는 쌍대비교 방식일 것이다. AHP에서는 이러한 쌍대비교 방식을 적용하여 평가를 수행하는데, 쌍대비교에 따른 우월성은 리커트 척도에 의하여 수치화 한다. AHP에서는 모든 평가기준의 중요도가 동일한 것이 아니라, 차등적인 중요도를 가지고 있으며, 이를 쌍대비교를 통하여 수치화할 수 있다는 점을 강조하고 있다. 그리고 쌍대비교에 의한 평가기준의 차등적 중요도와 함께 비교대안에 대해서도 차등적인 평가결과를 적용하고 있다. AHP에서 중요한 위치를 차지하고 있는 쌍대비교의 특징을 요약하면 다음과 같다.

· 두 개의 비교대상에 대한 정성적인 성격의 우월성의 관계를 정량적인 성격의 리커트 척도에 따른 평가점수로 변환할 수 있다는 점이다. 이에 따라 평가자는 주관적인 평가가 아니라 정량적인 평가를 수행한다는 느낌으로 평가의 부담이 경감될 수 있다.

· 비교대상을 두 개로 한정하여 구체적으로 평가하기에, 평가대상의 우월성에 대한 판단이 비교적 용이하다. 예를 들어 여러 대안들의 순위측정이라면, 혼란이 생기나, 두 개만 비교하는 것이기에 상대적으로 용이하다.

· 쌍대비교의 조사에서 일부 실수가 발생할 수 있으나, 이는 다른 대안들의 쌍대비교 조사결과로 조정이 가능하다는 장점이 있다.

· A가 B보다 우월하고, B가 C보다 우월하면, A는 C보다 우월하여야 한다. 이러한 정합성의 관계가 AHP에서는 검증되며, 만일, 정합성이 검증되지 아니하면 재평가를 수행하여야 한다.

· 쌍대비교 결과를 평가과정에서 표현하고, 이를 토대로 어떠한 평가결과가 도출되는가를 설명함으로서, 의사결정의 신뢰가 제고될 수 있다.

중요도	같은 수준	약간 중요	중요	조금 중요	극히 중요
비교점수	1	3	5	7	9

(3) 정합성 (Consistency : Consistency Index, Consistency Ratio) :

쌍대비교의 결과로 도출되는 행렬표의 고유치를(Eigen Value) μ, 고유벡터를(Eigen Vector) $u = (u1,\ u2,\ u3)^T$ 라고 하면, 행렬표의 고유방정식은 다음과 같다.

$$Z = \begin{pmatrix} 1 & a & b \\ 1/a & 1 & c \\ 1/b & 1/c & 1 \end{pmatrix}$$

$$\mu\ u1 = u1 + a\ u2 + b\ u3$$
$$\mu\ u2 = 1/a\ u1 + u2 + c\ u3$$
$$\mu\ u3 = 1/b\ u1 + 1/c\ u2 + u3$$

위의 관계식을 정리하면, 쌍대비교의 고유치는 비교대상의 수로 나타나는 비교차원보다 크다는 것을 알 수 있다. (μ 〉= n) 이러한 사실에 입각하여 Saaty 교수는 쌍대비교로부터 도출된 행렬의 고유치로부터 무작위성을 고려하여 "정합도 지수" (Consistency Index - "일관성 지수"라고도 함)를 제안하였다. 정합도 지수의 산정방식은 다음과 같다.

$$CI = (\mu - n) / (n - 1)$$

이때, CI = 0이면, 완전 정합을 나타내며, CI 값이 커질수록 정합성은 떨어진다. Saaty 교수는 많은 실험을 거쳐, AHP 방법에서의 CI 기준은 0.1로 제안하였으며, (C.I ≦0.1) 이를 초과할 경우 쌍대비교의 수정을 필요로 한다고 제안하였다. CI와 아울러, CI 의 무작위성에 대하여 인위적으로 무작위로 발생되는 대칭행렬의 대규모 표본으로부터 도출한 "RI -Random Consistency Index, 무작위 정합성 지수"를 토대로 정합성 비율을 산정하는데, CR 값이 0.1 보다 크면 쌍대비교 값을 수정하여야 한다고 제안하였다.

$$CR = CI / RI$$

n	1	2	3	4	5	6	7	8	9	10	11	12
RI	0	0	0.52	0.89	1.11	1.25	1.35	1.40	1.45	1.49	1.51	1.54

15.2 분석방법

AHP는 쌍대비교의 결과로 도출되는 행렬표를 이용하여, 비교대상의 중요도를 산정하여 이를 차등적으로 적용하는 의사결정 기법이다. 따라서 쌍대비교의 조사방식과 중요도의 산정방식이 매우 중요한 부분을 차지하고 있는데, AHP의 중요도 산정방식은 크게 다음 두 가지로 구분된다.

(1) 고유치법

쌍대비교 결과로 도출되는 행렬의 (A) 고유치를 (λ) 토대로 산정되는 고유벡터를 비교대상의 중요도로 산정하는 방법이다. 행렬에서 고유치와 고유벡터의 산정사례는 다음과 같다. 사례의 5개 비교대상의 중요도는 고유벡터의 합을 1.0으로 환산하여 산정된다. 참고로 CI, CR도 산정하였다.

$Ax = \lambda x$, (이때 스칼라 λ 를 고유치라 하며, x 는 고유벡터라 한다)

사례) $A = \begin{pmatrix} 1 & 3 & 3 & 7 & 9 \\ 1/3 & 1 & 1 & 5 & 7 \\ 1/3 & 1 & 1 & 3 & 5 \\ 1/7 & 1/5 & 1/3 & 1 & 1 \\ 1/9 & 1/7 & 1/5 & 1 & 1 \end{pmatrix}$

· 고유치 (Eigen Value) = 5.0981

· 고유벡터 (Eigen Vector) = [0.8518 0.3922 0.3258 0.0938 0.0756]

· 비교대상 중요도 (weight) = [0.4898 0.2255 0.1873 0.0539 0.0434]

· $CI = (\lambda - n) / (n - 1) = (5.0981 - 5) / (5 - 1) = 0.025$

· $CR = CI / RI = 0.025 / 1.11 = 0.023$

(2) 기하평균법

쌍대비교 결과로 도출되는 행렬의 (A) 기하평균 값을 비교대상의 중요도로 산정하는 방법이다. 행렬에서 기하평균으로 중요도를 산정하는 사례는 다음과 같다. 사례에서 5개 비교대상의 중요도는 기하평균의 합을 1,0으로 환산하여 산정된다. 기하평균에 의한 CI 산정은 조금 까다롭다. 먼저 행렬 a와 중요도 행렬 w를 곱하여 행렬 b를 작성한 다음, 행렬 b의 요소를 w의 요소로 나누어 행렬 ww를 작성한다. 최종적으로 행렬 ww의 평균을 산정하여 이를 행렬의 고유치 λ로 대신하면 CI 가 산정된다.

사례) $a = \begin{pmatrix} 1 & 3 & 3 & 7 & 9 \\ 1/3 & 1 & 1 & 5 & 7 \\ 1/3 & 1 & 1 & 3 & 5 \\ 1/7 & 1/5 & 1/3 & 1 & 1 \\ 1/9 & 1/7 & 1/5 & 1 & 1 \end{pmatrix}$

· 기하평균 $= \begin{pmatrix} \sqrt[5]{1 \cdot 3 \cdot 3 \cdot 7 \cdot 9} \\ \sqrt[5]{1/3 \cdot 1 \cdot 1 \cdot 5 \cdot 7} \\ \sqrt[5]{1/3 \cdot 1 \cdot 1 \cdot 3 \cdot 5} \\ \sqrt[5]{1/7 \cdot 1/5 \cdot 1/3 \cdot 1 \cdot 1} \\ \sqrt[5]{1/9 \cdot 1/7 \cdot 1/5 \cdot 1 \cdot 1} \end{pmatrix} = \begin{pmatrix} 3.55 \\ 1.64 \\ 1.38 \\ 0.39 \\ 0.32 \end{pmatrix} = \begin{pmatrix} 0.49 \\ 0.23 \\ 0.19 \\ 0.05 \\ 0.04 \end{pmatrix}$

· 중요도 = [0.49 0.23 0.19 0.05 0.04]

· $b = \begin{pmatrix} 1 & 3 & 3 & 7 & 9 \\ 1/3 & 1 & 1 & 5 & 7 \\ 1/3 & 1 & 1 & 3 & 5 \\ 1/7 & 1/5 & 1/3 & 1 & 1 \\ 1/9 & 1/7 & 1/5 & 1 & 1 \end{pmatrix} * \begin{pmatrix} 0.49 \\ 0.23 \\ 0.19 \\ 0.05 \\ 0.04 \end{pmatrix} = \begin{pmatrix} 2.50 \\ 1.15 \\ 0.96 \\ 0.28 \\ 0.23 \end{pmatrix}$

· $ww = \begin{pmatrix} 2.50 / 0.49 \\ 1.15 / 0.23 \\ 0.96 / 0.19 \\ 0.28 / 0.05 \\ 0.23 / 0.04 \end{pmatrix} = \begin{pmatrix} 5.12 \\ 5.13 \\ 5.05 \\ 5.09 \\ 5.10 \end{pmatrix}$

· λ = (5.12 + 5.13 + 5.05 + 5.09 + 5.10) / 5 = 5.098

· CI = (λ - n) / (n - 1) = (5.0981 - 5) / (5 - 1) = 0.025

· CR = CI / RI = 0.025 / 1.11 = 0.023

** 간편법 : 잘 쓰이지는 않지만 중요도 산정의 간편법이 있다.

사례) $a = \begin{pmatrix} 1 & 3 & 3 & 7 & 9 \\ 1/3 & 1 & 1 & 5 & 7 \\ 1/3 & 1 & 1 & 3 & 5 \\ 1/7 & 1/5 & 1/3 & 1 & 1 \\ 1/9 & 1/7 & 1/5 & 1 & 1 \end{pmatrix}$

· 열의 합으로 행렬원소를 나눠줌 : $a' = \begin{pmatrix} 0.52 & 0.56 & 0.54 & 0.41 & 0.39 \\ 0.17 & 0.19 & 0.18 & 0.29 & 0.30 \\ 0.17 & 0.19 & 0.18 & 0.18 & 0.22 \\ 0.07 & 0.04 & 0.06 & 0.06 & 0.04 \\ 0.06 & 0.03 & 0.04 & 0.06 & 0.04 \end{pmatrix}$

· 행의 평균을 산정 - 중요도가 됨 : $w = \begin{pmatrix} 0.486 \\ 0.228 \\ 0.187 \\ 0.055 \\ 0.045 \end{pmatrix}$

15.3 MATLAB® 적용사례

(1) 3 단계 계층의 AHP 문제

- **예제** 1 : 새로운 제품의 선택 문제

진성물산에서 3개 종류의 신제품을 출시하려 한다. 시장에서 제품 평가기준은 일반적으로 가격, 기능, 디자인으로 고려되며, 이에따라 소비자 선호도를 조사하여 다음과 같이 요약하였다. 제품별 시장점유율을 분석한다.

· **평가기준 선호도 조사**

(기준)	가격	기능	디자인
가격	1	3	5
기능	1 / 3	1	5
디자인	1 / 5	1 / 5	1

· **가격의 제품별 선호도**

(가격)	제품 A	제품 B	제품 C
제품 A	1	1	3
제품 B	1	1	3
제품 C	1/3	1/3	1

· **기능의 제품별 선호도**

(기능)	제품 A	제품 B	제품 C
제품 A	1	3	5
제품 B	1 / 3	1	3
제품 C	1 / 5	1 / 3	1

· **디자인의 제품별 선호도**

(디자인)	제품 A	제품 B	제품 C
제품 A	1	3	3
제품 B	1/3	1	5
제품 C	1/3	1/5	1

- 문제의 구조화 :

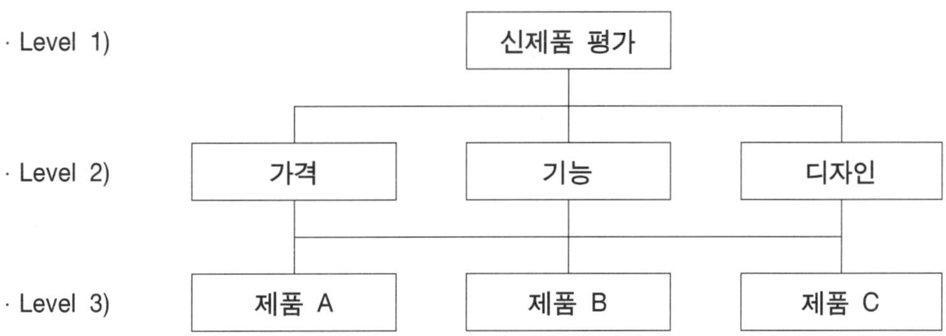

- **평가기준의 분석 :**

· 고유치 (Eigen Value) = 3.1356

· 고유벡터 (Eigen Vector) = [0.8943 0.4299 0.1240]

· 비교대상 중요도 (weight) = [0.6175 0.2969 0.0856]

· CI = (λ - n) / (n - 1) = (3.1356 - 3) / (3 - 1) = 0.0678

· CR = CI / RI = 0.0678 / 0.52 = 0.1304

- **가격의 대안별 분석 :**

· 고유치 (Eigen Value) = 3.0000

· 고유벡터 (Eigen Vector) = [0.6882 0.6882 0.2294]

· 비교대상 중요도 (weight) = [0.4286 0.4286 0.1429]

· CI = (λ - n) / (n - 1) = (3 - 3) / (3 - 1) = -4.4409e-16 =0

· CR = CI / RI = 0 / 0.52 = -8.5402e-16 =0

- 기능의 대안별 분석 :

· 고유치 (Eigen Value) = 3.0385

· 고유벡터 (Eigen Vector) = [0.9161 0.3715 0.1506]

· 비교대상 중요도 (weight) = [0.6370 0.2583 0.1047]

· CI = (λ - n) / (n - 1) = (3.0385 - 3) / (3 - 1) = 0.0193

· CR = CI / RI = 0.0193 / 0.52 = 0.0370

- **디자인의 대안별 분석** :

· 고유치 (Eigen Value) = 3.2948

· 고유벡터 (Eigen Vector) = [0.8566 0.4882 0.1670]

· 비교대상 중요도 (weight) = [0.5666 0.3230 0.1104]

· CI = (λ - n) / (n - 1) = (3.3948 - 3) / (3 - 1) = 0.1474

· CR = CI / RI = 0.1474 / 0.52 = 0.2834

- **종합분석** :

· 가격 평가벡터 : 0.6175 * [0.4286 = [0.2646
0.4286 0.2646
0.1429] 0.0882]

· 기능 평가벡터 : 0.2969 * [0.6370 = [0.1891
0.2583 0.0767
0.1047] 0.0311]

· 디자인 평가벡터 : 0.0856 * [0.5666 = [0.0485
0.3230 0.0277
0.1104] 0.0095]

· 종합결과 : 제품1 = 0.2646 + 0.1891 + 0.0485 = 0.5023
제품2 = 0.2646 + 0.0767 + 0.0277 = 0.3690
제품3 = 0.0882 + 0.0311 + 0.0095 = 0.1288

- 결론적으로 제품1은 소비자들로부터 가장 높은 0.502 의 선호도를 나타내는 것으로 분석되었으며, 선호도에서 가격의 비중은 0.265 기능의 비중은 0.189 디자인의 비중은 0.05 로 분석되었다.

- MATLAB® 프로그램 :

· 예제의 AHP 분석과정을 MATLAB을 이용한 프로그램은 다음과 같다.

```
%--------------------------------
% AHP 예제 1 : 3단계 평가
%--------------------------------
cc = [  1  3  5 ;   1/3   1   5  ;   1/5   1/5   1  ];
p1 = [  1  1  3 ;    1    1   3  ;   1/3   1/3   1  ];
p2 = [  1  3  5 ;   1/3   1   3  ;  1/5   1/3   1  ];
p3 = [  1  3  3 ;   1/3   1   5  ;  1/3   1/5   1  ];
%--------------------------------
% 고유치, 고유벡터 산정
%--------------------------------
[cv1,ce1]=eig(cc);
[pv1,pe1]=eig(p1);
[pv2,pe2]=eig(p2);
[pv3,pe3]=eig(p3);
%--------------------------------
cv1=cv1(:,1)/sum(cv1(:,1)) ;
pv1=pv1(:,2)/sum(pv1(:,2));
pv2=pv2(:,1)/sum(pv2(:,1));
pv3=pv3(:,1)/sum(pv3(:,1));
%--------------------------------
lama(1)=ce1(1,1);
lama(2)=pe1(2,2);
lama(3)=pe2(1,1);
lama(4)=pe3(1,1);
%--------------------------------
% CI, CR 산정
%--------------------------------
lamb=(lama-3)/(3-1);
lamc=lamb/0.52;
%--------------------------------
% 종합 평가치 산정
%--------------------------------
cc(1,:) = cv1(1) * pv1 ;
cc(2,:) = cv1(2) * pv2 ;
cc(3,:) = cv1(3) * pv3 ;
%--------------------------------
ccc=sum(cc);
```

(2) 4 단계 계층의 AHP 문제

- **예제** 2 : 새로운 제품의 선택 문제

진성물산에서 3개 신제품을 출시하려 한다. 소비자 입장에서 가격, 기능, 디자인에 대한 제품의 선호도를, 생산자의 입장에서는 생산비, 자원, 환경에 대한 제품의 선호도를 조사하였다. 소비자 선호도, 생산자 선호도에 따른 제품별 시장점유율을 분석한다.

· **소비자 평가기준 선호도 조사**

(기준)	가격	기능	디자인
가격	1	3	5
기능	1 / 3	1	5
디자인	1 / 5	1 / 5	1

· **가격의 제품별 선호도**

(가격)	제품 A	제품 B	제품 C
제품 A	1	1	3
제품 B	1	1	3
제품 C	1/3	1/3	1

· **기능의 제품별 선호도**

(기능)	제품 A	제품 B	제품 C
제품 A	1	3	5
제품 B	1 / 3	1	3
제품 C	1 / 5	1 / 3	1

· **디자인의 제품별 선호도**

(디자인)	제품 A	제품 B	제품 C
제품 A	1	3	3
제품 B	1/3	1	5
제품 C	1/3	1/5	1

· **생산자 평가기준 선호도 조사**

(기준)	생산비	자원	환경
생산비	1	5	3
자원	1 / 5	1	5
환경	1 / 3	1 / 5	1

· **생산비의 제품별 선호도**

(생산비)	제품 A	제품 B	제품 C
제품 A	1	1/3	1/5
제품 B	3	1	1/5
제품 C	5	5	1

· **자원의 제품별 선호도**

(자원)	제품 A	제품 B	제품 C
제품 A	1	1/3	1/3
제품 B	3	1	1/3
제품 C	3	3	1

· **환경의 제품별 선호도**

(환경)	제품 A	제품 B	제품 C
제품 A	1	1/3	1/3
제품 B	3	1	1/5
제품 C	3	5	1

· **생산자, 소비자의 쌍대비교**

	생산자	소비자
생산자	1	1/3
소비자	3	1

- **문제의 구조화 :**

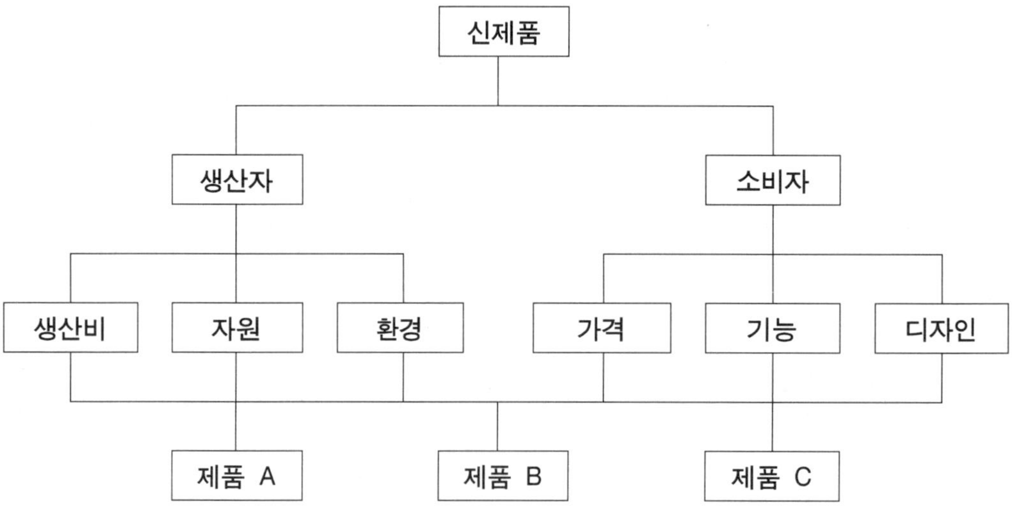

- 생산자 평가기준의 분석 : 소비자에 관한 부분은 예제 1과 같기 때문에 생략하며, 생산자 부분의 평가기준에 대해서 추가적으로 분석한다.

· 고유치 (Eigen Value) = 3.5206

· 고유벡터 (Eigen Vector) = [0.8918 0.4230 0.1606]

· 비교대상 중요도 (weight) = [0.6045 0.2867 0.1088]

· $CI = (\lambda - n) / (n - 1) = (3.5206 - 3) / (3 - 1) = 0.2603$

· $CR = CI / RI = 0.2603 / 0.52 = 0.5006$

- **생산비의 대안별 분석 :**

· 고유치 (Eigen Value) = 3.1356

· 고유벡터 (Eigen Vector) = [0.1321 0.2747 0.9524]

· 비교대상 중요도 (weight) = [0.0972 0.2021 0.7007]

· CI = (λ - n) / (n - 1) = (3.1356 - 3) / (3 - 1) = 0.0678

· CR = CI / RI = 0.0678 / 0.52 = 0.1304

- **자원의 대안별 분석 :**

· 고유치 (Eigen Value) = 3.1356

· 고유벡터 (Eigen Vector) = [0.2039 0.4242 0.8823]

· 비교대상 중요도 (weight) = [0.1350 0.2808 0.5842]

· CI = (λ - n) / (n - 1) = (3.1356 - 3) / (3 - 1) = 0.0678

· CR = CI / RI = 0.0678 / 0.52 = 0.1304

- **환경의 대안별 분석 :**

· 고유치 (Eigen Value) = 3.2948

· 고유벡터 (Eigen Vector) = [0.1814 0.3182 0.9305]

· 비교대상 중요도 (weight) = [0.1268 0.2225 0.6506]

· CI = (λ - n) / (n - 1) = (3.2948 - 3) / (3 - 1) = 0.1474

· CR = CI / RI = 0.1474 / 0.52 = 0.2834

- **종합분석 :**

· 생산비 평가벡터 : 0.6045 * [0.0972 = [0.0587
0.2021 0.1222
0.7007] 0.4236]

· 자원 평가벡터 : 0.2867 * [0.1350 = [0.0387
0.2808 0.0805
0.5842] 0.1675]

· 환경평가벡터 : 0.1088 * [0.1268 = [0.0138
0.2225 0.0242
0.6506] 0.0708]

· 가격 평가벡터 : 0.6175 * [0.4286 = [0.2646
0.4286 0.2646
0.1429] 0.0882]

· 기능 평가벡터 : 0.2969 * [0.6370 = [0.1891
0.2583 0.0767
0.1047] 0.0311]

· 디자인 평가벡터 : 0.0856 * [0.5666 = [0.0485
0.3230 0.0277
0.1104] 0.0095]

· 생산자 선호도 종합결과 : 제품1 = 0.0587 + 0.0387 + 0.0138 = 0.1112
제품2 = 0.1222 + 0.0805 + 0.0242 = 0.2269
제품3 = 0.4236 + 0.1675 + 0.0708 = 0.6618

· 소비자 선호도 종합결과 : 제품1 = 0.2646 + 0.1891 + 0.0485 = 0.5023
제품2 = 0.2646 + 0.0767 + 0.0277 = 0.3690
제품3 = 0.0882 + 0.0311 + 0.0095 = 0.1288

· 생산자, 소비자 평가벡터 : [0.25 0.75]

생산자, 소비자 선호도 종합 : 제품 1 = 0.25*0.112 + 0.75*0.5023 = 0.4045
제품 2 = 0.25*0.2269 + 0.75*0.3690 = 0.3335
제품 3 = 0.25*0.6618 + 0.75*0.1288 = 0.2621

- **결론** :

생산자의 선호도만 고려하면, 제품의 선호도는 제품 3, 제품 2, 제품 1의 순서로 나타났다. 제품 3의 경우, 가장 큰 생산자 선호도를 보이고 있는데, 0.6618의 선호도를 보이고 있다. 그 중에서 생산비는 0.42, 자원은 0.17, 환경은 0.07의 비중을 보이고 있다. 제품 2는 제품 3의 1/3 수준, 제품 1은 제품 3의 1/6 수준의 선호도를 보이는 것으로 분석되었다.

소비자의 선호도만 고려하면, 제품의 선호도는 제품 1, 제품 2, 제품 3의 순서로 나타났다. 제품 1의 경우, 가장 큰 소비자 선호도를 보이고 있는데, 0.502의 선호도를 보이고 있다. 그 중에서 가격은 0.27, 기능은 0.19, 디자인은 0.05의 비중을 보이고 있다. 제품 2는 제품 1에 비하여 3/5 수준, 제품 3은 제품 1에 비하여 1/5 수준의 선호도를 보이는 것으로 나타났다.

생산자와 소비자의 선호도를 함께 고려할 경우, 동일한 비중이 아니기에 선호도의 조사에 따른 비중을 고려하여 종합적으로 대안을 평가하게 된다. 평가벡터는 "생산자 : 소비자 = 0.25 : 0.75"로 산정되었으며, 이를 토대로 제품의 선호도를 분석하면, 제품 1, 제품 2, 제품 3의 순서로 나타났다. 가장 높은 선호도를 보이는 제품은 제품 1로서 0.41로 나타났다. 평가항목별 비중은 다음과 같이 산정되며, 가장 큰 비중은 가격으로 나타났다.

생산자 : 생산비 = 0.25*0.0587,
자원 = 0.25*0.0387,
환경 = 0.25*0.0138

소비자 : 가격 = 0.75*0.2646,
기능 = 0.75*0.1891,
디자인 = 0.75*0.0485

(3) 절대평가를 고려한 AHP 문제

- **예제** 3 : 비교대안이 많은 경우, 절대평가를 고려한 선택 문제

진성물산에서 7개 신제품을 출시하려 한다. 평가기준은 가격, 기능, 설계, 색상의 4가지로 구분하였다. 신제품의 수가 많고, 비슷비슷하여 쌍대비교보다는 절대평가를 고려하여 다음과 같은 조사를 하였다. 제품의 우열을 파악하시오.

· **절대평가 조사**

	가격	기능	설계	색상
제품 1	아주좋다	보통	나쁨	나쁨
제품 2	좋다	아주좋다	나쁨	좋음
제품 3	보통	좋다	보통	좋음
제품 4	보통	보통	보통	보통
제품 5	나쁘다	나쁘다	좋음	보통
제품 6	좋다	좋다	보통	나쁨
제품 7	보통	모통	좋음	보통

· **평가기준 쌍대비교**

	가격	기능	설계	색상
가격	1	2	3	5
기능	1/2	1	1/2	3
설계	1/3	2	1	1/2
색상	1/5	1/3	2	1

· **가격, 기능의 쌍대비교**

	나쁘다	보통	좋다	아주좋다
나쁘다	1	2	3	5
보통	1/2	1	2	4
좋다	1/3	1/2	1	3
아주좋다	1/5	1/4	1/3	1

· **설계, 색상의 쌍대비교**

	나쁘다	보통	좋다
나쁘다	1	2	5
보통	1/2	1	4
좋다	1/5	1/4	1

- 문제의 구조화 :

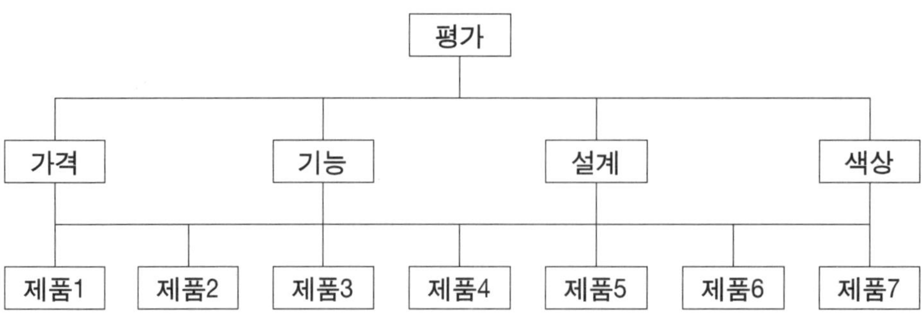

- **4개 평가기준에 대한 분석 :**

· 고유치 (Eigen Value) = 4.6075

· 고유벡터 (Eigen Vector) = [0.8313 0.3742 0.3200 0.2581]

· 비교대상 중요도 (weight) = [0.4661 0.2098 0.1794 0.1447]

· CI = (λ - n) / (n - 1) = (4.6075 - 4) / (4 - 1) = 0.2025

· CR = CI / RI = 0.2025 / 0.89 = 0.2275

- **가격, 기능의 쌍대비교에 대한 분석 :**

· 고유치 (Eigen Value) = 4.0511

· 고유벡터 (Eigen Vector) = [0.8126 0.4887 0.2920 0.1252]

· 비교대상 중요도 (weight) = [0.4729 0.2844 0.1699 0.0729]

· CI = (λ - n) / (n - 1) = (4.0511 - 4) / (4 - 1) = 0.0170

· CR = CI / RI = 0.0170 / 0.89 = 0.0191

- **설계, 색상의 쌍대비교에 대한 분석 :**

· 고유치 (Eigen Value) = 3.0246

· 고유벡터 (Eigen Vector) = [0.8540 0.4994 0.1460]

· 비교대상 중요도 (weight) = [0.5695 0.3331 0.0974]

· CI = (λ - n) / (n - 1) = (3.0246- 3) / (3 - 1) = 0.0123

· CR = CI / RI = 0.0123 / 0.52 = 0.0236

- **절대평가 조사의 점수화**

	가격	기능	설계	색상
제품 1	아주좋다	보통	나쁨	나쁨
제품 2	좋다	아주좋다	나쁨	좋음
제품 3	보통	좋다	보통	좋음
제품 4	보통	보통	보통	보통
제품 5	나쁘다	나쁘다	좋음	보통
제품 6	좋다	좋다	보통	나쁨
제품 7	보통	보통	좋음	보통

	가격	기능	설계	색상
제품 1	0.47	0.17	0.10	0.10
제품 2	0.29	0.47	0.10	0.57
제품 3	0.17	0.29	0.33	0.57
제품 4	0.17	0.17	0.33	0.33
제품 5	0.07	0.07	0.57	0.33
제품 6	0.29	0.29	0.33	0.10
제품 7	0.17	0.10	0.57	0.33

	가격	기능	설계	색상	종합
제품 1	0.219	0.035	0.017	0.014	0.2871
제품 2	0.135	0.098	0.017	0.082	0.3342
제품 3	0.079	0.060	0.059	0.082	0.2818
제품 4	0.079	0.035	0.059	0.047	0.2219
제품 5	0.032	0.014	0.102	0.047	0.1973
제품 6	0.135	0.060	0.059	0.014	0.2697
제품 7	0.079	0.021	0.102	0.047	0.2502

- **결론** :

절대평가를 고려한 제품의 선호도는 제품 2가 0.33 으로서 가장 높은 선호도를 보이고 있으며, 제품 5가 0.197로서 가장 낮은 선호도를 보이고 있다. 평가항목별로는 가격이 가장 큰 비중을 차지하며, 색상이 가장 작은 비중을 차지하는 것으로 분석된다.

연습문제

1. 공간의 능력향상에는 다양한 요인들이 작용하는데, 그 중요도는 같은 비중이 아니라고 한다. 공간 능력의 향상요인들에 대하여 다음과 같은 쌍대비교 조사를 수행하였다.

	감성지수	지능지수	조작능력	창작능력	감각능력
감성지수	1	2	3	2	1
지능지수	1/2	1	1	1	2
조작능력	1/3	1	1	1/2	1/3
창작능력	1/2	1	2	1	1/2
감각능력	1	1/2	2	2	1

1) 공간능력 향상요인들의 중요도를 산정하시오.

2) 쌍대 비교조사 결과의 CI, CR을 산정하여 정합성을 검토하시오.

2. A, B 두 제품에 대한 구매결정을 하려고 한다. 구매결정은 가격과 비용을 평가기준으로 설정하여 구매를 하려고 한다. 가격과 기능의 쌍대비교와 제품에 대한 평가기준의 쌍대비교 조사결과는 다음과 같이 요약되었다. 가장 합리적인 구매결정을 위하여 AHP 분석 방법을 적용하여 수행하려 한다.

	가격	기능
가격	1	3
기능	1/3	1

(가격)	A	B
A	1	2
B	1/2	1

(기능)	A	B
A	1	1/4
B	4	1

1) 어떠한 의사결정이 합리적인가 검토하시오.

2) 쌍대 비교조사 결과의 CI, CR을 산정하여 정합성을 검토하시오.

CHAPTER 16

네트워크 분석적 의사결정 : ANP - Analytic Network Process

16.1 개요

의사결정 과정에서 의사결정에 영향을 받을 수 있는 모든 변수를 고려하여 의사결정을 수행하여야 하나, 실제 적용과정에서는 무리이다. 특히, 현대의 사회생활처럼 복잡한 의사결정의 환경에서는 더욱 그러하다. 그럼에도 불구하고, 그동안 의사결정 분야에서 다양한 의사결정 주체와 다양한 의사결정의 논리를 수렴하기 위한 방안들이 모색되었다. 최근 T.L. Saaty 교수에 의하여 개발된 AHP는 복잡한 상황 속에서도 합리적인 의사결정을 수행하는 방안으로서 광범위한 분야에 적용되었다. 그러나, AHP에 대한 비판이 지속되면서, Saaty 교수는 ANP를 제안하였다. 그 이유는 다음과 같다.

첫째, 기존 AHP는 독립성이 확보된 비교대상의 쌍대비교를 통하여 가중치를 산정하였다. 그러나, 비교대상의 독립성이 확보되지 아니하였다면, 쌍대비교는 무의미하며, 쌍대비교로 인한 평가요소들을 산술적으로 합한 종합 결과치는 의미가 제한적일 수 있다는 비판을 받아왔다. 예를들어 "경제성"의 평가기준과 "효율성"의 평가기준은 독립적이라고 하기에는 무리가 있다. 이러한 중복적인 의미를 가진 상태에서 평가는 재검토하여야 한다는 것이다.

둘째, 의사결정 문제를 계층화하여 이해하기는 쉬우나, Feed Back 이 불가능하다는 단점이 지적된다. 예를들어 Level 2에서 Level 1로 역진하는 경우, 그리고 최저 Level의 대안과 최상위 level의 목표는 현실상황에서 종종 발견될 수 있다는 점 등이 지적된다.

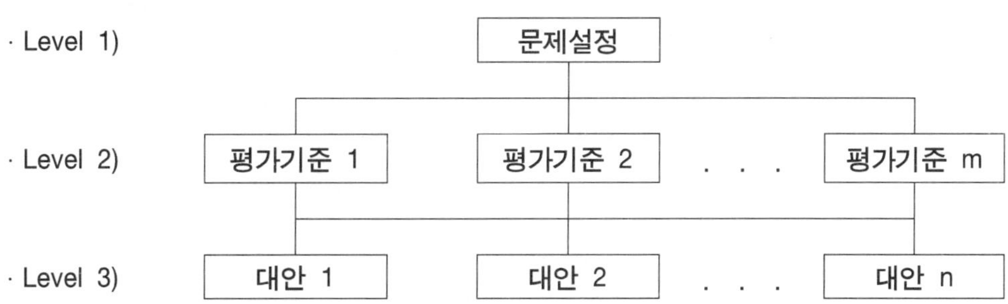

- **ANP 특성** :

Saaty 교수는 기존 AHP의 비판을 수용하여, AHP의 특징이라 할 수 있는 계층성을 무시한 새로운 분석방법론 ANP를 제안하였다. 그 특징으로는 다음과 같이 요약할 수 있다.

첫째, ANP는 기존 AHP의 독립성 가정 ("같은 Level의 요소들은 상호 독립이어야 하며, 동시에 각 Level은 상호 독립이어야 한다")에서 자유로워야 한다는 것이다. 이에 따라 내부종속 - "같은 Level의 요소끼리 독립성을 확보할 수 없을 경우, 종속성을 인정 한다"는 것이며, 동시에 외부종속 - "각 Level 이 상호 독립성을 확보할 수 없을 경우, 종속성을 인정 한다"는 것이다. 즉, 기존 AHP의 독립성 가정에서 자유로운 분석방법을 제안하였다.

둘째, 기존 AHP가 목표에 대하여 상위 level의 요소가 하위 level의 요소에 어떠한 영향을 주는가를 비교, 분석하는 목표 분배적 관점의 평가방법인데 비하여 ANP는 목표에 대하여 같은 Level 간 또는 다른 Level 간 평가요소의 영향력을 비교, 분석하는 영향력 분배적 관점의 평가방법으로 구분된다.

셋째, ANP는 AHP보다 폭 넓게, 다양한 상호작용의 복잡한 문제에 적용가능하며, 단순한 의사결정보다 복잡하고 다양한 공공의 의사결정, 그리고 상위목표의 속성과 기준을 조직화하고 우선순위를 설정하고 최적대안을 선정하는 평가방법 등에 적합하다.

넷째, 기존 AHP에서는 마르코프 과정의 하나인 Tom's Matrix의 산정을 적용하여 의사결정 방안을 수행하였으나, ANP에서는 마르코프 과정에 의한 Super Matrix를 적용하여 의사결정을 수행한다. ANP 는 일반적으로 기저상태가 주어지면, 과거 특성치와 무관하게 기저상태에 따라 일정값에 귀속 (수렴)하는 특성을 가진 마르코프의 재귀적 특성을 고려하여, 전이행렬 P, n 단계 전이행렬 P^n에 의하여 평가과정을 수행한다. 구체적인 내용은 사례를 통하여 설명한다. ANP 문제의 구조화는 그림에서 보는바와 같다.

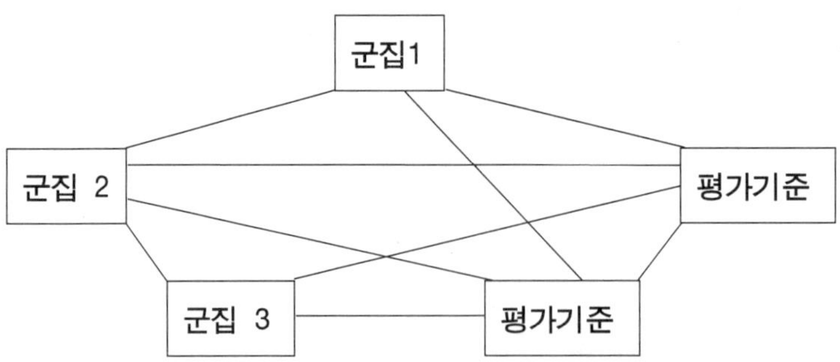

16.2 MATLAB® 적용 사례

(1) 내부종속, 외부종속 없는 경우 ANP

- **예제** 1 : AHP 예제 1과 동일, 비교를 위해 ANP 분석법을 적용한 사례

진성물산에서 3개 종류의 신제품을 출시하려 한다. 시장에서 제품 평가기준은 일반적으로 가격, 기능, 디자인으로 고려되며, 이에따라 소비자 선호도를 조사하여 다음과 같이 요약하였다. 제품별 시장점유율을 분석한다.

· **평가기준 선호도 조사**

(기준)	가격	기능	디자인
가격	1	3	5
기능	1 / 3	1	5
디자인	1 / 5	1 / 5	1

· **가격의 제품별 선호도**

(가격)	제품 A	제품 B	제품 C
제품 A	1	1	3
제품 B	1	1	3
제품 C	1/3	1/3	1

· **기능의 제품별 선호도**

(기능)	제품 A	제품 B	제품 C
제품 A	1	3	5
제품 B	1 / 3	1	3
제품 C	1 / 5	1 / 3	1

· **디자인의 제품별 선호도**

(디자인)	제품 A	제품 B	제품 C
제품 A	1	3	3
제품 B	1/3	1	5
제품 C	1/3	1/5	1

- **문제의 구조화** :

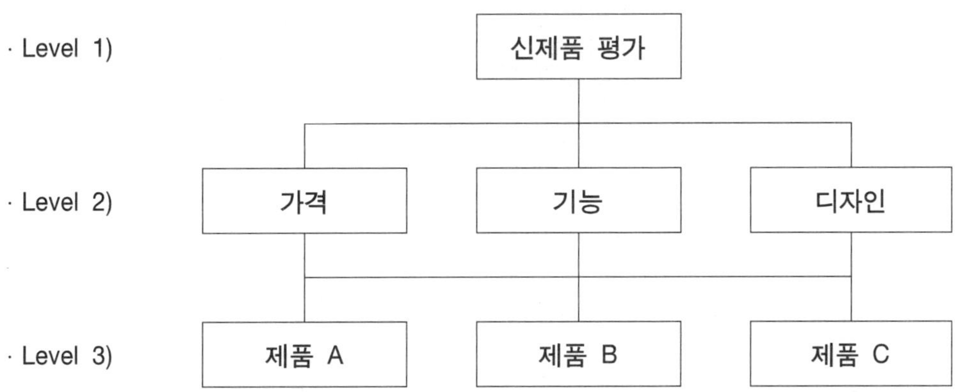

- **분석방법**

· 평가기준 Tom's Matrix 산정 :

c1 = [0.6175 0.2969 0.0856]

· 평가기준별 평가대안 Tom's Matrix 산정 :

c2 =

	가격	기능	디자인
제품 A	0.43	0.64	0.57
제품 B	0.43	0.26	0.32
제품 C	0.14	0.10	0.11

· Super Matrix 구성 :

구분		목표	평가기준			평가대안		
			가격	기능	디자인	제품 A	제품 B	제품 C
목표		0	0	0	0	0	0	0
평가기준	가격	0.618	0	0	0	0	0	0
	기능	0.297	0	0	0	0	0	0
	디자인	0.086	0	0	0	0	0	0
평가대안	제품 A	0	0.43	0.64	0.57	1	0	0
	제품 B	0	0.43	0.26	0.32	0	1	0
	제품 C	0	0.14	0.10	0.11	0	0	1

· Super Matrix 산정 : 슈퍼 Matrix를 제곱하여 Markov Process 안정상태 도출, 최종가중치는 0.50, 0.37, 0.13으로 산정됨. AHP와 동일한 값 임.

구분		목표	평가기준			평가대안		
			가격	기능	디자인	제품 A	제품 B	제품 C
목표		0	0	0	0	0	0	0
평가기준	가격	0	0	0	0	0	0	0
	기능	0	0	0	0	0	0	0
	디자인	0	0	0	0	0	0	0
평가대안	제품 A	0.502	0.43	0.64	0.57	0	0	0
	제품 B	0.369	0.43	0.26	0.32	0	0	0
	제품 C	0.129	0.14	0.10	0.11	0	0	0

- MATLAB® 프로그램 :

```
%-----------------------------------
% ANP 예제 1 : 3단계 평가
%-----------------------------------
cc = [ 1 3 5 ; 1/3 1 5 ; 1/5 1/5 1 ];
p1 = [ 1 1 3 ; 1 1 3 ; 1/3 1/3 1 ];
p2 = [ 1 3 5 ; 1/3 1 3 ; 1/5 1/3 1 ];
p3 = [ 1 3 3 ; 1/3 1 5 ; 1/3 1/5 1 ];
%------------------------------------
% 고유치, 고유벡터 산정
%------------------------------------
[cv1,ce1]=eig(cc);
[pv1,pe1]=eig(p1);
[pv2,pe2]=eig(p2);
[pv3,pe3]=eig(p3);
%------------------------------------
cv1=cv1(:,1)/sum(cv1(:,1)) ;
pv1=pv1(:,2)/sum(pv1(:,2));
pv2=pv2(:,1)/sum(pv2(:,1));
pv3=pv3(:,1)/sum(pv3(:,1));
%------------------------------------
lama(1)=ce1(1,1);
lama(2)=pe1(2,2);
lama(3)=pe2(1,1);
lama(4)=pe3(1,1);
%------------------------------------
% Super Matrix 구성
%------------------------------------
ss1=zeros(7);
ss1(2:4,1)=cv1; ss1(5:7,2)=pv1;
ss1(5:7,3)=pv2; ss1(5:7,4)=pv3;
ss1(5,5)=1; ss1(6,6)=1; ss1(7,7)=1;
ss2=ss1*ss1;
```

(2) 내부종속이 있는 경우 ANP

- **예제** 2 : ANP 예제 1과 동일하나, 평가기준별 영향도 고려

진성물산에서 3개 종류의 신제품을 준비한다. 평가기준은 가격, 기능, 디자인으로 구성하였으나, 독립성이 확보되지 못하였다. 분석을 검토하시오

· **평가기준 선호도 조사**

(기준)	가격	기능	디자인
가격	1	3	5
기능	1 / 3	1	5
디자인	1 / 5	1 / 5	1

· **가격의 제품별 선호도**

(가격)	제품 A	제품 B	제품 C
제품 A	1	1	3
제품 B	1	1	3
제품 C	1/3	1/3	1

· **기능의 제품별 선호도**

(기능)	제품 A	제품 B	제품 C
제품 A	1	3	5
제품 B	1 / 3	1	3
제품 C	1 / 5	1 / 3	1

· **디자인의 제품별 선호도**

(디자인)	제품 A	제품 B	제품 C
제품 A	1	3	3
제품 B	1/3	1	5
제품 C	1/3	1/5	1

· **영향도** : 평가기준의 독립성이 확보되지 못한 경우, 평가기준 영향도를 산정하여 평가기준의 중요도를 조정해 주어야 한다. 일반적으로 영향도 산정은 평가기준의 분산 등 통계기법이 적용될 수 있으나, 분산의 적용방법은 방향성이 없고, 많은 자료를 필요로 하기에 쌍대비교를 적용한다.

· **가격의 영향도 조사**

	가격	기능	디자인
가격	1	2	4
기능	1 / 2	1	3
디자인	1 / 4	1 / 3	1

· **기능의 영향도 조사**

	가격	기능
가격	1	1/3
기능	3	1

· **디자인의 영향도 조사**

	기능	디자인
기능	1	1/2
디자인	2	1

· 평가기준 Tom's Matrix 산정 :

c1 = [0.6175 0.2969 0.0856]

· 평가기준의 영향도를 고려한 Tom's Matrix 조정 :

〈 가격의 영향도 Matrix = 0.5584 0.3196 0.1220 〉

〈 기능의 영향도 Matrix = 0.2500 0.7500 0 〉

〈 디자인의 영향도 Matrix = 0 0.3333 0.6667 〉

$$c1' = 0.6175 * \begin{bmatrix} 0.5584 \\ 0.3196 \\ 0.1220 \end{bmatrix} + 0.2969 * \begin{bmatrix} 0.250 \\ 0.750 \\ 0 \end{bmatrix} + 0.0856 * \begin{bmatrix} 0 \\ 0.3333 \\ 0.6667 \end{bmatrix}$$

= [0.4190 0.4486 0.1324]

· 평가기준별 평가대안 Tom's Matrix 산정 :

c2 =

	가격	기능	디자인
제품 A	0.43	0.64	0.57
제품 B	0.43	0.26	0.32
제품 C	0.14	0.10	0.11

· Super Matrix 구성 :

구분		목표	평가기준			평가대안		
			가격	기능	디자인	제품 A	제품 B	제품 C
목표		0	0	0	0	0	0	0
평가기준	가격	0.419	0	0	0	0	0	0
	기능	0.449	0	0	0	0	0	0
	디자인	0.132	0	0	0	0	0	0
평가대안	제품 A	0	0.43	0.64	0.57	1	0	0
	제품 B	0	0.43	0.26	0.32	0	1	0
	제품 C	0	0.14	0.10	0.11	0	0	1

· Super Matrix 산정 :

Super Matrix를 제곱하면 수치의 변동이 없는 상태에 이르게 된다. 이때 Super Matrix는 Markov Process의 안정상태에 도달한 것으로 간주된다. 예제의 경우, 이러한 Markov Process의 산정과정을 거쳐 최종 가중치는 0.54, 0.34, 0.12 으로 분석되었다. 예제 1의 산정결과와 비교하여 보면, 가중치는 0.50, 0.37, 0.13에서 다소 변경되었음을 알 수 있다. 즉 제품 A의 가중치가 다소 높아졌으며, 제품 B는 낮아짐을 알 수 있다. 이는 평가기준인 가격, 기능, 디자인의 가중치가 [0.618 0.297 0.085]에서 평가기준의 영향도를 고려한 가중치 [0.419 0.449 0.132]로 변경되었기 때문인 것으로 판단된다.

구분		목표	평가기준			평가대안		
			가격	기능	디자인	제품 A	제품 B	제품 C
목표		0	0	0	0	0	0	0
평가기준	가격	0	0	0	0	0	0	0
	기능	0	0	0	0	0	0	0
	디자인	0	0	0	0	0	0	0
평가대안	제품 A	0.540	0.43	0.64	0.57	0	0	0
	제품 B	0.338	0.43	0.26	0.32	0	0	0
	제품 C	0.122	0.14	0.10	0.11	0	0	0

· 내부종속의 Super Matrix :

내부종속은 같은 Level의 요소들 간에 독립성이 확보되지 않을 경우에 적용한다. Super Matrix의 구성은 내부종속이 없을 때와 같다. 다만, 입력되는 Tom's Matrix가 내부종속의 영향도를 고려하였는가, 영향도를 고려하지 않았는가의 여부만 검토하게 된다. 영향도는 통계적인 방법으로 산정하여도 되지만, 영향도에 관한 추가적인 쌍대비교 조사를 통하여 산정한다. Super Matrix를 이용한 내부종속의 처리방안은 AHP의 가법성에 대한 논란을 다소 완화 시켜주는 장점이 있어, 실무에서 적극 검토되어야 할 것으로 사료된다.

- MATLAB® 프로그램

```
%------------------------------------
% ANP 예제 2 : 내부종속
%------------------------------------
cc = [ 1 3 5 ; 1/3 1 5 ; 1/5 1/5 1 ];
p1 = [ 1 1 3 ; 1 1 3 ; 1/3 1/3 1 ];
p2 = [ 1 3 5 ; 1/3 1 3 ; 1/5 1/3 1 ];
p3 = [ 1 3 3 ; 1/3 1 5 ; 1/3 1/5 1 ];
d1 = [ 1 2 4 ; 1/2 1 3 ; 1/4 1/3 1 ];
d2 = [ 1 1/3 ; 3 1 ];
d3 = [ 1 1/2 ; 2 1 ];
%------------------------------------
% 고유치, 고유벡터 산정
%------------------------------------
[cv1,ce1]=eig(cc); [pv1,pe1]=eig(p1);
[pv2,pe2]=eig(p2); [pv3,pe3]=eig(p3);
[dv1,de1]=eig(d1); [dv2,de2]= eig(d2);
[dv3,de3]=eig(d3);
%------------------------------------
cv1=cv1(:,1)/sum(cv1(:,1)) ;
pv1=pv1(:,2)/sum(pv1(:,2));
pv2=pv2(:,1)/sum(pv2(:,1));
pv3=pv3(:,1)/sum(pv3(:,1));
dv1=dv1(:,1)/sum(dv1(:,1));
dv2=dv2(:,1)/sum(dv2(:,1));
dv3=dv3(:,1)/sum(dv3(:,1));
dv2(3)=0; dv3(3)=dv3(2);dv3(2)=dv3(1); dv3(1)=0;
cv11=cv1(1)*dv1+ cv1(2)*dv2+ cv1(3)*dv3;
%------------------------------------
% Super Matrix 구성
%------------------------------------
ss1=zeros(7);
ss1(2:4,1)=cv11; ss1(5:7,2)=pv1;
ss1(5:7,3)=pv2; ss1(5:7,4)=pv3;
ss1(5,5)=1; ss1(6,6)=1; ss1(7,7)=1;
ss2=ss1*ss1;
```

(3) 외부종속이 있는 경우 ANP

- **예제** 3 : ANP 예제 1과 동일하나, 평가기준별 영향도 고려

진성물산에서 3개 종류의 신제품을 준비한다. 평가기준은 가격, 기능, 디자인으로 구성하였으나, 독립성이 확보되지 못하였다. 분석을 검토하시오

· **평가기준 선호도 조사**

(기준)	가격	기능	디자인
가격	-	-	-
기능	-	-	-
디자인	-	-	-

· **가격의 제품별 선호도**

(가격)	제품 A	제품 B	제품 C
제품 A	1	1	3
제품 B	1	1	3
제품 C	1/3	1/3	1

· **기능의 제품별 선호도**

(기능)	제품 A	제품 B	제품 C
제품 A	1	3	5
제품 B	1 / 3	1	3
제품 C	1 / 5	1 / 3	1

· **디자인의 제품별 선호도**

(디자인)	제품 A	제품 B	제품 C
제품 A	1	3	3
제품 B	1/3	1	5
제품 C	1/3	1/5	1

· **영향도** : 평가기준과 평가대안의 상호 독립성이 확보되지 아니하여, 평가대안에 따라 평가기준을 쌍대비교를 통하여 조사하게 된다.

· **평가기준 선호도 조사**

(기준)	가격	기능	디자인
가격	-	-	-
기능	-	-	-
디자인	-	-	-

· **제품 A 의 평가기준 선호도**

(제품A)	가격	기능	디자인
가격	1	1/2	1/3
기능	2	1	1/2
디자인	3	2	1

· **기능의 제품별 선호도**

(제품B)	가격	기능	디자인
가격	1	3	3
기능	1/3	1	3
디자인	1/3	1/3	1

· **디자인의 제품별 선호도**

(제품C)	가격	기능	디자인
가격	1	2	2
기능	1/2	1	1
디자인	1/2	1	1

· **평가대안에 따른 평가기준 Tom's Matrix 산정 :**

제품 A = [0.1634 0.2970 0.5396]

제품 B = [0.5842 0.2808 0.1350]

제품 C = [0.5000 0.2500 0.2500]

· **평가기준별 평가대안 Tom's Matrix 산정 :**

c1 =

	제품 A	제품 B	제품 C
가 격	0.1633	0.5842	0.50
기 능	0.2970	0.2808	0.25
디자인	0.5396	0.1350	0.25

· **평가기준별 평가대안 Tom's Matrix 산정 :**

c2 =

	가격	기능	디자인
제품 A	0.43	0.64	0.57
제품 B	0.43	0.26	0.32
제품 C	0.14	0.10	0.11

· Super Matrix 구성 :

구분		목표	평가기준			평가대안		
			가격	기능	디자인	제품 A	제품 B	제품 C
목표		0	0	0	0	0	0	0
평가기준	가격	0	0	0	0	0.163	0.584	0.50
	기능	0	0	0	0	0.297	0.281	0.25
	디자인	0	0	0	0	0.540	0.135	0.25
평가대안	제품 A	0	0.43	0.64	0.57	1	0	0
	제품 B	0	0.43	0.26	0.32	0	1	0
	제품 C	0	0.14	0.10	0.11	0	0	1

· **Super Matrix 산정** :

Super Matrix를 제곱하면 수치의 변동이 없는 상태에 이르게 된다. 이때 Super Matrix는 Markov Process의 안정상태에 도달한 것으로 간주된다. 예제의 경우, 이러한 Markov Process의 산정과정을 거쳐 평가기준의 최종 가중치는 [0.35, 0.29, 0.37] 로 분석되었다. 예제 1의 산정결과와 비교하여 보면, 평가기준 가중치는 [0.62 0.30 0.08]에서 변경되었음을 알 수 있다. 그리고 이에 따른 제품의 평가결과는 기존 독립적인 상황에서의 평가결과 [0.502 0.369 0.129]에서 [0.539 0.341 0.120]으로 변화됨을 알 수 있다. 결론적으로, 외부종속을 고려하여도 제품 A의 선호도는 가장 높았으며, 외부종속을 고려할 경우, 더욱 선호도가 높아짐을 보이고 있다.

구분		목표	평가기준			평가대안		
			가격	기능	디자인	제품 A	제품 B	제품 C
목표		0	0	0	0	0	0	0
평가기준	가격	0	0.347	0.347	0.347	0	0	0
	기능	0	0.286	0.286	0.286	0	0	0
	디자인	0	0.367	0.367	0.367	0	0	0
평가대안	제품 A	0	0	0	0	0.539	0.539	0.539
	제품 B	0	0	0	0	0.341	0.341	0.341
	제품 C	0	0	0	0	0.120	0.120	0.120

· **외부종속의** Super Matrix :

외부종속은 서로 다른 Level의 요소들 간에 독립성이 확보되지 않을 경우에 적용한다. Super Matrix의 구성은 내부종속의 경우와 차이가 난다. 입력되는 Tom's Matrix는 서로 독립성이 확보되지 아니한 Level 에 대한 쌍대비교를 통하여 구성된다. 상호 영향도는 추가적인 쌍대비교 조사를 통하여 산정한다. Super Matrix를 이용한 외부종속의 처리방안은 AHP의 독립성 및 환류성에 (Feed Back) 대한 다소 완화시켜주는 장점이 있어, 실무에서 적극 검토되어야 할 것으로 사료된다.

- MATLAB® 프로그램 :

```
%--------------------------------
% ANP 예제 3 : 외부종속
%--------------------------------
cc = [ 1 3 5 ; 1/3 1 5 ; 1/5 1/5 1 ];
p1 = [ 1 1 3 ; 1 1 3 ; 1/3 1/3 1 ];
p2 = [ 1 3 5 ; 1/3 1 3 ; 1/5 1/3 1 ];
p3 = [ 1 3 3 ; 1/3 1 5 ; 1/3 1/5 1 ];
d1 = [ 1 1/2 1/3 ; 2 1 1/2 ; 3 2 1 ];
d2 = [ 1 3 3 ; 1/3 1 3; 1/3 1/3 1 ];
d3 = [ 1 2 2 ; 1/2 1 1 ; 1/2 1 1 ];
%---------------------------------
% 고유치, 고유벡터 산정
%---------------------------------
[cv1,ce1]=eig(cc); [pv1,pe1]=eig(p1);
[pv2,pe2]=eig(p2); [pv3,pe3]=eig(p3);
[dv1,de1]=eig(d1); [dv2,de2]= eig(d2);
[dv3,de3]=eig(d3);
%---------------------------------
cv1=cv1(:,1)/sum(cv1(:,1)) ;
pv1=pv1(:,2)/sum(pv1(:,2));
pv2=pv2(:,1)/sum(pv2(:,1));
pv3=pv3(:,1)/sum(pv3(:,1));
dv1=dv1(:,1)/sum(dv1(:,1));
dv2=dv2(:,1)/sum(dv2(:,1));
dv3=dv3(:,2)/sum(dv3(:,2));
%---------------------------------
% Super Matrix 구성
%---------------------------------
ss1=zeros(7);
ss1(2:4,5)=dv1 ; ss1(2:4,6)=dv2;
ss1(2:4,7)=dv3 ; ss1(5:7,2)=pv1;
ss1(5:7,3)=pv2 ; ss1(5:7,4)=pv3;
ss2=ss1*ss1;
ss3=ss2*sss2;
```

연습문제

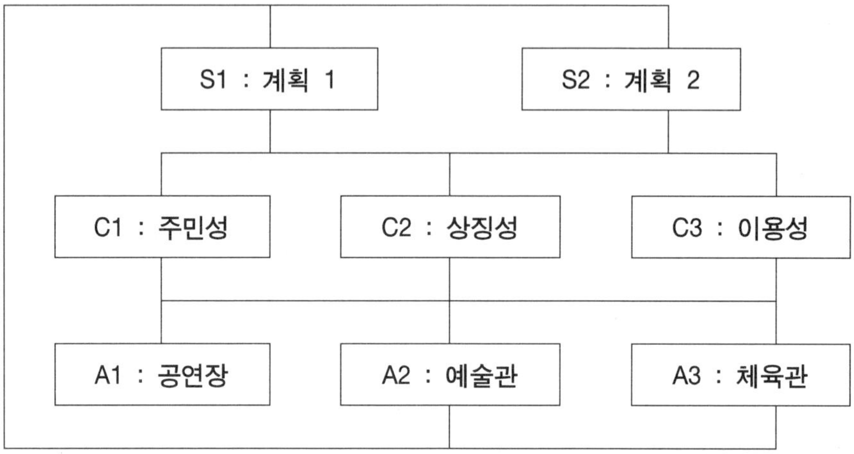

1. (Feed Back 형태의 ANP) : 진성시에서는 주민복지시설을 건설하려고 한다. 주민복지시설은 주민들의 선호도 조사를 거쳐 시설대안으로 공연장, 예술관, 체육관 등 3개 시설로 구성하였다. 주민 복지시설의 평가기준은 전문가의 델파이 조사를 거쳐 주민성, 상징성, 이용성 등 3개 요인으로 구성하였다. 의사결정 문제를 구조화 하는 과정에서, 주민시설 대안이 전체계획안 구성에 영향을 미친다는 사실을 파악하게 되었다. 즉, 주민시설의 종류에 따라 계획안이 두 종류로 구분된다는 점을 파악하여, 의사결정의 문제를 다음과 같이 피드백 형태의 ANP로 구조화 하였다. 의사결정을 수행하기 위한 평가기준, 평가대안 등의 쌍대비교 조사 결과는 다음과 같다.

   1) Feed-Back 이 없는 경우, Super Matrix를 구성하시오.

   2) Feed Back 이 있는 경우, Super Matrix 를 구성하시오.

   3) 2개 계획안의 실행 가중치를 산정하시오.

   4) 3개 평가기준의 중요도를 산정하시오.

   5) 3개 실행대안의 실행 가중치를 산정하시오.

· 실행대안에 대한 계획안의 쌍대비교

공연장	계획1	계획2
계획1	1	3
계획2	1/3	1

예술관	계획1	계획2
계획1	1	5
계획2	1/5	1

체육관	계획1	계획2
계획1	1	1/7
계획2	7	1

· 실행계획에 대한 평가기준의 쌍대비교

계획1	주민성	상징성	이용성
주민성	1	3	7
상징성	1/3	1	2
이용성	1/7	1/2	1

계획2	주민성	상징성	이용성
주민성	1	1	1/5
상징성	1	1	1/5
이용성	5	5	1

· 평가기준에 대한 실행 대안의 쌍대비교

주민성	공연장	예술관	체육관
공연장	1	7	8
예술관	1/7	1	2
체육관	1/8	1/2	1

상징성	공연장	예술관	체육관
공연장	1	1/5	1/2
예술관	5	1	4
체육관	2	1/4	1

이용성	공연장	예술관	체육관
공연장	1	1/3	1/7
예술관	3	1	1/4
체육관	7	4	1

CHAPTER 17

마르코프 분석 : Markov Process Analysis

17.1 개요

마르코프 과정 (Markov Process) 는 시간의 흐름에 따라 사상의 변화를 사상이 가지고 있는 동적인 특성을 토대로 확률적으로 규명하는 기법이다. 사상의 변화에 대한 동적인 특성을 마르코프 특성이라 하는데, 이는 현재의 상태가 주어지면, 과거의 특성치와는 관계없이 현재의 특성에 근거하여 장래에 일어날 확률적인 상황을 보여주는 것을 말한다. 이러한 마르코프 특성을 갖는 확률적 과정의 연속적인 특성을 규명한 것이 마르코프 과정이며, 마르코프 체인은 (Markov Chain) 마르코프 특성을 갖는 확률적 과정의 비연속적인 특성을 규명한 것이다. 따라서 이산적 시간 상황에서 시간 변화에 따른 상황의 변화 확률을 마르코프 체인이라 할 수 있으며, 마르코프 과정은 마르코프 체인의 시점간에 무수히 세분하여 나타나는 제반과정이라고 말할 수 있다.

동적인 마르코프 특성은 전이확률로 나타나는데, 이를 이용하여 확률적 변화를 규명하는 방법은 나무형 도식법과 (Tree Diagram) 행렬을 이용한 방법 (Matrix approach) 으로 구분된다. 나무형 도식법은 이해하기 쉬우나, 긴 시간에 걸친 확률변화를 규명하기에는 어려움이 있어 행렬을 이용하는 방법이 보다 널리 쓰이고 있다.

(1) Chapman-Kolmogorov's Equation

t=0 일 때, 시스템의 상태는 $\Pi(0)$ 이며, t=1 일 때 시스템의 상태는 전이확률 P를 이용하여 $\Pi(1) = \Pi(0)P$ 가 된다. 임의의 시간 t 에서의 시스템 상태는 다음의 수식으로 설명된다.

$$\Pi(t) = \Pi(t-1)P = \ldots = \Pi(0)\ P^t$$

이를 Chapman-Kolmogorov's Equation 이라 하며, 장기간의 시간이 지나면, $\Pi(t) \simeq \Pi(t-1)$의 관계식이 성립될 것이며, $\Pi(t) = \Pi(t-1)$의 극한에서 확률을 Π^* 라 하면, $\Pi^* = \Pi^*P$의 관계식이 성립될 것이다. 이를 이용하여 장기간에 걸친 확률벡터를 산정하게 된다.

(2) 안정상태의 확률벡터

마르코프 과정은 오랜시간이 지나면 안정상태 (Steady State) 또는 평형상태에 이르게 된다. 안정상태에 이르게 되는 과정은 이른바, 에르고딕 과정 (Ergodic Process)이라 하는데, 안정상태에 도달하기 위해서는 (1) 전이확률이 분해 불능하며 (2) 무주기적이어야 하며, (3) 재귀적인 성질을 가져야 한다는 조건을 충족하여야 한다.

안정상태에 이르게 되면, 전이확률에 의하여 만들어진 상황은 이전의 전이확률에 의하여 만들어진 상황과 유사하게 된다. 이를 수식으로 표현하면 다음과 같다.

$\Pi(t) = \Pi(t\text{-}1)\ P = \Pi(t)\ P$

여기서, $\Pi(t)$ 는 t 시점의 상태, P는 전이확률이다.

안정상태의 특성을 Π 라 하고, 전이확률을 향렬을 이용하여 P라 하고, 상태를 3개의 부수적인 특성을 가진 것으로 가정하면 다음과 같이 표현할 수 있다.

Π = [s1 s2 s3]

$$P = \begin{bmatrix} a_{11} & a_{12} & a_{13} \\ a_{21} & a_{22} & a_{23} \\ a_{31} & a_{32} & a_{33} \end{bmatrix}$$

이때, 안정상태의 확률벡터를 구하는 식은 다음과 같다.

$\Pi = \Pi\ P$

$$[\ s1\ s2\ s3\ ] = [\ s1\ s2\ s3\ ] * \begin{bmatrix} a_{11} & a_{12} & a_{13} \\ a_{21} & a_{22} & a_{23} \\ a_{31} & a_{32} & a_{33} \end{bmatrix}$$

$s1 = a_{11}{}^{*}\ s1 + a_{21}{}^{*}\ s2 + a_{31}{}^{*}\ s3$

$s2 = a_{12}{}^{*}\ s1 + a_{22}{}^{*}\ s2 + a_{32}{}^{*}\ s3$

$s3 = a_{13}{}^{*}\ s1 + a_{23}{}^{*}\ s2 + a_{33}{}^{*}\ s3$

$s1 + s2 + s3 = 1$

17.2 MATLAB® 적용사례

(1) 안정상태 확률벡터 산정 문제

- **예제** 1 : 안정상태의 확률벡터를 산정하는 문제

3개의 유사제품이 같은 시장에서 새로이 출시되어 경쟁하고 있다. 3주전의 상황과 현재의 상황은 표에서 보는 바와 같다. 3주전과 현재의 변화를 고려하여 안정상태의 확률벡터를 산정한다.

구 분		현재 상태			합
		A	B	C	
3 주전 상태	A	200	50	60	310
	B	60	700	50	810
	C	30	150	750	930
합		290	900	860	2,050

· 전이행렬 : P

구 분		현재 상태			합
		A	B	C	
3 주전 상태	A	0.645	0.161	0.194	1.0
	B	0.074	0.864	0.062	1.0
	C	0.032	0.161	0.807	1.0

· 안정상태 수식 :

$$[\ s1\ \ s2\ \ s3\ ] = [\ s1\ \ s2\ \ s3\ ] * \begin{bmatrix} 0.645 & 0.161 & 0.194 \\ 0.074 & 0.864 & 0.062 \\ 0.032 & 0.161 & 0.807 \end{bmatrix}$$

s1 = 0.645 * s1 + 0.074 * s2 + 0.032 * s3

s2 = 0.161 * s1 + 0.864 * s2 + 0.161 * s3

s3 = 0.194 * s1 + 0.062 * s2 + 0.807 * s3

s1 + s2 + s3 =1

- MATLAB® Program :

```
%-----------------------------------
% 마르코프 체인 예제 1 : 안정상태
%-----------------------------------
f1 ='s1=0.645*s1 + 0.074*s2 + 0.032*s3'
f2 ='s2=0.161*s1 + 0.864*s2 + 0.161*s3'
f3 ='s3=0.194*s1 + 0.062*s2 + 0.807*s3'
f4 ='s1+s2+s3 = 1'
r=solve(f1,f2,f3,f4);
```

- Output : 산정결과 안정상태의 벡터는 다음과 같이 분석되었다.

```
>> r.s1

ans =
0.14151854461931981311826273066583

>> r.s2

ans =
0.54208754208754208754208754208754

>> r.s3

ans =
0.31639391329313809933964972724663

>>
```

s1 = 0.142,   s2=0.542,   s3=0.316

따라서 전체 대상자 2,050 에 대한 비율은 다음과 같다.

A : 2,050 * 0.142 =   291
B : 2,050 * 0.542 = 1,111
C : 2,050 * 0.316 =   648

(2) 흡수상태 (Absorption States) 마르코프 분석

- **예제** 2 : 흡수상태의 마르코프 과정 문제

프로야구에서는 프로야구 신인 드래프트를 통하여 신인선수들을 프로야구 선수로 선발한다. 그러나 드래프트에서 지명을 받았다고 하여, 모든 선수들이 프로야구 선수가 되는 것은 아니다. 대부분 드래프트에서 지명을 받으면 2군에서 힘든 훈련을 거쳐 1군으로 승격이 되어야 비로서 프로야구선수가 된다. 모 프로야구 선수단의 2군 선수들에 대하여 과거 1년간 1군으로 승격되어 정식 프로야구 선수가 된 경우, 중도탈락하여 야구단을 떠난 경우, 군입대 등 개인적인 사정으로 잠시 훈련을 보류하는 경우, 계속 2군 훈련을 지속하는 경우의 4가지로 나누어 신인 선수들의 상황을 구분하였다. 이를 토대로 마르코프 분석을 수행한다.

		현재 상황				합계
		1군 승격	2군 탈락	훈련유보	훈련지속	
1년전 상황	1군 승격	20	0	0	0	20
	2군 탈락	0	30	0	0	30
	훈련 유보	3	1	7	5	16
	훈련 지속	7	9	3	15	34

* 흡수상태 (Absorption States) : 시스템이 특정한 상황에 이르게되면, 이를 벗어나지 못하는 경우가 발생한다. 이러한 경우는 전이행렬의 주대각선상의 값이 1인 경우 발생하는데, 자신의 상태로 이동할 확률은 1이지만 다른 상태로 이동할 확률은 전혀 없는 경우를 말한다. 즉, 상호 반대사상이 확률적으로 나타나는 경우로서 이를 수식으로 표현하면 다음과 같다.

$$f_{ik} = \sum_{j=0}^{M} p_{ij} f_{jk}, \quad \text{for} \quad i = 1, 2, 3, \ldots M$$

$$f_{kk} = 1, \; f_{jk} = 0, \; (i \neq k)$$

* 흡수상태에서는 안정상태를 구할 수 없으며, 기본행렬 (F)를 구하여 비흡수상태로 갈 확률 R을 곱한 FR을 통하여 흡수확률을 산출한다.

- **흡수상태의 마르코프 분석 :**

· 전이행렬 T 작성 : 1군 승격과 2군 탈락은 상호 반대사상이며, 흡수상태가 된다.

		현재 상황			
		1군 승격	2군 탈락	훈련유보	훈련지속
1년전 상황	1군 승격	1	0	0	0
	2군 탈락	0	1	0	0
	훈련 유보	0.187	0.063	0.437	0.313
	훈련 지속	0.206	0.265	0.088	0.441

· 단위행렬 I 작성 : (흡수상태에 머무르는 확률을 나타내는 행렬)

	1군 승격	2군 탈락
1군 승격	1	0
2군 탈락	0	1

· 행렬 P 작성 :

	1군 승격	2군 탈락
훈련 유보	0.187	0.063
훈련 지속	0.206	0.265

· 행렬 Q 작성 : (비흡수상태에서 비흡수상태 이동확률의 행렬)

	훈련 유보	훈련 지속
훈련 유보	0.437	0.313
훈련 지속	0.088	0.441

· 행렬 (I -Q) 산정

	1군 승격	2군 탈락
훈련 유보	0.563	-0.313
훈련 지속	-0.088	0.559

· 기본행렬 F 산정 : $(I-Q)^{-1}$

	1군 승격	2군 탈락
훈련 유보	1.949	1.090
훈련 지속	0.308	1.962

· 흡수행렬 FR 작성 : (FR = F * P : 비흡수상태에서 흡수상태 이동확률의 행렬)

	1군 승격	2군 탈락
훈련 유보	0.590	0.410
훈련 지속	0.461	0.539

* 흡수행렬이 산정되면, 새로이 시스템에 진입하는 분석대상의 전이를 예상할 수 있다. 예를 들어, 훈련유보의 2군 선수 50명과 훈련을 지속하는 2군선수 50명의 진로는, 다음과 같이 1군으로 승격하는 선수는 약 53명으로 예측되며, 2군에서 탈락하여 야구단을 떠나는 선수는 47명으로 예측된다.

$$B = [\ 50 \quad 50\ ], \qquad \text{흡수확률} = FR = \begin{bmatrix} 0.590 & 0.410 \\ 0.461 & 0.539 \end{bmatrix}$$

$$\text{예상} = B * FR = [\ 52.56 \quad 47.43\ ]$$

- **MATLAB® 프로그램 :**

```
%-------------------------------
% 마르코프 체인 예제 2 : 흡수상태
%-------------------------------
t =[   1.0000        0        0        0    1.0000
            0   1.0000        0        0    1.0000
       0.1875   0.0625   0.4375   0.3125    1.0000
       0.2059   0.2647   0.0882   0.4412    1.0000 ];
i = t(1:2,1:2);
p = t(3:4,1:2);
q = t(3:4,3:4);
f = inv(i-q);
fr = f*p;
```

(3) 마르코프 의사결정의 선형계획법 적용

- **예제** 3 : 마르코프 과정에 대한 선형계획법의 적용

대현 E&C에서는 신제품을 생산, 판매하고 있다. 신제품의 수요는 월 2개일 때 0.45, 월 3개일 때 0.55이며, 생산능력은 월 3개이다. 재고는 월 2개 이상을 허용하지 않으며, 생산비용은 다음의 표와 같다. 재고유지비는 제품당 월 200 단위일 때, 재고부족의 상황 없이 생산비와 재고비를 최소로 하는 생산계획을 강구토록 한다.

생산량	0	1	2	3
생산비	0	1500	1700	1900

- **문제의 구조화** :

· 결정변수 : 재고상황에서 생산수량을 결정하는 방안으로 결정변수 선정

재고수준	재고 0				재고 1				재고 2			
생산량	0	1	2	3	0	1	2	3	0	1	2	3
결정변수	-	-	-	x1	-	-	x2	x3	x4	x5	-	-

· 목적함수 : 다양한 경우에 대한 기대비용을 산정

결정변수	내용	전이상황	확률	비용	기대비용
x1	재고 0 : 3개 생산	수요2, 재고1	0.45	2100	1990
	"	수요3, 재고0	0.55	1900	
x2	재고 1 : 2개 생산	수요2, 재고1	0.45	1900	1790
	"	수요3, 재고0	0.55	1700	
x3	재고 1 : 3개 생산	수요2, 재고2	0.45	2300	2190
	"	수요3, 재고1	0.55	2100	
x4	재고 2 : 0개 생산	수요2, 재고1	0.45	1700	1590
	"	수요3, 재고0	0.55	1500	
x5	재고 2 : 1개 생산	수요2, 재고2	0.45	2300	2190
	"	수요3, 재고1	0.55	2100	

```
min  Z = 1990 x1 + 1790 x2 + 2190 x3 + 1590 x4 + 2190 x5
```

· 제약조건 : 전이상황에서 따른 의사결정을 제약조건으로 구성

```
x1 = 0.55x1 + 0.55 x2 + 0.55 x4                (재고 0 의 제약조건)
x2 + x3 = 0.45x1 + 0.45x2 + 0.55 x3
          +0.45x4 + 0.55x5                     (재고 1 의 제약조건)
x4 + x5 = 0.45x3 + 0.45x5                      (재고 2 의 제약조건)
x1 + x2 + x3 + x4 + x5 =1                      (의사결정의 제약조건)
x1, x2, x3, x4, x5 >=0                         (비음조건)
```

- **MATLAB® 프로그램 :**

```
%--------------------------------
% 마르코프 체인 예제 3 : 선형계획법
%--------------------------------
f=[ 1990 1790 2190 1590 2190 ];
aeq =[ -0.45  0.55     0  0.55    0
        0.45 -0.55 -0.45  0.45 0.55
           0     0  0.45    -1 -0.55
           1     1     1     1    1 ];
beq =[0 0 0 1]';
lb=[0 0 0 0 0 ];
[x,fval]=linprog(f,[],[],aeq,beq,lb);
```

- **Output** : 프로그램에 따른 output을 살펴보면, x1 = 0.55, x2 = 0.45로 산정된다. 그러나 예제의 문제는 혼합전략이 아닌 순수전략이기에 x1 =x2 = 1로 산정된다. 즉, 재고가 없을 때에는 제품을 3개를 생산하고, 재고가 1개일 때에는 제품 2개를 생산하는 것이 생산비용과 재고비용을 고려한 최적의 생산계획으로 분석된다. 이때의 생산비용은 각 1990 단위, 1790 단위로 분석되었으며, 두 종류의 생산계획에 대한 적용비율은 55%, 45% 로 분석되었다.

- **lamda를 이용한 잠재비용(Shadow Cost), 잠재가격(Shadow Price) :**

MATLAB®에서는 lamda를 이용하여 쌍대문제의 (Dual Problem) 잠재가격 (Shadow price)를 쉽게 산정할 수 있다. 잠재비용의 경우, lamda structure에서 결정변수의 변화에 따라 총 비용의 영향을 산정한 것으로서, 잠재비용은 lamda.lower 의 field 에 출력된다. 잠재가격의 경우, lamda structure에서 제약조건의 변화에 따라 총 비용의 영향을 산정한 것으로서, 등식의 제약조건에 대한 잠재가격은 lamda.eqlin 의 field에 출력된다. 잠재비용은 결정변수 중 비기저변수로 결정된 x3, x4, x5의 값이 zero가 아닌 경우 목적함수에 미치는 크기로 나타난다. 결정변수 x3은 0.017, x4는 444, x5는 644로 분석되었다. 이에 따라, 재고수준 2에서 제품 1개 또는 2개를 생산하는 x4, x5의 경우, 전체이익에 크게 손해를 미치는 것으로 분석되었다. 또한 잠재가격의 경우, 재고수준 0, 1, 2에 대해서는 모두 양으로 나타났으며, 제약조건 1, 제약조건 2는 특히 유의하여야 할 것이다.

```
>> lamda.lower

ans =
    0.0000
    0.0000
    0.0117
  444.4185
  644.4302

>> lamda.eqlin

ans =
   1.0e+03 *

    0.8444
    0.6444
         0
   -1.9000

>>
```

연습문제

1. 환승센터에서 지하철과 시외버스의 연결이 원활할 때, 이용객의 편의는 높아진다. 일반적으로 지하철과 시외버스는 운행시각표에 따라 운영되기에, 이에대한 조정이 수시로 이루어지지만, 가끔 어긋날 때 이용객은 큰 불편을 겪는다. 전날 무리없는 환승이 이루어지면, 그 다음날도 무리 없는 환승이 이루어 지는데 그 확률이 80% 로 조사되었다. 만일, 전날 환승에 문제가 생겼을 때, 그 다음날에도 문제가 생길 확률은 30% 로 조사되었다. 이러한 경우 다음 문제를 검토하여 본다.

   1) 전이확률을 산정하시오.

   2) 안정상태 확률을 산정하시오.

   3) 무리없는 환승이 이루어지는 일수, 문제가 생기는 일수를 예측하시오.

2. 차량은 시간의 흐름에 따라 노후화 되며, 정기적으로 안전점검을 받아야 한다. 어느 차량 검사소에서 차량의 이력자료를 수집하여 보니, 2년 전의 차량 상태에서 현재의 차량 상태로 변화한 내용을 다음과 같이 정리하였다. 다음의 문제에 대하여 검토하시오.

   1) 전이확률을 산정하시오.

   2) 올해 "양호"의 차량이 4년후 "불량"으로 전환될 확률을 산정하시오.

   3) 안정상태의 확률을 산정하시오.

구 분		현 재 상 태			
		아주양호	양호	불량	아주불량
2년전 상태	아주양호	100	50	10	0
	양호	0	120	80	30
	불량	0	0	70	20
	아주불량	0	0	0	10

CHAPTER 18

시뮬레이션 : Simulation

18.1 개요

현대생활에서, 의사결정의 대상이 되는 시스템은 과거와는 달리 대형화, 복잡화하고 있으며 주변여건도 급변하고 있어, 기존의 최적화 기법이나 통계적 기법, 수리적 기법 등의 기본적인 형태에 (Canonical Form) 따른 적용이 현실적으로 어려운 경우가 많이 발생한다. 이에 따라 시뮬레이션의 접근방법이 강구되는데, 일반적으로 시뮬레이션은 분석대상 시스템에 대한 분석모형을 구축하고, 이를 토대로 모의실험을 수행하여, 시스템의 분석과 의사결정을 위한 자료를 도출하는 방법이다. 최근, 컴퓨터의 발달에 따라 과거의 현장중심적 모의실험보다는 컴퓨터를 이용한 수리적인 모의실험으로 시스템을 분석하고 있다. 특히, 시스템의 불확실한 요소에 대하여 난수를 이용하는 몬테칼로 시뮬레이션 (Monte Carlo Simulation) 접근방법이 많이 이용된다. 이 책에서는 몬테칼로 접근방법을 중심으로 시뮬레이션을 살펴본다.

- **시뮬레이션 정의** :

시뮬레이션은 "모의실험"으로 번역되며, 이는 현실의 상황을 가급적 최대한 가깝게 모방하여 실험한다는 의미이다. 예를 들어, 방송국에서 방송을 시작하기 전에 예행연습을 (이른바, 리허설) 시행하는데, 이것은 현장 중심 시뮬레이션의 일종이다. 건축토목 분야에서는, 실제 구조물의 건설에 앞서 실험실에서 구조실험, 풍동실험 등의 실험을 수행하여 현실의 상황에 대비하는 방안을 고안하는데, 이는 현물 중심 시뮬레이션의 일종이다. 의사결정 과정에서 고려되는 시뮬레이션은 이러한 현장 및 현물 중심 시뮬레이션과는 성격이 다르다. 의사결정 과정에서는 문제해결을 위하여 모형을 구성하였을 때, 복잡한 시스템의 구성 등으로 인하여 수리적으로 해석할 수 없는 부분들이 포함되기도 한다. 이때 현실과 유사한 가상의 상황을 인위적으로 구상하여 모형의 실험을 반복적으로 실행하였을 경우, 문제에 대한 근사치를 얻어 문제를 해결하려는 접근방법을 시뮬레이션이라 한다.

- **몬테칼로 시뮬레이션** (Monte Carlo Simulation) :

의사결정과정에서 수리적으로 해석하기 어려운 부분이 포함되고, 특히 확률적으로 변동되는 요소가 포함되어 있을 경우, 반복적인 시뮬레이션으로 문제의 근사치를 얻는 접근방법을 "확률적 시뮬레이션"이라 한다. 이때, 확률적 요소에 대하여 난수를 (Random Numbers) 이용하여 시뮬레이션을 수행하는 방법이 강구되는데, 대표적인 방법이 J.von Neumann (1944)에 의한 몬테칼로 시뮬레이션 (Monte Carlo Simulation) 이다.

몬테칼로 시뮬레이션은 난수를 이용하여 시뮬레이션을 수행하는 방법으로, 이때 이용되는 난수는 특정한 분포를 가정하여 반복적으로 발생하게 된다. 특정 분포에 따른 난수의 반복적인 발생은 컴퓨터를 이용하면 쉽게 처리할 수 있다. 그러나, 컴퓨터에 의한 난수발생은 일정한 알고리즘에 따라 난수가 발생되기 때문에, 유사난수 (Pseudo Random Numbers)라 할 수 있다. 난수발생 방법은 크게 다음의 3가지로 구분된다.

(1) Inverse Transform Method

특정분포를 가정하여 해당 누적 확률분포함수의 역함수를 이용하여 난수를 반복적으로 발생하는 방법이다. 예를들어, 정규분포를 가정하였을 경우, 누적 확률분포함수는 다음과 같다.

$$F(x) = \frac{2}{\sqrt{2\pi}} \int_{-\infty}^{x} e^{\frac{-x^2}{x}} dx$$

이때, 평균이 0, 표준편차가 1, P의 값이 0.7이면, 누적 확률분포함수의 역함수 값은 $F^{1}(0.7)$ = 0.5244가 된다. 따라서 P를 균등분포에 의한 난수로 발생시키고, 반복적으로 역함수를 이용하면 정규분포에 따른 표준 정규 난수들을 발생시킬 수 있다. MATLAB은 특정 확률분포의 역함수를 구하는 명령어를 제공하고 있어, 이를 이용하면 쉽게 산정할 수 있다.

- X = binoinv(Y,N,P) Binomial inverse cumulative distribution function
- X = geoinv(Y,P) Geometric inverse cumulative distribution function
- X = poissinv(P,lambda) Poisson inverse cumulative distribution function
- X = betainv(P,A,B) Beta inverse cumulative distribution function
- X = norminv(P,mu,sigma) Normal inverse cumulative distribution function
- X = expinv(P,mu) Exponential inverse cumulative distribution function
- X = gaminv(P,A,B) Gamma inverse cumulative distribution function

(2) Box-Muller Approach

누적 확률분포의 역함수를 이용하지 않고 난수를 발생시키는 방법이다. 이는 먼저 균등 분포에 의하여 두 개의 독립적인 난수 u_1, u_2를 발생시킨 다음, 이를 다음의 수식으로 변형하면 변형된 값 x_1, x_2는 정규분포에 근사하다는 방법이다. 따라서 역함수를 이용하지 않고, 표준 정규 난수들을 발생할 수 있는 방법으로 널리 쓰이고 있다.

- u_1, u_2 : 0에서 1까지의 수로서, 균등 분포에 의한 난수

- $$x_1 = \sqrt{-2\ln u_1}\cos 2\pi u_2$$

  $$x_2 = \sqrt{-2\ln u_1}\sin 2\pi u_2$$

(3) Quasi-Random Sequences

난수들의 군집을 최대한 억제하면서 난수들의 간격을 채우려는 난수 발생 기법으로서, Halton's Sequences와 Sobol's Sequences의 두 개의 방법이 있다. Halton's Sequences의 방법을 요약하면 다음과 같다.

- 10진수의 n을 다음과 같이 변환한다. 여기서 b는 소수이다.

$$n = \sum_{k=0}^{m} d_k b^k$$

- n을 base b를 가지는 Halton's Sequence의 n 번째 수가 된다.

$$h(n, b) = \sum_{k=0}^{m} d^k b^{-(k+1)}$$

- 예를 들어, b=2, n=4의 Halton's Sequences는 다음의 수식과 같다.

$$h(4,2) = \sum_{k=0}^{2} d_k 2^{-(k+1)} = d_0 2^{-1} + d_1 2^{-2} + d_3 2^{-3}$$
$$= 0\times 2^{-1} + 0\times 2^{-2} + 1\times 2^{-3} = 1/8 = 0.125$$

18.2 시뮬레이션의 분석과정

시뮬레이션의 분석과정은 분석대상 시스템의 규모와 특성, 그리고 문제의 성격에 따라 다양하게 분류될 수 있다. 이 책에서는 가장 일반적인 형태의 시뮬레이션 분석과정을 제시한다.

(1) 시스템의 문제 인식

현재 시스템에서 해결하여야 할 당면한 문제, 또는 가까운 장래에 시스템에서 해결하여야 할 예상문제에 대하여 명확한 인식과 시스템의 특성에 맞는 목적을 설정한다.

(2) 자료수집 및 여건분석

문제인식 과정에서 파악된 시스템의 특성, 목적과 주변 여건에 대한 자료수집 및 분석을 수행하는 과정이다. 특히, 자료수집에서는 인과관계에 있는 관련자료의 수집이 필요하다.

(3) 분석모형의 구성

현실의 문제를 해결할 수 있는 분석모형을 구축한다. 이때, 분석모형의 구성요소 중에서 확정적인 요소와 확률적인 요소를 구분하여 이에 대한 처리방안을 모색한다.

(4) 시뮬레이션의 적용여부 판정

분석모형에서 확률적 요소에 대한 처리를 시뮬레이션으로 처리할 것인지 여부를 결정한다. 만일 시뮬레이션으로 처리하지 않을 경우의 만족할 만한 최적해를 산정할 수 있는가의 여부를 판단한다.

(5) 시뮬레이션 모형 구축

현실의 상황을 최대한 반영할 수 있는 모형을 구축한다. 아울러 모형구축 과정에서 확률적 요소에 대한 처리방안을 명확하게 규정하고, 투입변수와 매개변수의 허용오차에 대하여 사전적으로 그 범위를 설정하여야 한다.

(6) 시뮬레이션 시행 및 평가

구축된 시뮬레이션 모형을 시행한다. 그리고 시뮬레이션의 시행결과를 검토하여 모형의 신뢰성와 타당성을 분석한다. 시뮬레이션 모형의 신뢰성과 타당성의 검토가 확정되면, 시뮬레이션의 결과를 요약하여 최적의 해를 결정한다.

18.3 MATLAB® 적용사례

(1) 난수발생 예제 :

- **예제** : 표준 정규난수를 3개 방법으로 발생

표준 정규난수를 Inverse Transform Method, Box-Muller Approach, Quasi-Random Sequences 등에 의하여 발생한다. MATLAB에서 다음 프로그램을 이용하여, 약 1,000개의 균등분포 난수를 발생시킨 다음, 이를 토대로 누적 정규난수를 만든다. 이를 그래프로 보면 다음과 같다.

```
%--------------------------------
% 표준 정규난수 : Inverse Transform
u0=rand(1000,1);            ← 균등분포 0-1 난수 1,000개 발생
x0=norminv(u0,0,1);         ← 누적 정규분포 함수의 역함수 적용
subplot(2,2,1);             ← 2*2 그래프 첫 번째에 plot
histfit(x0);                ← 히스토그램과 fitting line plot
%--------------------------------
% 표준 정규난수 : Box-Muller
u1=rand(1000,1);            ← 균등분포 0-1 난수 1,000개 발생
u2=rand(1000,1);            ← 균등분포 0-1 난수 1,000개 발생
x1=sqrt(-2*log(u1)).*cos(2*pi*u2);     ← Box-Muller x1 산정
x2=sqrt(-2*log(u1)).*sin(2*pi*u2);     ← Box-Muller x2 산정
subplot(2,2,2);                  ← 2*2 그래프 두 번째에 plot
histfit(x1);                     ← 히스토그램과 fitting line plot
subplot(2,2,3);                  ← 2*2 그래프 세 번째에 plot
histfit(x2);                     ← 히스토그램과 fitting line plot
%--------------------------------
% 표준 정규난수 : Hanton's Sequences
sequ=halton(1000,2);             ← Halton 함수에서 난수 발생
x3=sqrt(-2*log(u1)).*cos(2*pi*sequ);   ← Box-Muller x1 산정
x4=sqrt(-2*log(u1)).*sin(2*pi*sequ);   ← Box-Muller x1 산정
subplot(2,2,4);                  ← 2*2 그래프 세 번째에 plot
histfit(x3);                     ← 히스토그램과 fitting line plot
```

```
%--------------------------------
% Function : Hanton's Sequences
%--------------------------------
function sequ=halton (n,b)
sequ=[];
for i=1:n
    n0=i;
    h=0;
    f=1/b;
    while (n0>0)
        n1=floor(n0/b);
        r=n0-n1*b;
        h=h+ f*r;
        f=f/b;
        n0=n1;
    end
    sequ=[sequ;h];
end
```

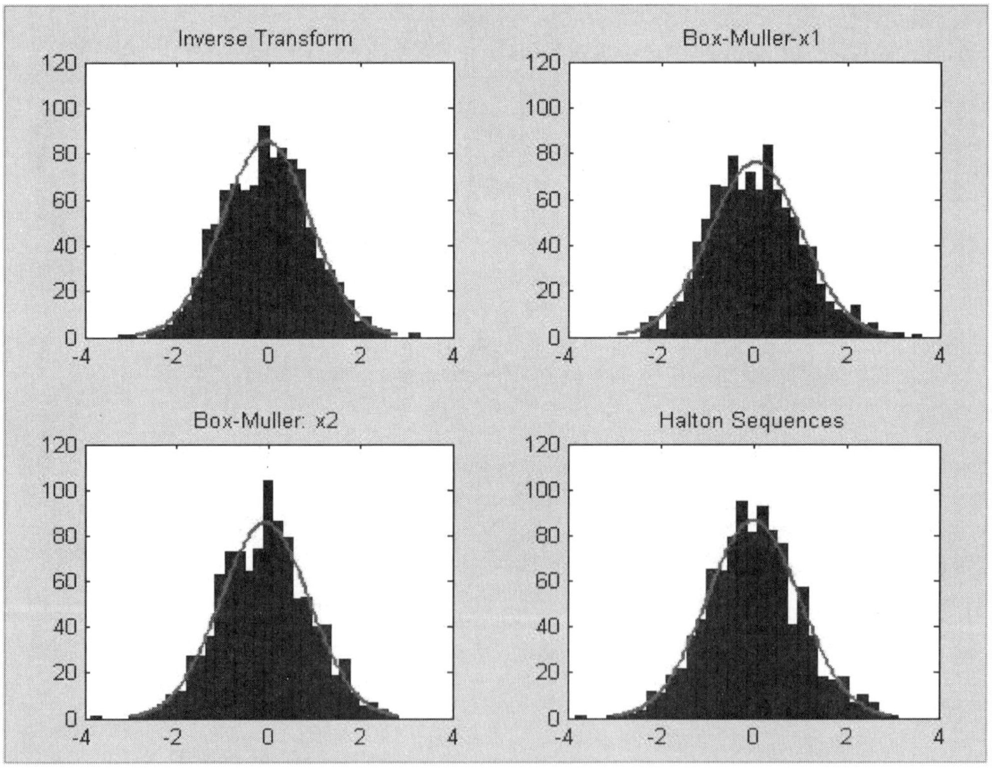

(2) 시뮬레이션에 의한 원주율 π 산정 :

원주율 π는 무리수로서 일반적인 산정과정에서 쉽게 계산할 수는 없다. 이를 시뮬레이션 방법으로 산정하여 본다. 예를들어, 가로, 세로의 길이가 1.0인 사각형 면적은 1.0 이다. 이러한 정사각형에 내접하는 원의 면적은 0.5*0.5*π가 된다. 이때 난수 x1, x2를 발생하여 가로의 길이를 x1, 세로의 길이를 x2 라 하면, 중심으로부터의 거리는 다음의 식으로 산정된다.

$$d = \sqrt{(0.5 - x_1)^2 + (0.5 - x_2)^2}$$

만일, x1, x2 에 의하여 산정한 거리 d 가 0.5 보다 적으면 x1, x2는 내접원 안에 존재하며, d가 0.5 보다 크면, x1, x2 는 내접원 밖에 존재한다. 이때 x1, x2가 내접원 안에 존재할 확률은 다음과 같이 산정된다.

$$P = (0.5 \times 0.5 \times \pi \ldots \text{원의 면적}) / 1.0 (\text{전체면적} \ldots)$$

$$= (d < 0.5 \text{ 의 경우 수}) / n (\text{전체 경우 수})$$

$$\pi = (d < 0.5 \text{ 의 경우 수}) / (n \times 0.5 \times 0.5)$$

- MATLAB® 프로그램 :

```
%----------------------------------
% 시뮬레이션 예제 2 : 원주율 산정
%----------------------------------
n=1000000
x1=rand(n,1);
x2=rand(n,1);
d=sqrt((x1-0.5).^2 +  (x2-0.5).^2);
nn=sum(d<0.5);
pai=nn/(n*0.5*0.5);
pai
```

- MATLAB® output : 예제와 같이 약 100만개의 난수를 토대로 원주율을 산정하면, 다음과 같다.

```
pai =     3.1413
```

(3) 교차로 진행방향 시뮬레이션 :

어느 교차로에서 우회전 30%, 직진 50%, 좌회전 20%의 통행패턴을 보이고 있다. 10대의 차량이 교차로에 진입한다고 할 때, 각 방향별 차량대수는 어떻게 될 것인가 시뮬레이션을 분석한다.

- MATLAB® 프로그램과 결과는 다음과 같다. 균등 분포에 따른 난수 10개를 발생하여, 기존의 분포에 따른 시뮬레이션의 결과, 우회전은 40%, 직진은 40%, 좌회전은 20%로 분석되었다.

```
%----------------------------------
% 시뮬레이션 예제 3 : 교차로 통행
%----------------------------------
u=rand(10,1);                       ←- 균등분포 0-1 난수 1,000개 발생
x1=u<0.3;                           ←- 우회전 차량 파악 (난수범위 1)
x2=0.3<u & u<0.8;                   ←- 직진차량 파악    (난수범위 2)
x3=u>0.8;                           ←- 좌회전 차량 파악 (난수범위 3)
a1=sum(x1);                         ←- 우회전 차량의 합
a2=sum(x2);                         ←- 직진 차량의 합
a3=sum(x3);                         ←- 좌회전 차량의 합
%----------------------------------
b1=sum(u<0.3);                      ←- 위의 수식을 간단하게 만든 것
b2=sum(0.3<u & u<0.8);                 (a1=b1, a2=b2, a3=b3)
b3=sum(u>0.8);
```

```
u' =
    0.9816    0.4968    0.0224    0.0538    0.1409    0.8935    0.4658
    0.5609    0.4945    0.0678
x1' =    0    0    1    1    1    0    0    0    0    1
x2' =    0    1    0    0    0    0    1    1    1    0
x3' =    1    0    0    0    0    1    0    0    0    0
a1 =     4
a2 =     4
a3 =     2
b1 =     4
b2 =     4
b3 =     2
```

(4) 판매수요 시뮬레이션 :

(주) 한양 특수개발은 판매점에서 1일 상품 수요가 기존 자료로부터 다음과 같은 분포를 보이는 것으로 나타났다. 이를 토대로 20일간의 수요를 시뮬레이션하여 수요분포를 살펴본다.

상품 수요	0	1	2	3	4
비율 (%)	5	15	30	35	15

- MATLAB® **프로그램과** Output : 누적분포와 난수범위를 설정한다. 난수를 발생하여 범위내의 빈도를 구한다. 산정결과 상품수요가 (0, 1, 2, 3, 4 개)의 경우, 20개의 난수를 발생하여 시뮬레이션 한 결과, (1, 3, 9, 3, 4)으로 나타났으며, 비율은 (5 %, 15 %, 45 %, 15 %, 20 %)로 분석되었다.

상품 수요	0	1	2	3	4
누적 비율	0-5	5.1-20	21.1-50	50,1-85	85.1 - 100

```
%--------------------------------
% 시뮬레이션 예제 4 : 판매 수요
%--------------------------------
u=rand(20,1);
b1=sum(u<=0.05);
b2=sum(0.05<u & u<=0.25);
b3=sum(0.25<u & u<=0.5);
b4=sum(0.5<u & u<=0.85);
b5=sum(u>0.85);
```

```
u =
    0.3747    0.4369    0.3043    0.2909    0.2425    0.9367    0.8602
    0.3972    0.4794    0.5650    0.4896    0.2698    0.9897    0.1837
    0.8617    0.0326    0.3320    0.7487    0.6444    0.1692

b1 =     1,     b2 =     3,     b3 =     9
b4 =     3,     b5 =     4
```

(5) 재고관리 시뮬레이션 :

어느 판매점에서 1주일간 상품 수요가 기존 자료로부터 다음과 같은 분포를 보이는 것으로 나타났다. 재고가 일정 수준이하로 떨어지면, 상품을 공급처로부터 배송을 받는다. 배송은 배송주문후, 1주일 후에 이루어지며, 배송비용은 1회당 10,000 원이고, 1회당 배송량은 30개 이다. 재고비용은 상품 1개당 300원이며, 재고가 없을 경우 3,000 원의 손해를 본다. 배송을 발주하는 재고수준을 재고상품이 몇 개의 수준으로 설정할 때, 배송을 발주하는 것이 유리한 방법인지 시뮬레이션을 분석한다. (단, 시뮬레이션을 위하여 상품의 재고 초기치는 30개로 한다.)

상품 수요	3	4	5	6	7	8	9	10	11	12	13	14	15
비율 (%)	2	5	8	10	15	16	12	8	7	6	5	4	2

- MATLAB® **프로그램과** Output : 누적분포와 난수범위를 설정한다. 수요분포에 따른 난수를 발생하여 범위내의 빈도를 구한다.

상품 수요	3	4	5	6	7	8	9	10	11	12	13	14	15
누적 비율	2	7	15	25	40	56	68	76	83	89	94	98	100

```
%-------------------------------
% 시뮬레이션 예제 5: 재고관리
%-------------------------------
x1=rand(100,1);                    % 균등분포의 난수 100개 발생
%------------------
for i=0:10                         % 배송발주 재고수준 (0개에서 10개)
[x2,x3,x4,x5]=sim01 (x1,i);       %  Function sim01 불러들임
cost=sum(x4)*10000 + 300*sum(x3) -3000*sum(x5);   % 비용계산
%------------------
I                                  % 재고수준과 재고비용 출력
cost
%------------------
end
```

- **재고관리 시뮬레이션의 Function M-File** : (sim01.m)

```
%-----------------------------------
% x2 : 난수 x1에 따른 x2(수요) 산정
% x3 : x2에 따른 재고 x3 (재고) 산정
% x4 : x3 에 따른 x4 (주문발주 회수)
% x5 : 재고부족의 경우, 부족 상품수
%-----------------------------------
function [x2,x3,x4,x5]=sim01 (x1,c)
x2=[]; x3=[]; x4=[]; x5=[];
xxx=0; xxxx=0;
for i=1:length(x1)
%---------------------
 if        x1(i) <= 0.02;     x=3;
   elseif x1(i) <= 0.07;    x=4;
   elseif x1(i) <= 0.15;    x=5;
   elseif x1(i) <= 0.25;    x=6;
   elseif x1(i) <= 0.40;    x=7;
   elseif x1(i) <= 0.56;    x=8;
   elseif x1(i) <= 0.68;    x=9;
   elseif x1(i) <= 0.76;    x=10;
   elseif x1(i) <= 0.83;    x=11;
   elseif x1(i) <= 0.89;    x=12;
   elseif x1(i) <= 0.94;    x=13;
   elseif x1(i) <= 0.98;    x=14;
 else                              x=15;
 end
%--------------------
 if i == 1;     xx=30-x;
 else ;          xx=xx-x;
 end
%----------------------
 if xx <= c ;
     if xx<0 ;
     xxxx=xxxx+ xx
     end
    xx=30;    xxx=xxx+ 1;
 end
%--------------------
 x2=[x2 ; x];  x3=[x3 ; xx];
 x4=[x4 ; xxx]; x5=[x5; xxxx];
 xxx=0; xxxx=0;
end
```

- 재고관리 시뮬레이션 output : 약 100주간의 시뮬레이션을 분석하기 위하여 수요분포에 따른 난수발생을 수행하여, 상품주문의 배송수준을 0개에서 10개까지 시뮬레이션한 결과, 재고수준 5개에서 상품의 배송을 주문하는 것이 가장 경제적인 방법으로 분석되었다.

```
i =      0,   cost =      1081500

i =      1,   cost =      1077000

i =      2,   cost =      1070800

i =      3,   cost =       969000

i =      4,   cost =       972100

i =      5,   cost =       958600

i =      6,   cost =       969100

i =      7,   cost =       969100

i =      8,   cost =       971600

i =      9,   cost =      1003900

i =     10,   cost =      1041900

>>
```

(6) 대기행렬 시뮬레이션 :

대기행렬을 발생시키는 시스템의 분석을 위해서는 기본적으로 몇 가지 자료수집과 분석이 요구된다. (1) 고객의 도착시간에 대한 분포가 균등하지 않고 불특정함에 따른 분포의 분석이 요구된다. 특히 고객의 도착시간 간격에 대한 분포가 기본적인 분석자료로 요구된다. (2) 서비스 받는 시간의 분포가 요구된다. 서비스 받는 시간이 균등하지 아니하고 불확정적이기에 이에 대한 분포의 분석자료가 요구된다. (3) 서비스 창구의 수가 대기행렬 분석의 기초자료로 요구된다. (4) 서비스 순서의 규칙, 예를 들면, 선입선출, 선입후출 등의 규칙 자료가 필요하다. 본 예제에서는 단일창구, 선입선출의 서비스를 제공하는 어느 창구에서, 과거의 자료로부터, (1) 고객의 도착시간 분포, (2) 창구의 서비스 시간 분포 등의 자료가 다음과 같을 때, 시뮬레이션을 통한 분석을 수행한다.

고객의 도착시간간격	3	4	5	6	7	8
비율 (%)	5	15	35	25	15	5

창구의 서비스 시간 분포	2	3	4	5	6	7	8
비율 (%)	5	5	20	30	20	15	5

- MATLAB® **프로그램과** : 누적분포와 난수범위를 설정한다. 그리고 이에 따른 변수를 산정한다. 본 예제에서는 다음과 같은 변수를 설정하였다.

  x1, x2 :균등분포 난수발생
  x3 : x1을 토대로 도착시간 간격 분포에 따른 도착시간 산정
  x4 : x2를 토대로 서비스 시간 분포에 따른 서비스 시간 산정
  x5 : x3에 따른 도착시각 산정
  x6 : x4에 따른 서비스 시작 시각 산정
  x7 : x5, x6 에 의한 서비스 종료 시각 산정
  x8 : 고객 대기시간
  x9 : 서비스 대기시간 (창구가 빈 시간)
  x10 : 대기인원
  x11: 서비스 받는시간

- 프로그램의 검토를 위하여 x1에서 x11까지 n=10개의 간단한 시뮬레이션을 수행한 결과는 다음과 같다.

x1	x2	x3	x4	x5	x6	x7	x8	x9	x10	x11
0.049	0.027	3	2	3	3	5	0	3	0	2
0.796	0.598	6	5	9	9	14	0	4	0	5
0.858	0.749	7	6	16	16	22	0	2	0	6
0.504	0.825	5	7	21	22	29	1	0	1	8
0.882	0.738	7	6	28	29	35	1	0	1	7
0.574	0.008	6	2	34	35	37	1	0	1	3
0.959	0.051	8	3	42	42	45	0	5	0	3
0.979	0.422	8	5	50	50	55	0	5	0	5
0.596	0.471	6	5	56	56	61	0	1	0	5
0.015	0.947	3	7	59	61	68	2	0	1	9

- MATLAB® 프로그램은 다음과 같다.

```
%----------------------------------
% 시뮬레이션 예제 6 : 대기행렬
%----------------------------------
n=10;
x1=rand(n,1);
x2=rand(n,1);
[x3, x4, x5, x6, x7, x8, x9, x10, x11 ]=sim02 (x1,x2);
```

- 프로그램의 Function M-File : (sim02.m)

```
%----------------------------------
% x3 : x1에 따른 도착시간          x4 : x2에 따른 x3(서비스시간) 산정
% x5 : x3에 따른 도착시각          x6 : x4에 따른 서비스 시작 시각 산정
% x7 : 서비스 종료 시각 산정      x8 : 고객 대기시간
% x9 : 창구가 빈 시간              % x10 : 대기인원
% x11: 서비스 받는시간
%----------------------------------
function [x3,x4,x5,x6,x7,x8,x9,x10,x11]=sim02 (x1,x2)
x3=[];x4=[];x5=[];x6=[];x7=[];x8=[];x9=[];x10=[];x11=[];
a=0; aa=0; b=0; bb=0; c=0; cc=0; d=0; zz=0;
for i=1:length(x1)
```

```
%---------------------
 if        x1(i) <= 0.05;     x=3;
   elseif x1(i) <= 0.20;     x=4;
   elseif x1(i) <= 0.55;     x=5;
   elseif x1(i) <= 0.80;     x=6;
   elseif x1(i) <= 0.95      x=7;
  else                       x=8;
 end
 if        x2(i) <= 0.05;     xx=2;
   elseif x2(i) <= 0.10;     xx=3;
   elseif x2(i) <= 0.30;     xx=4
   elseif x2(i) <= 0.60;     xx=5;
   elseif x2(i) <= 0.80;     xx=6;
   elseif x2(i) <= 0.95      xx=7;
  else                       xx=8;
 end
a  = a + x;
if a>=b;    aa=a;    c=a-b;    cc=0;
else ;    aa=b;    c=0;    cc=1
end
b  = xx + aa;
if aa>=a;      bb=aa-a;
else;      bb=0;
end
d  = xx + bb;
%---------------------
 x3=[x3 ; x];  x4=[x4 ; xx];
 x5=[x5 ; a];  x6=[x6 ; aa];
 x7=[x7 ; b];  x8=[x8 ; bb];
 x9=[x9 ; c];  x10=[x10 ; cc];
 x11=[x11 ; d];
%---------------------
end
```

연 습 문 제

1. (주) 한양 특수개발은 재고관리의 예제문제와 같은 상황을 가정한다. 이때, 다음 상황에 따른 시뮬레이션을 수행하여 분석하시오.

   1) 배송주문에 따른 상품의 배송량 규모가 1회에 30개로 설정되어 있는데, 배송량 규모를 시뮬레이션하여 최적수준을 산정하시오.

   2) 배송주문으로부터 배송주문 상품이 도착할 때 까지 시간을 배송지연시간 (Lead Time)이라 한다. 예제에서는 배송지연시간을 1단위 (1주일 지연)를 가정하였는데, 배송지연 시간의 분포가 다음과 같을 경우, 시뮬레이션을 통하여 가장 경제적인 배송수준을 결정하시오. (배송량 규모 고정 : 1회 30개)

배송 지연 시간 (단위)	1	2	3
비율 (%)	30	50	20

   3) 연습문제 1-2의 상황에서는 배송량 규모가 1회에 30개로 가정되어 있는데, 배송 지연 시간의 분포를 고려하여 배송량 규모를 시뮬레이션하여 최적수준을 산정하시오.

2. 대기행렬 시뮬레이션의 예제문제 (6)은 서비스 창구가 1개를 가정한 시뮬레이션이다. 고객의 도착시간 간격분포 및 창구의 서비스 분포는 동일하다고 가정할 때, 서비스 창구가 2개인 경우의 시뮬레이션을 수행하시오.

APPENDIX

의사결정을 위한 제반 기법들은 산정과정에서 컴퓨터 도움이 필요하다. 부록은 MATLAB® 활용을 위한 기본적인 내용을 중심으로 구성하였다. MATLAB®은 공학 분석부터 사회과학 분석까지 광범위한 장점이 있다. 반면, 수백개 함수들의 기능, 특성을 구체적으로 알 수 없다는 단점이 있다. "MATLAB® 2012"에서 보다 쉽게 개선된 내용을 중심으로 살펴본다.

APPENDIX A.1

MATLAB® 행렬과 선형대수

1. 입력자료 : 벡터, 행렬, 스칼라

- 개요 :

의사결정 과정에서 많이 쓰이는 입력자료의 형태는 벡터 (vector), 행렬 (matrix), 스칼라 (Scolar)의 3가지 종류로 구분된다. 먼저, 벡터는 물리학에서는 크기와 방향을 가지나, MATLAB에서는 순서를 가지는 수로서, 단일한 행, 단일한 열의 행렬을 말한다. 이에 반해 스칼라는 물리학에서 크기만 가지지만, MATLAB에서는 순서가 없는 크기만 가지는 수를 말한다. 그리고 행렬은 벡터들이 행과 열의 구조를 가지는 것을 말한다. 즉 1행의 행렬, 1열의 행렬을 벡터라 하며, 벡터들이 행과 열을 가지면 행렬이 된다. 다음 입력과정에서 "S"라는 이름의 스칼라는 10, "V"라는 이름의 벡터는 1*3 행렬 형식으로 [-1 0 1], "M" 이라는 이름의 2*3 행렬형식으로 입력된다.

```
>> S=10
S =
    10
>> V=[-1 0 1]
V =
    -1     0     1
>> M=[1 2 3
      4 5 6]
M =
     1     2     3
     4     5     6
>>
```

- 벡터 입력 :

"행 벡터"는 대괄호 사이에 "[ ]" 숫자를 입력하면 되는데, 숫자 사이에 1 칸 이상 빈칸을 두거나, 콤마(",")를 두면 입력이 가능하다. "열 벡터"는 숫자 사이에 ";"을 두면 입력이 가능하다.

```
>> m1 = [ -1 0 1]                    ← 1 칸 이상 빈칸을 두어 입력 : 행 벡터
m1 =
    -1     0     1
>> m2 = [ -1, 0, 1]                  ← 콤마 ", "를 두어 입력 : 행 벡터
m2 =
    -1     0     1
>> m3 = [-1 ; 0; 1]                  ← " ; " 두어 입력 : 열 벡터
m3 =
    -1
     0
     1
>>
```

- **연속적인 배열의 형태는 다음과 같이 입력한다.**

```
>> mm1=1:5                           ← 1에서 5까지 배열형식 입력
mm1 =
     1     2     3     4     5
>> mm2=1:2:10                        ← 1에서 10까지 2 증가 배열 입력
mm2 =
     1     3     5     7     9
>> mm3=1:-0.25:0                     ← 1에서 0까지 0.25 감소 배열 입력
mm3 =
    1.0000    0.7500    0.5000    0.2500         0
>>
```

- **간단한 벡터 연산**

```
>> m1 = 0 :2 :10                     ← 0에서 10까지 2 증가 배열
m1 =
     0     2     4     6     8    10
>> m2=m1.^2                          ← m1 벡터의 제곱
m2 =
    0     4    16    36    64   100
>> m3=m1.*m2                         ← m1 벡터와 m2 벡터의 곱
m3 =
    0     8    64   216   512   1000
>>
```

- 동일간격 벡터와 벡터의 내적, 외적

```
>> mm1=linspace(1,13,5)              ← 1에서 13 까지 같은 간격 5개 찾기

mm1 =       1     4     7    10    13

>> mm2=mm1'                          ← 콜론 " ' " : 행 벡터를 열벡터로 전환

mm2 =       1
            4
            7
           10
           13

>> mm3=mm1*mm2                       ← mm1(1*5)과 mm2(5*1) 벡터 내적

mm3 =     335

>> mm4=mm2*mm1                       ← mm2(5*1) 과 mm2(1*5) 벡터 외적

mm4 =
     1     4     7    10    13
     4    16    28    40    52
     7    28    49    70    91
    10    40    70   100   130
    13    52    91   130   169
```

- 간단한 행렬 연산

```
>> a1=[ 1 2 ; 3 4 ]                  ← 행렬 a1, " ; " 으로 입력

a1 =       1     2
           3     4

>> a2 = [ 5  6
          7  8 ]                     ← 행렬 a2, 입력 칸을 바꾸어 입력

a2 =       5     6
           7     8

>> a3 = a1 + a2                      ← 행렬 a1, a2 의 합

am3 =       6     8
           10    12
```

```
>> a4 = a1 * a2                    ← 행렬 a1, a2 의 곱

a4 =      19    22
          43    50

>> a5 = a1^2                       ← 행렬 a1의 제곱 (a1 * a1)

a5 =       7    10
          15    22

>> a6=a1.^2                        ← 행렬 a1 [1 2 ; 3 4] 요소들의 제곱

a6 =       1     4
           9    16

>> a7=2*a1                         ← 행렬 a1 [1 2 ; 3 4] 요소들의 2배

a7 =       2     4
           6     8

>> a8=[ a1  a2 ]                   ← 행렬 a1, 우측에 행렬 a2 덧붙임

a8 =       1     2     5     6
           3     4     7     8

>> a9 = [a1 ; a2 ]                 ← 행렬 a1, 아래측에 행렬 a2 덧붙임

a9 =       1     2
           3     4
           5     6
           7     8

>> a10 = a1 - a2                   ← 행렬 a1에서 행렬 a2 빼기

a10 =     -4    -4
          -4    -4

>> a12 = eye(3,3)                  ← 행렬 [3 * 3] 의 단위행렬

a12 =      1     0     0
           0     1     0
           0     0     1
```

2. 역행렬 (Inverse Matrix)

정방행렬 (행과 열의 요소수가 동일한 행렬) A 에 대하여 다음의 관계가 성립될 때, 정방행렬 x 를 정방행렬 A 에 대한 역행렬이라 한다. 이때, E 는 대각선 요소의 값이 1이며, 이외 요소의 값은 0 인 단위행렬이다.

$$XA = XA = E$$

수식은 다음과 같이 표현할 수 있으며, 이때, A^{-1}을 A의 역행렬이라 한다.

$$AA^{-1} = A^{-1}A = E$$

역행렬은 선형대수를 이용한 의사결정과 선형방정식을 풀이하는데 중요한 역할을 수행한다. MATLAB에서 역행렬을 산정하는 방법은 다음과 같다.

```
aa = inv (a)
```

정방행렬 a 의 역행렬을 aa 로 출력

모든 행렬에 역행렬이 존재하는 것은 아니다. 정방행렬 A의 행렬식 값이 0이면 역행렬은 존재하지 않는다. 역행렬이 존재하는 정방행렬을 "정칙행렬(正則行列)"이라 하며, 역행렬이 존재하지 않는 행렬을 "특이행렬(特異行列)"이라 한다. AHP 의사결정 과정에서 적용되는 쌍대비교 조사결과 중에서 (2*2) 행렬은 특이행렬로서 CI, CR을 산정하지 않는다. 역행렬의 산정 사례는 다음과 같다.

```
>> aa = [ 1   3
          1/3 1 ] ;

>> inv(aa) ;           ← 행렬 aa 의 행렬식 값이 0 , 역행렬은 존재 안함

   Inf   Inf
   Inf   Inf
```

3. 고유치와 고유벡터 (Eigen Value & Eigen Vector)

- 고유치와 고유벡터 :

n 차원의 벡터 공간 V에 대한 1차 사상 A에 대하여 다음의 방정식을 만족하는 스칼라 λ를 A의 고유치라 (Eigeen Value)하며, x를 고유벡터 (Eigen Vector)라 한다.

$$Ax = \lambda x$$

$$A \begin{bmatrix} x_1 \\ x_2 \\ x_3 \\ \vdots \\ x_n \end{bmatrix} = \lambda \begin{bmatrix} x_1 \\ x_2 \\ x_3 \\ \vdots \\ x_n \end{bmatrix}$$

$$(A - \lambda E)x = 0$$

$$(A - \lambda E) \begin{bmatrix} x_1 \\ x_2 \\ x_3 \\ \vdots \\ x_n \end{bmatrix} = 0$$

여기서, λ가 A의 고유치가 되기 위한 필요충분조건은 $|A - \lambda E| = 0$ 이다.
이를 행렬 A의 고유방정식이라 하며, 이를 풀이하여 고유치를 얻게 된다. 일반적으로 n 차의 정방행렬 A의 고유치는 n개가 된다. 고유치의 산정 사례는 다음과 같다.

$A = \begin{bmatrix} 0 & 1 \\ 1 & 0 \end{bmatrix}$ 의 고유방정식은 $|A - \lambda E| = 0$이므로,

$\begin{vmatrix} -\lambda & 1 \\ 1 & -\lambda \end{vmatrix} = 0$이 되며, 이에 따라 고유치 $\lambda = \pm 1$이 된다.

$\lambda = 1$ 일 때, $\begin{bmatrix} -1 & 1 \\ 1 & -1 \end{bmatrix} \begin{bmatrix} x_1 \\ x_2 \end{bmatrix} = \begin{bmatrix} 0 \\ 0 \end{bmatrix}$ 이므로 고유벡터는 $c^* \begin{bmatrix} 1 \\ 1 \end{bmatrix}$이며,

$\lambda = -1$ 일 때, $\begin{bmatrix} 1 & 1 \\ 1 & 1 \end{bmatrix} \begin{bmatrix} x_1 \\ x_2 \end{bmatrix} = \begin{bmatrix} 0 \\ 0 \end{bmatrix}$ 이므로 고유벡터는 $c^* \begin{bmatrix} 1 \\ -1 \end{bmatrix}$이다.

- **MATLAB®에서의 고유치, 고유벡터 산정 :**

```
ee = eig (x)
```

행렬 x의 고유치 (eigen Value)를 ee라는 이름으로 출력

```
[ vv, ee ] = eig (x)
```

행렬 x 의 고유치는 ee, 고유벡터는 vv라는 이름으로 출력

```
[ vv, ee ]= eig (x, 'nobalance')
```

비정치 행렬 x의 고유치는 ee, 고유벡터는 vv라는 이름으로 출력
** "eigs"라는 함수 명령어도 있으나, 이는 6자리 이상 큰 경우 적용

- **고유치와 고유벡터가 의사결정에 적용되는 경우 :**

AHP와 같은 의사결정과정에서 고유치와 고유벡터가 적용되는 이유는, 고유치와 고유벡터가 행렬이 가지고 있는 특성을 간략하게 요약하기 때문이다. 예를 들어, 쌍대비교를 통하여 비교대상 a1, a2에 대하여 다음의 행렬을 조사결과로 얻었다고 가정한다.

$$AA = \begin{bmatrix} 1 & 3 \\ 1/3 & 1 \end{bmatrix}$$

이는 a1이 a2 보다 3배 더 중요하다고 하는 내용을 담고 있다. 이때 고유치는 (2, 0) 이며, 고유벡터를 합 1.0으로 환산하면 다음과 같다. 즉, λ_{max} = 2.0을 기준, 행렬식의 a1, a2 의 가중치는 (0.75 0.25)로 산정된다.

```
vv =     0.9487    -0.9487
          0.3162    0.3162

e1 =       2       0

vvv =     0.7500      1.5000
          0.2500    -0.5000
```

APPENDIX A.2

MATLAB® 그래픽

1. 그래프의 설정

- 개요 :

MATLAB®의 장점 중의 하나는 그래픽이 뛰어난다는 점이다. 특히, 의사결정 과정에서 딱딱한 숫자의 나열 보다는 분석결과 등을 그래픽으로 처리하면 보다 이해가 쉬울 수도 있다. MATLAB의 그래픽 명령어는 그리 어렵지 않으며 쉽게 작성되고, 조정도 비교적 쉬운 편이다. 사례로서 다음의 명령어를 입력하면 x에 대한 y1, y2, y3 의 자료가 도시된다.

```
x = 0: 0.1: 3;
y1 = 0.5 * x;
y2 = x;
y3 = 2 * x;
plot (x, y1, x, y2, x, y3)
axis ([0 3 0 3]
```

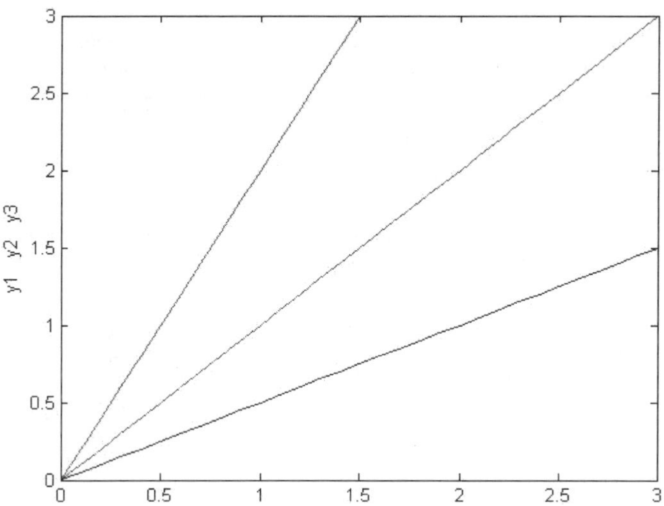

- **격자, 라벨, 범례 : MATLAB 그래픽에서 격자, 라벨, 범례를 입력하는 방법은 다음과 같다.**

```
grid on

xlabel ('x'), ylabel (' y1 y2 y3')

legend ('x/2', 'x', '2x')
```

- **그래프 곡선의 속성은 다음과 같이 표현한다.**

속성	기호	의미
기호	.	점
	X	x 표
	o	원
	+	플러스 기호
	*	별표
	s	정방형
	d	다이아몬드
	v	삼각형 (윗방향)
	·	삼각형 (아래방향)
	〈	삼각형 (왼쪽방향)
	〉	삼각형 (오른쪽방향)
	p	오각형
	h	육각형
색	b	파란색
	r	빨강색
	g	녹색
	c	청록색
	m	자홍색
	y	노란색
	w	흰색
	k	검은색
선 모양	-	실선
	:	점선
	-.	반점선
	--	긴점선

2. 그래프의 조정

- 축과 그래프의 조정은 다음과 같이 수행한다.

명령어	의미
axis ([xmin xmax ymin ymax])	x 축, y 축의 한계 설정
axis auto	기본축 한계로 되돌아 감
axis equal	자료단위 동일화
axis off	축을 제거
axis square	축 박스를 정사각형
axis tight	축 한계를 자료범위로 살장
grid on	격자선 생성
grid off	격자선 제거
xlim ([xmin xmax])	x축 한계설정
ylim ([ymin ymax])	y축 한계 설정

- 여러 그래프의 표현 : "subplot"을 이용하여 표현한다.

```
subplot(2,2,1);          ← 2*2 그래프 첫 번째에 plot
subplot(2,2,2);          ← 2*2 그래프 두 번째에 plot
subplot(2,2,3);          ← 2*2 그래프 세 번째에 plot
subplot(2,2,4);          ← 2*2 그래프 세 번째에 plot
```

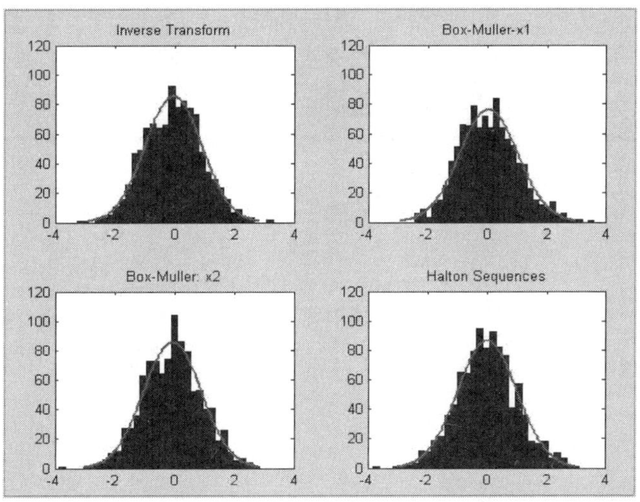

- MATLAB®에서 내장된 여러가지 2차원 그래프 명령어들은 다음과 같다.

명령어	생성되는 그래프
plot, ezplot	간단한 x-y 그래프
loglog	축들이 log 척도인 그래프
semilogx	x 축이 log 척도인 그래프
semilogy	y 축이 log 척도인 그래프
plotyy	왼쪽과 오른쪽에 y 축이 있는 그래프
popla,ezpolar	극좌표 그래프
fplot	함수그래프 작성
fill	다각형 채우기
area	면적이 색으로 채워진 그래프
bar	막대 그래프
ba고	수평 막대 그래프
hist	히스토그램
pie	파이 그래프
comet	동영상화 된 혜성모양 x-y 그래프
errorbar	에러 표시 막대 그래프
quiver	속도 벡터 그래프
scatter	분산 그래프
stairs	계단 그래프

APPENDIX A.3

MATLAB® 함수

1. MATLAB® 내장 함수

- 개요 :

MATLAB®의 내장함수는 (Built-In Function) 무궁무진하다는 느낌이 들 정도로 많이 개발되어 있으며, 현재에도 지속적으로 개발 중에 있다. MATLAB에서는 다양한 MATLAB 내장 함수를 다음과 같이 범주별로 구분하여 사용자의 요구에 대응하고 있다. “Help”의 기능에서 필요한 범주로 이동하여 적정함수의 탐색이 가능하다.

(1) 컴퓨터 환경에 관한 함수 :(Desktop Tools & Development Environment)

Startup, Command Window, help, editing and debugging, tuning, other general functions

(2) 자료 입력 및 출력에 관한 함수 : (Data Import and Export)

General and low-level file I/O, plus specific file formats, like audio, spreadsheet, HDF, images

(3) 행렬, 선형대수 등에 관한 함수 : (Mathematics)

Arrays & matrices, linear algebra, other areas of mathematics

(4) 자료 분석에 관한 함수 : (Data Analysis)

Basic data operations, descriptive statistics, covariance and correlation, filtering and convolution, numerical derivatives and integrals, Fourier transforms, time series analysis

(5) 프로그래밍, 자료형태에 관한 함수: (Programming and Data Types)

Function/expression evaluation, program control, function handles, object oriented programming, error handling, operators, data types, dates and times, timers

(6) 목표지향적 프로그래밍에 관한 함수 : (Object-Oriented Programming)

Functions for working with classes and objects

(7) 그래픽에 관한 함수 : (Graphics)

Line plots, annotating graphs, specialized plots, images, printing, Handle Graphics

(8) 3차원 그래픽에 관한 함수 : (3-D Visualization)

Surface and mesh plots, view control, lighting and transparency, volume visualization

(9) 그래픽 사용자 접속에 관한 함수 : (GUI Development)

Graphical User Interface GUIDE, programming graphical user interfaces

(10) 외부와의 연결에 관한 함수 : (External Interfaces)

Interfaces to shared libraries, Java, .NET, COM and ActiveX, Web services, and serial port devices, and C and Fortran routines

2. 사용자 함수

MATLAB®의 Built-In Function 이 다양하고 질적으로도 우수하지만, 이는 일반화된 상황을 해석하기 위한 함수로서, 사용자의 분석목적에 맞는 특수한 상황의 함수를 적용해야 할 경우가 발생한다. 이러한 경우, 사용자는 사용자 함수를 작성하여 분석을 수행한다. 사용자 함수를 설정하는 방법은 크게 함수핸들을 ("@") 이용하는 방법, function을 이용하는 방법, Inline 객체를 이용하는 방법 등으로 구분되며, 비선형계획법에서 적용된 사례를 통해 요약하면 다음과 같다.

(1) 함수핸들 "@" 이용방법 :

사용자가 사용자 함수를 작성해야 할 필요가 있을 경우, 기호 "@"를 이용하여 함수핸들을 구성한다. 함수핸들이란 MATLAB에서 "@"를 선언하면, MATLAB은 이를 사용자 함수로 인식하고 이에 따른 연산을 수행하는 방법을 말한다. 이 책에서 사용한 대부분의 사용자 함수가 함수핸들 "@"를 이용한 방법으로서 적용이 쉽고, 사용자 함수에 대한 수정과 보완을 빨리 수행할 수 있다는 장점이 있다.

· (적용사례 : 사용자가 필요한 함수) f(x) = -x(1) * x(2) * x(3)

· 적용사례 1)

분석에 필요한 함수식에서 직접 함수핸들을 이용하여 입력한다. 예를 들어 비선형계획법의 "fmincon"의 함수 명령어에서 함수식을 요구하는 부분에 함수핸들을 이용하여 함수식을 직접 입력하는 방법이다, 즉 함수식을 요구하는 부분에 함수핸들을 이용하여 "@(x)(-x(1) *x(2)*x(3))"을 직접 입력하는 방법이다. 짧은 함수식의 경우 이러한 적용방법이 매우 효율적일 수 있다.

```
[x, fval] = fmincon (@(x) (-x(1)*x(2)*x(3),  x0 . . . .)
```

· 적용사례 2)

분석에 필요한 함수식을 스크립트 파일 내에서 작성하여 입력한다. 예를 들어, 다음과 같이 사용자가 필요한 함수식을 함수핸들을 이용하여 "ff" 라는 이름의 함수식으로 작성한다. 비선형계획법의 "fmincon"의 함수 명령어에서 함수식을 요구하는 부분에 함수핸들을 이용하여 "ff"라는 이름으로 작성한 함수식을 입력하는 방식이다. 이러한 방법은 직접 입력하기에는 곤란한 비교적 긴 함수식의 경우 적용한다.

```
ff = @(x) (-x(1)*x(2)*x(3));
[x, fval] = fmincon (ff,  x0, . . . )
```

(2) function 적용방법 :

분석에 필요한 함수식을 스크립트 파일에서 별도로 작성하여 입력한다. 예를 들어, 다음과 같이 사용자가 필요한 함수식을 "myfun"라는 이름의 m-file 로 작성한다. 이때, 스크립트 파일은 function으로 시작하며, function 이름은 파일 이름과 같이 "myfun"으로 설정한다. MATLAB에서 이를 같이하여야만 한다는 규칙은 없으나, 혼란을 피하기 위해 같은 이름으로 성정

한다. 비선형계획법의 "fmincon"의 함수 명령어에서 함수식을 요구하는 부분에 function을 이용하여 "myfun"라는 이름으로 작성한 함수식을 입력하는 방식이다. 이러한 방법은 직접 입력하기에는 곤란하며, if 등이 적용된 조건식, 루프 등이 적용된 긴 함수식의 경우 적용한다. 다만, 함수식의 내용이 짧을 경우, 별도의 스크립트 파일로 구성하여 처리하는 방식이 번거로울 수 있다는 단점도 존재한다.

· myfun.m file 의 작성내용 :

```
function ff = myfun (x)
ff = - x(1) * x(2) * x(3) ;
end;
```

· 별도의 스크립트 파일에서 작업내용 :

```
[x, fval] = fminco (myfun,x0, . . . )
```

(3) Inline 객체 방법

분석에 필요한 수학적 함수를 MATLAB 함수에 전달하는 방법으로서, 문자열로 정의되는 "한 줄의 함수"로서 변수에 할당 된 다음, 다른 함수로 전달 될 수 있다. Inline 객체의 적용사례는 다음과 같다.

```
>> ff = inline ( ' x(1)*x(2)*x(3) ' )

ff =
      Inline function:
      ff(x) = x(1)*x(2)*x(3)

>> x(1)=1

x =
      1

>> x(2)=2

x =
      1     2

>> x(3)=3

x =
      1     2     3

>> ff(x)

ans =
      6

>>
```

APPENDIX **A.4**

MATLAB® 2012 최적화, 통계 함수

1. 최적화 프로그램 : "Optimization Tool"

1.1 옵션의 설정 : Set Options

optimtool Tool to select solver, optimization options, and run problems
optimset Create or edit optimization options structure

1.2 비선형계획법 : Nonlinear Programming

(1) 비제약형 최적화 : Unconstrained Optimization

fminsearch Find minimum of unconstrained multivariable function using derivative-free method
fminunc Find minimum of unconstrained multivariable function
color Column partition for sparse finite differences
fzmult Multiplication with fundamental nullspace basis
gangstr Zero out "small" entries subject to structural rank
optimget Optimization options values

(2) 제약형 최적화 : Constrained Optimization

fminbnd Find minimum of single-variable function on fixed interval
fmincon Find minimum of constrained nonlinear multivariable function
fseminf Find minimum of semi-infinitely constrained multivariable nonlinear function

(3) 외부 프로그램과 연계 : External Interface

ktrlink Find minimum of constrained or unconstrained nonlinear multivariable function using KNITRO third-party libraries

1.3 최적화 : Minimization

(1) 선형, 정수계획법 : Linear Programming & Binary Integer Programming

bintprog	Solve binary integer programming problems
linprog	Solve linear programming problems

(2) 이차계획법 : Quadratic Programming

quadprog	Quadratic programming

(3) 다목표계획법 : Multiobjective Optimization

fgoalattain	Solve multiobjective goal attainment problems
fminimax	Solve minimax constraint problem

1.4 최소자승법 : Least Squares

(1) 선형 최소자승법 : Linear Least Squares

lsqlin	Solve constrained linear least-squares problems
lsqnonneg	Solve nonnegative least-squares constraint problem

(2) 비선형 최소자승법 : Nonlinear Least Squares (Curve Fitting)

lsqcurvefit	Solve nonlinear curve-fitting (data-fitting) problems in least-squares sense
lsqnonlin	Solve nonlinear least-squares (nonlinear data-fitting) problems

(3) 비선형 시스템 : Systems of Nonlinear Equations

fsolve	Solve system of nonlinear equations
fzero	Find root of continuous function of one variable

2. 통계분석 프로그램 : "Statistical Tool"

2.1 자료입출력 및 형태 (Data Representation)

(1) 자료의 입출력 (Data Import and Export)

caseread	Read case names from file
casewrite	Write case names to file
export	Write dataset array to file
tblread	Read tabular data from file
tblwrite	Write tabular data to file
tdfread	Read tab-delimited file
xlsread	Read Microsoft Excel spreadsheet file
xptread	Create dataset array from stored in SAS xport format file

(2) 자료형태 : 범주형 (Data Types : Categorical Arrays)

dummyvar	Create dummy variables
grpstats	Summary statistics organized by group
gplotmatrix	Matrix of scatter plots by group
grp2idx	Create index vector from grouping variable
gscatter	Scatter plot by group

(3) 자료형태 : 불균질형 (Dataset Arrays for Heterogeneous Data)

mat2dataset	Convert matrix to dataset array
cell2dataset	Convert cell array to dataset array
struct2dataset	Convert structure array to dataset array
dataset2cell	Convert dataset array to cell array
dataset2struct	Convert dataset array to structure
export	Write dataset array to file
grpstats	Summary statistics organized by group
ismissing	Find dataset array elements with missing values
join	Merge observations

2.2 기술적 자료 분석 (Exploratory Data Analysis)

(1) 기술통계 (Descriptive Statistics : Summary Statistics)

geomean	Geometric mean
harmmean	Harmonic mean
trimmean	Mean excluding outliers
range	Range of values
iqr	Interquartile range
mad	Mean or median absolute deviation
prctile	Percentiles of a data set
quantile	Quantiles of a data set
zscore	Standardized z-scores
moment	Central moments
skewness	Skewness
kurtosis	Kurtosis
corr	Linear or rank correlation
cholcov	Cholesky-like covariance decomposition
corrcov	Convert covariance matrix to correlation matrix
partialcorr	Linear or rank partial correlation coefficients
grpstats	Summary statistics organized by group
tabulate	Frequency table
crosstab	Cross-tabulation
tiedrank	Rank adjusted for ties

(2) 결측자료 (Summary Statistics for Data with Missing Values)

nancov	Covariance ignoring NaN values
nanmax	Maximum ignoring NaN values
nanmean	Mean ignoring NaN values
nanmedian	Median ignoring NaN values
nanmin	Minimum ignoring NaN values
nanstd	Standard deviation ignoring NaN values
nansum	Sum ignoring NaN values
nanvar	Variance, ignoring NaN values

(3) 도표 : 단일변량 (Statistical Visualization : Uni-variate Plots)

boxplot	Box plot
cdfplot	Empirical cumulative distribution function plot
dfittool	Interactive distribution fitting
disttool	Interactive density and distribution plots
ecdfhist	Empirical cumulative distribution function histogram
histfit	Histogram with a distribution fit
normplot	Normal probability plot
normspec	Normal density plot between specifications
probplot	Probability plots
qqplot	Quantile-quantile plot
randtool	Interactive random number generation
wblplot	Weibull probability plot

(4) 도표 : 이변량, 다변량 (Bivariate and Multivariate Plots)

boxplot	Box plot
gline	Interactively add line to plot
gname	Add case names to plot
gplotmatrix	Matrix of scatter plots by group
gscatter	Scatter plot by group
hist3	Bivariate histogram
lsline	Add least-squares line to scatter plot
refcurve	Add reference curve to plot
refline	Add reference line to plot
scatterhist	Scatter plot with marginal histograms

(5) 위계 군집분석 (Cluster Analysis : Hierarchical Clustering)

cluster	Construct agglomerative clusters from linkages
clusterdata	Agglomerative clusters from data
cophenet	Cophenetic correlation coefficient
inconsistent	Inconsistency coefficient
linkage	Agglomerative hierarchical cluster tree
pdist	Pairwise distance between pairs of objects
sequentialfs	Sequential feature selection
squareform	Format distance matrix

(6) K-평균 군집분석 (k-Means Clustering)

kmeans	K-means clustering
mahal	Mahalanobis distance

(7) 군집 구성 (Cluster Plots)

dendrogram	Dendrogram plot
optimalleaforder	Optimal leaf ordering for hierarchical clustering
manovacluster	Dendrogram of group mean clusters following MANOVA
silhouette	Silhouette plot

(8) 가우스 혼합 모형 (Gaussian Mixture Models)

gmdistribution.fit	Gaussian mixture parameter estimates

2.3. 확률분포 (Probability Distributions)

(1) 이산 확률분포 (Discrete Distribution Functions)

1-1) 이항분포 (Binomial Distribution)

binocdf	Binomial cumulative distribution function
binopdf	Binomial probability density function
binoinv	Binomial inverse cumulative distribution function
binostat	Binomial mean and variance
binofit	Binomial parameter estimates
binornd	Binomial random numbers
random	Random numbers

1-2) 기하분포 (Geometric Distribution)

geocdf	Geometric cumulative distribution function
geopdf	Geometric probability density function
geoinv	Geometric inverse cumulative distribution function
geostat	Geometric mean and variance
geornd	Geometric random numbers
random	Random numbers

1-3) 초기하분포 (Hypergeometric Distribution)

hygecdf	Hypergeometric cumulative distribution function
hygepdf	Hypergeometric probability density function
hygeinv	Hypergeometric inverse cumulative distribution function
hygestat	Hypergeometric mean and variance
hygernd	Hypergeometric random numbers
random	Random numbers

1-4) 다항분포 (Multinomial Distribution)

mnpdf	Multinomial probability density function
mnrnd	Multinomial random numbers

1-5) 음이항분포 (Negative Binomial Distribution)

nbincdf	Negative binomial cumulative distribution function
nbinpdf	Negative binomial probability density function
nbininv	Negative binomial inverse cumulative distribution function
nbinstat	Negative binomial mean and variance
nbinfit	Negative binomial parameter estimates
nbinrnd	Negative binomial random numbers
random	Random numbers

1-6) 포아손 분포 (Poisson Distribution)

poisscdf	Poisson cumulative distribution function
poisspdf	Poisson probability density function
poissinv	Poisson inverse cumulative distribution function
poisstat	Poisson mean and variance
poissfit	Poisson parameter estimates
poissrnd	Poisson random numbers
random	Random numbers

1-7) 이산형 균일분포 (Uniform Distribution : Discrete)

unidcdf	Discrete uniform cumulative distribution function
unidpdf	Discrete uniform probability density function
unidinv	Discrete uniform inverse cumulative distribution function
unidstat	Discrete uniform mean and variance
unidrnd	Discrete uniform random numbers
random	Random numbers

(2) 연속 확률분포 (Continuous Distributions)

2-1) Beta Distribution

betacdf	Beta cumulative distribution function
betapdf	Beta probability density function
betainv	Beta inverse cumulative distribution function
betalike	Beta negative log-likelihood
betastat	Beta mean and variance
betafit	Beta parameter estimates
betarnd	Beta random numbers
random	Random numbers

2-2) Birnbaum-Saunders Distribution

cdf	Cumulative distribution functions
dfittool	Interactive distribution fitting
icdf	Inverse cumulative distribution functions
mle	Maximum likelihood estimates
mlecov	Asymptotic covariance of maximum likelihood estimators
pdf	Probability density functions

2-3) Burr Type XII Distribution

cdf	Cumulative distribution functions
dfittool	Interactive distribution fitting
fitdist	Fit probability distribution to data
icdf	Inverse cumulative distribution functions
mle	Maximum likelihood estimates
pdf	Probability density functions
random	Random numbers

2-4) Chi-Square Distribution

chi2cdf	Chi-square cumulative distribution function
chi2pdf	Chi-square probability density function
chi2inv	Chi-square inverse cumulative distribution function
chi2stat	Chi-square mean and variance
chi2gof	Chi-square goodness-of-fit test
chi2rnd	Chi-square random numbers
random	Random numbers

2-5) Exponential Distribution

expcdf	Exponential cumulative distribution function
exppdf	Exponential probability density function
expinv	Exponential inverse cumulative distribution function
explike	Exponential negative log-likelihood
expstat	Exponential mean and variance
expfit	Exponential parameter estimates
exprnd	Exponential random numbers
random	Random numbers

2-6) Extreme Value Distribution

evcdf	Extreme value cumulative distribution function
evpdf	Extreme value probability density function
evinv	Extreme value inverse cumulative distribution function
evlike	Extreme value negative log-likelihood
evstat	Extreme value mean and variance
evfit	Extreme value parameter estimates
evrnd	Extreme value random numbers
random	Random numbers

2-7) F Distribution

fcdf	F cumulative distribution function
fpdf	F probability density function
finv	F inverse cumulative distribution function
fstat	F mean and variance
frnd	F random numbers
random	Random numbers

2-8) Gamma Distribution

gamcdf	Gamma cumulative distribution function
gampdf	Gamma probability density function
gaminv	Gamma inverse cumulative distribution function
gamlike	Gamma negative log-likelihood
gamstat	Gamma mean and variance
gamfit	Gamma parameter estimates
gamrnd	Gamma random numbers
randg	Gamma random numbers with unit scale
random	Random numbers

2-9) Generalized Extreme Value Distribution

gevcdf	Generalized extreme value cumulative distribution function
gevpdf	Generalized extreme value probability density function
gevinv	Generalized extreme value inverse cumulative distribution function
gevlike	Generalized extreme value negative log-likelihood
gevstat	Generalized extreme value mean and variance
gevfit	Generalized extreme value parameter estimates
gevrnd	Generalized extreme value random numbers
random	Random numbers

2-10) Gaussian Mixture Distribution

gmdistribution.fit	Gaussian mixture parameter estimates

2-11) Generalized Pareto Distribution

gpcdf	Generalized Pareto cumulative distribution function
gppdf	Generalized Pareto probability density function
gpinv	Generalized Pareto inverse cumulative distribution function
gplike	Generalized Pareto negative log-likelihood
gpstat	Generalized Pareto mean and variance
gpfit	Generalized Pareto parameter estimates
gprnd	Generalized Pareto random numbers
random	Random numbers

2-12) Inverse Gaussian Distribution

cdf	Cumulative distribution functions
dfittool	Interactive distribution fitting
icdf	Inverse cumulative distribution functions
mle	Maximum likelihood estimates
mlecov	Asymptotic covariance of maximum likelihood estimators
pdf	Probability density functions

2-13) Logistic Distribution

cdf	Cumulative distribution functions
dfittool	Interactive distribution fitting
icdf	Inverse cumulative distribution functions
mle	Maximum likelihood estimates
mlecov	Asymptotic covariance of maximum likelihood estimators
pdf	Probability density functions

2-14) Loglogistic Distribution

cdf	Cumulative distribution functions
dfittool	Interactive distribution fitting
icdf	Inverse cumulative distribution functions
mle	Maximum likelihood estimates
mlecov	Asymptotic covariance of maximum likelihood estimators
pdf	Probability density functions

2-15) Lognormal Distribution

logncdf	Lognormal cumulative distribution function
lognpdf	Lognormal probability density function
logninv	Lognormal inverse cumulative distribution function
lognlike	Lognormal negative log-likelihood
lognstat	Lognormal mean and variance
lognfit	Lognormal parameter estimates
lognrnd	Lognormal random numbers
random	Random numbers

2-16) Nakagami Distribution

cdf	Cumulative distribution functions
dfittool	Interactive distribution fitting
icdf	Inverse cumulative distribution functions
mle	Maximum likelihood estimates
mlecov	Asymptotic covariance of maximum likelihood estimators
pdf	Probability density functions

2-17) Noncentral Chi-Square Distribution

ncx2cdf	Noncentral chi-square cumulative distribution function
ncx2pdf	Noncentral chi-square probability density function
ncx2inv	Noncentral chi-square inverse cumulative distribution F.
ncx2stat	Noncentral chi-square mean and variance
ncx2rnd	Noncentral chi-square random numbers
random	Random numbers

2-18) Noncentral F Distribution

ncfcdf	Noncentral F cumulative distribution function
ncfpdf	Noncentral F probability density function
ncfinv	Noncentral F inverse cumulative distribution function
ncfstat	Noncentral F mean and variance
ncfrnd	Noncentral F random numbers
random	Random numbers

2-19) Noncentral t Distribution

nctcdf	Noncentral t cumulative distribution function
nctpdf	Noncentral t probability density function
nctinv	Noncentral t inverse cumulative distribution function
nctstat	Noncentral t mean and variance
nctrnd	Noncentral t random numbers
random	Random numbers

2-20) Nonparametric Distributions

ksdensity	Kernel smoothing density estimate

2-21)Normal Distribution

normcdf	Normal cumulative distribution function
normpdf	Normal probability density function
norminv	Normal inverse cumulative distribution function
normlike	Normal negative log-likelihood
normstat	Normal mean and variance
normfit	Normal parameter estimates
normrnd	Normal random numbers
random	Random numbers

2-22) Piecewise Distribution

paretotails	Empirical distributions with Pareto tails

2-23) Rayleigh Distribution

raylcdf	Rayleigh cumulative distribution function
raylpdf	Rayleigh probability density function
raylinv	Rayleigh inverse cumulative distribution function
raylstat	Rayleigh mean and variance
raylfit	Rayleigh parameter estimates
raylrnd	Rayleigh random numbers
random	Random numbers

2-24) Rician Distribution

cdf	Cumulative distribution functions
dfittool	Interactive distribution fitting
icdf	Inverse cumulative distribution functions
mle	Maximum likelihood estimates
mlecov	Asymptotic covariance of maximum likelihood estimators
pdf	Probability density functions

2-25) Student's t Distribution

tcdf	Student's t cumulative distribution function
tpdf	Student's t probability density function
tinv	Student's t inverse cumulative distribution function
tstat	Student's t mean and variance
trnd	Student's t random numbers
random	Random numbers

2-26) t Location-Scale Distribution

cdf	Cumulative distribution functions
dfittool	Interactive distribution fitting
icdf	Inverse cumulative distribution functions
mle	Maximum likelihood estimates
mlecov	Asymptotic covariance of maximum likelihood estimators
pdf	Probability density functions

2-27) Uniform Distribution (Continuous)

unifcdf	Continuous uniform cumulative distribution function
unifpdf	Continuous uniform probability density function
unifinv	Continuous uniform inverse cumulative distribution function
unifit	Continuous uniform parameter estimates
unifstat	Continuous uniform mean and variance
unifrnd	Continuous uniform random numbers
random	Random numbers

2-28) Weibull Distribution

wblcdf	Weibull cumulative distribution function
wblpdf	Weibull probability density function
wblinv	Weibull inverse cumulative distribution function
wbllike	Weibull negative log-likelihood
wblstat	Weibull mean and variance
wblfit	Weibull parameter estimates
wblrnd	Weibull random numbers

2-29) Multivariate Distribution: Copula Distributions & Correlated Samples

copulacdf	Copula cumulative distribution function
copulapdf	Copula probability density function
copulaparam	Copula parameters as function of rank correlation
copulastat	Copula rank correlation
copulafit	Fit copula to data
copularnd	Copula random numbers

2-30) Gaussian Mixture Distribution

gmdistribution.fit	Gaussian mixture parameter estimates

2-31) Inverse Wishart Distribution

iwishrnd	Inverse Wishart random numbers

2-32) Multivariate Normal Distribution

mvncdf	Multivariate normal cumulative distribution function
mvnpdf	Multivariate normal probability density function
mvnrnd	Multivariate normal random numbers

2-33) Multivariate t Distribution

mvtcdf	Multivariate t cumulative distribution function
mvtpdf	Multivariate t probability density function
mvtrnd	Multivariate t random numbers

2-34) Wishart Distribution

wishrnd	Wishart random numbers

2-35) Markov Chain Samplers

slicesample	Slice sampler
mhsample	Metropolis-Hastings sample

2-36) Custom Distributions

pearsrnd	Pearson system random numbers
johnsrnd	Johnson system random numbers
mle	Maximum likelihood estimates
mlecov	Asymptotic covariance of maximum likelihood estimators
dfittool	Interactive distribution fitting
slicesample	Slice sampler
mhsample	Metropolis-Hastings sample
combnk	Enumeration of combinations
datasample	Randomly sample from data, with or without replacement
ecdf	Empirical cumulative distribution function
randsample	Random sample

2-37) Distribution Objects

fitdist	Fit probability distribution to data
gmdistribution.fit	Gaussian mixture parameter estimates

2-38) Distribution Plots

boxplot	Box plot
cdfplot	Empirical cumulative distribution function plot
dfittool	Interactive distribution fitting
disttool	Interactive density and distribution plots
ecdfhist	Empirical cumulative distribution function histogram
fsurfht	Interactive contour plot
hist3	Bivariate histogram
histfit	Histogram with a distribution fit

normplot	Normal probability plot
normspec	Normal density plot between specifications
probplot	Probability plots
qqplot	Quantile-quantile plot
randtool	Interactive random number generation
scatterhist	Scatter plot with marginal histograms
surfht	Interactive contour plot
wblplot	Weibull probability plot

2-39) Hidden Markov Models

hmmdecode	Hidden Markov model posterior state probabilities
hmmestimate	Hidden Markov model parameter estimates from emissions and states
hmmgenerate	Hidden Markov model states and emissions
hmmtrain	Hidden Markov model parameter estimates from emissions
hmmviterbi	Hidden Markov model most probable state path

2-40) Resampling Techniques

bootci	Bootstrap confidence interval
bootstrp	Bootstrap sampling
crossval	Loss estimate using cross validation
jackknife	Jackknife sampling

2.4 가설검정 (Hypothesis Tests)

barttest	Bartlett's test
chi2gof	Chi-square goodness-of-fit test
crosstab	Cross-tabulation
kstest	One-sample Kolmogorov-Smirnov test
kstest2	Two-sample Kolmogorov-Smirnov test
ranksum	Wilcoxon rank sum test
sampsizepwr	Sample size and power of test
signrank	Wilcoxon signed rank test
signtest	Sign test
ttest	One-sample and paired-sample t-test
ttest2	Two-sample t-test
vartest	Chi-square variance test
vartest2	Two-sample F-test for equal variances
vartestn	Bartlett multiple-sample test for equal variances
ztest	z-test
ansaribradley	Ansari-Bradley test
dwtest	Durbin-Watson test
friedman	Friedman's test
jbtest	Jarque-Bera test
kruskalwallis	Kruskal-Wallis test
lillietest	Lilliefors test
linhyptest	Linear hypothesis test
runstest	Run test for randomness

2.5 회귀분석 및 분류분석 (Regression and Classification)

1) 모수 회귀분석 (Parametric Regression)

1-1) 선형 회귀분석 (Linear Regression)

LinearModel.fit	Create linear regression model
LinearModel.stepwise	Create linear regression model by stepwise
coxphfit	Cox proportional hazards regression
dummyvar	Create dummy variables
invpred	Inverse prediction
lasso	Regularized least-squares reg. using lasso,elastic net algor.
mvregress	Multivariate linear regression
mvregresslike	Negative log-likelihood for multivariate regression
plsregress	Partial least-squares regression
ridge	Ridge regression
x2fx	Convert predictor matrix to design matrix
leverage	Leverage
polyconf	Polynomial confidence intervals
polytool	Interactive polynomial fitting
regress	Multiple linear regression
regstats	Regression diagnostics
robustdemo	Interactive robust regression
robustfit	Robust regression
rsmdemo	Interactive response surface demonstration
rstool	Interactive response surface modeling
stepwise	Interactive stepwise regression
stepwisefit	Stepwise regression

1-2) 회귀도표 (Regression Plots)

addedvarplot	Added variable plot
gline	Interactively add line to plot
lasso	Plot Trace plot of lasso fit
lsline	Add least-squares line to scatter plot
polytool	Interactive polynomial fitting

rcoplot	Residual case order plot
refcurve	Add reference curve to plot
refline	Add reference line to plot
robustdemo	Interactive robust regression
rsmdemo	Interactive response surface demonstration
rstool	Interactive response surface modeling

1-3) 일반 회귀 분석 (Generalized Linear Models :GLM)

GeneralizedLinearModel.fit	Create generalized linear regression model
GeneralizedLinearModel.stepwise	Create GLMl by stepwise regression
lassoglm	Lasso or elastic net regularization for GLM regression
mnrfit	Multinomial logistic regression
mnrval	Multinomial logistic regression values
glmfit	Generalized linear model regression
glmval	Generalized linear model values

1-4) 비선형 회귀 분석 (Nonlinear Regression)

NonLinearModel.fit	Fit nonlinear regression model
dummyvar	Create dummy variables
hougen	Hougen-Watson model
nlmefit	Nonlinear mixed-effects estimation
nlmefitsa	Fit nonlinear mixed-effects model with stochastic EM algor.
nlinfit	Nonlinear regression
nlintool	Interactive nonlinear regression
nlparci	Nonlinear regression parameter confidence intervals
nlpredci	Nonlinear regression prediction confidence intervals

1-5) 분산분석 (ANOVA)

anova1	One-way analysis of variance
anova2	Two-way analysis of variance
anovan	N-way analysis of variance
aoctool	Interactive analysis of covariance
canoncorr	Canonical correlation

dummyvar	Create dummy variables
friedman	Friedman's test
kruskalwallis	Kruskal-Wallis test
manova1	One-way multivariate analysis of variance
manovacluster	Dendrogram of group mean clusters following MANOVA
multcompare	Multiple comparison test

2) 비모수 회귀분석, 분류분석(Classification & Nonparametric Regression)

2-1) 판별분석(Discriminant Analysis)

ClassificationDiscriminant.fit	Fit discriminant analysis classifier
predict	Predict classification
classify	Discriminant analysis

2-2) 분류분석 구성 (Classification Plots)

perfcurve	Compute Receiver Operating Characteristic (ROC) curve or other performance curve for classifier output

2-3) 나이브 베이스 분류 (Naive Bayes Classification)

NaiveBayes.fit	Create Naive Bayes classifier object by fitting training data predict Predict class label for test data
Classification	Using Nearest Neighbors
ClassificationKNN.fit	Fit k-nearest neighbor classifier
createns	Create object to use in k-nearest neighbors search
knnsearch	Find k-nearest neighbors using data
pdist	Pairwise distance between pairs of objects
pdist2	Pairwise distance between two sets of observations
rangesearch	Find all neighbors within specified distance
relieff	Importance of attributes (predictors) using ReliefF algorithm

2-4) 분류나무, 회귀나무 (Classification Trees and Regression Trees)

ClassificationTree.fit	Fit classification tree
RegressionTree.fit	Binary decision tree for regression
predict	Predict classification
predict	Predict response of regression tree

2-5) Ensembles for Boosting, Bagging, or Random Subspace

fitensemble	Fitted ensemble for classification or regression

2-6) 변수의 선정 (Variable Selection)

relieff	Importance of attributes (predictors) using ReliefF algorithm
sequentialfs	Sequential feature selection
stepwise	Interactive stepwise regression
stepwisefit	Stepwise regression

2-7) 모형의 평가 (Model Assessment)

confusionmat	Confusion matrix
crossval	Loss estimate using cross validation
linhyptest	Linear hypothesis test
perfcurve	Compute Receiver Operating Characteristic (ROC) curve or other performance curve for classifier output

2-8) 연구조사 기법 (Resampling Techniques)

bootci	Bootstrap confidence interval
bootstrp	Bootstrap sampling
crossval	Loss estimate using cross validation
jackknife	Jackknife sampling

2.6 다변량 분석 (Multivariate Data Analysis)

(1) 주성분, 정준상관분석 (Principle Component Analysis, Canonical Corre.)

barttest	Bartlett's test
canoncorr	Canonical correlation
pca	Principal component analysis of raw data
pcacov	Principal component analysis on covariance matrix
pcares	Residuals from principal component analysis
rotatefactors	Rotate factor loadings
princomp	Principal component analysis (PCA) on data

(2) 요인분석 (Factor Analysis)

factoran	Factor analysis
rotatefactors	Rotate factor loadings
nnmf	Nonnegative matrix factorization

(3) 다차원 분석 (Multidimensional Scaling)

cmdscale	Classical multidimensional scaling
mahal	Mahalanobis distance
mdscale	Nonclassical multidimensional scaling
pdist	Pairwise distance between pairs of objects
squareform	Format distance matrix

(4) 위계 군집분석 (Cluster Analysis : Hierarchical Clustering)

cluster	Construct agglomerative clusters from linkages
clusterdata	Agglomerative clusters from data
cophenet	Cophenetic correlation coefficient
inconsistent	Inconsistency coefficient
linkage	Agglomerative hierarchical cluster tree
pdist	Pairwise distance between pairs of objects
sequentialfs	Sequential feature selection
squareform	Format distance matrix

(5) K-평균 군집분석 (k-Means Clustering)

kmeans	K-means clustering
mahal	Mahalanobis distance

(6) 군집구성 (Cluster Plots)

dendrogram	Dendrogram plot
optimalleaforder	Optimal leaf ordering for hierarchical clustering
manovacluster	Dendrogram of group mean clusters following MANOVA
silhouette	Silhouette plot

(7) 가우스 혼합모형 (Gaussian Mixture Models)

gmdistribution.fit	Gaussian mixture parameter estimates

(8) 프로크러스트 분석 (Procrustes Analysis)

procrustes	Procrustes analysis

(9) 다변량 구성 (Multivariate Visualization : Multivariate Plots)

andrewsplot	Andrews plot
biplot	Biplot
glyphplot	Glyph plot
parallelcoords	Parallel coordinates plot

(10) 다변량 산점도 (Multivariate Visualization : Scatter Plots)

gline	Interactively add line to plot
gname	Add case names to plot
gplotmatrix	Matrix of scatter plots by group
gscatter	Scatter plot by group
lsline	Add least-squares line to scatter plot
refcurve	Add reference curve to plot
refline	Add reference line to plot
scatterhist	Scatter plot with marginal histograms

2.7 산업통계 (Industrial Statistics : Design of Experiments -DOE)

(1) Factorial Designs

ff2n　　　　Two-level full factorial design fullfact Full factorial design
fracfact　　　Fractional factorial design
fracfactgen　　Fractional factorial design generators

(2) Response Surface Designs

bbdesign　　　Box-Behnken design ccdesign Central composite design

(3) D-Optimal Designs

candexch　　　D-optimal design from candidate set using row exchanges
candgen　　　Candidate set generation cordexch Coordinate exchange
daugment　　　D-optimal augmentation
dcovary　　　D-optimal design with fixed covariates
rowexch　　　Row exchange
rsmdemo　　　Interactive response surface demonstration

(4) Latin Hypercube Designs

lhsdesign　　　Latin hypercube sample
lhsnorm　　　Latin hypercube sample from normal distribution

(5) DOE Plots

interactionplot　Interaction plot for grouped data
maineffectsplot　Main effects plot for grouped data
multivarichart　Multivari chart for grouped data
rsmdemo　　　Interactive response surface demonstration
rstool　　　　Interactive response surface modeling

(6) Statistical Process Control

capability Process capability　indices capaplot Process capability plot
controlchart　　Shewhart control charts
controlrules　　Western Electric and Nelson control rules
gagerr　　　　Gage repeatability and reproducibility study
histfit　　　　Histogram with a distribution fit
normspec　　　Normal density plot between specifications

APPENDIX A.5

연습문제의 해답

3장 선형계획법

1.1 최적 생산계획 : 제품 A (49.2), 제품 B (15.1), 총이익 약 432만원

1.2 자원의 잠재가격 : 자원 I (0.03), 자원 II (0.52)

2.1 최적 생산계획 : 제품 B (15.5), 제품 C (44.7), 총이익 약 586만원

2.2 잠재비용 : 상품 A (3.11)

2,3 잠재가격 : 자원 I (0.60), 자원 II (0.28)

3.1 생산계획 : 원료 1 (69 kg), 원료2 (28 kg), 원료3 (3 kg)

3.2 잠재가격 : A (-13.7), B (-93.4), C (0), D (0), E (12.7)

4.1 생산계획 : A 지역 : X 상품 (10), Y 상품 (10),
B 지역 : X 상품 (0), Y 상품 (10), 총이익 190

4.2 잠재비용 : B 지역 X 상품 (0.91)
잠재가격 : 총예산 (0.89), A 지역 자원 I (0), 자원 II (0.78)
B 지역 자원 I (0), 자원 II (0.65)

5.1 최적해 : x1 (12.1), x2(10.4), 최적해 (87.9)

5.2 잠재가격 : 제약식 1 (0.0), 제약식 2 (0.87), 제약식 3 (-0.08)

4장 정수계획법

1.1 시설입지 : A, D, 최적값 66

1.2 시설입지 : A, E, 최적값 1.5

1.3 Non-feasible (중복을 허용하지 않을 수 없는 구조임)

2.1 최적 시설 설치계획 : 수영장 1개, 헬스장 1개, 실내경기장 1개

2.2 이용인구 : 수영장 (8,000), 헬스장 (1,000), 실내경기장 (11,000)

3 최적값 75, 고소득 1지역 A시설 = 20, 저소득 2지역 A 시설 =15

4.1 최적 시설계획 : 시설 1, 시설 2, 1개씩 설치

4.2 이용인구 : 1시설 2지역 (60), 1시설 3지역 (130)
2시설 1지역 (100), 2시설 4지역 (180)

5.1 최적 시설계획 : 시설 A, 시설 C

5.2 최적 시설계획 : 시설 A, 시설 B, 시설 C

5.3 최적 시설계획 : 시설 A

5.4 최적 시설계획 : 시설 A, 시설 C

5.5 최적 시설계획 : 시설 B, 시설 C

5.6 최적 시설계획 : 시설 B

5.7 최적 시설계획 : 시설 A, 시설 C

5.8 최적 시설계획 : 시설 B, 시설 C

5장 이차계획법

1. 투자대안 x (48.7%) y (51.3%) 최적값 (0.247)

2. 투자대안 x (1/6), y (1/4), z(7/12) 최적값 (4.5)

3. 최적 집배송센터 x 좌표 (17.6), y 좌표 (10.6)

4.1 최적 광고계획 : TV (87.5%), 신문 (12.5%), 최적값 (2.531)

4.2 최적 광고계획 : TV (70%), 라디오 (2%), 신문 (28%), 최적값(2.47)

5. 최적 투자계획 (A=0.103, B=0.099, C=0.295, D=0.354)

6장 목표계획법

1.1 최적 사업계획 : 사업대안 1 (6.45), 사업대안 2 (6.45)
자역 1 (12.9), 지역 2 (6.45), 지역 3 (6.45)

1.2 최적 사업계획 : 사업대안 1 (8.6), 사업대안 2 (4.3)
자역 1 (12.9), 지역 2 (8.6), 지역 3 (4.3)

1.3 최적 사업계획 : 사업대안 1 (12), 사업대안 2 (7)
지역 1 (19), 지역 2 (12), 지역 3 (7)

1.4 최적 사업계획 : 사업대안 1 (12.5), 사업대안 2 (6.25)
지역 1 (18.75), 지역 2 (12.5), 지역 3 (6.25)

2.1 최적 시행계획 : 사업 1 (11.5), 사업 2 (73.1)
목표 1 (7,730), 목표 2 (727)
(목표만 바뀐다고 최적해는 달라지지 않음)

2.2 최적 시행계획 : 사업 1 (16.6), 사업 2 (66.8)
목표 1 (7,668), 목표 2 (700)

2.3 최적 시행계획 : 사업 1 (30.76), 사업 2 (61.53)

2.4 잠재가격 : 자원 1 (-0.231) 자원 2 (-1.615)

7장 비선형계획법

1.1 x = 2, y = 2

1.2 x1 = 2, x2 = 1, y = 15

2.1 x1 = 17.29, x2 = 49.35, 최적값 = 2,162

2.2 잠재비용 = (0, 0) 잠재가격 = (0, 0, 43.2)

8장 수송계획법

1. 경제적인 수송계획법 : (최적값 10,350)

구 분		공급처		
		A	B	C
수요처	1	60	0	40
	2	20	100	0
	3	0	0	50

2. 경제적인 수송계획법 : (최적값 10,230)
   2의 수요증가로 인하여 1의 공급은 100에서 76으로 감소됨

구 분		공급처		
		A	B	C
수요처	1	36	0	40
	2	44	100	0
	3	0	0	50

3. 경제적인 수송계획법 : (최적값 8,600)
   B의 공급저하로, 가장 큰 타격을 받는 곳은 1 지역으로 50 배정됨

구 분		공급처		
		A	B	C
수요처	1	10	0	40
	2	70	50	0
	3	0	0	50

9장 DEA

1.1. 효율성 지표 : 1.0, 1.0. 0.969, 1.0, 0.809
매장 3, 매장 5는 비효율로 분석됨

1.2. 매장 3의 잠재가격 = (0.543 0.659 0 0 0)
매장 5의 잠재가격 = (0.356 0.259 0 0 0)

2.1 효율성 지표 : 1.0 1.0 0.9690 0.9896 0.8091
매장 3, 매장 4, 매장 5는 비효율로 분석됨

2.2 매장 3의 잠재가격 = (0.543 0.659 0 0 0 0 0)
매장 4의 잠재가격 = (0 0.833 0 0 0 10.41 0)
매장 5의 잠재가격 = (0.356 0.259 0 0 0 0 0)

10장 네트워크 분석

1. 최적 설비계획 : 2년 마다 새로운 설비로 교체함

2. 최적경로 : (1) 1 - 2 - 5 : 20 (비용 14)
(2) 1 - 3 - 5 : 40 (비용 15)
(3) 1 - 2 - 4 - 5 : 10 (비용 19) : 총비용 (48)

11장 PERT/CPM

11.1-1) PERT Network는 생략함

11.1-2) PERT 계산표와 Critical Path는 다음의 표에서와 같다

Node	Te	Tl	여유시간	Critical Path
1	0	0	0	*
2	2	5	3	
3	14	14	0	*
4	4	4	0	*
5	4	4	0	*
6	15	15	0	*
7	26	26	0	*

· Critical Path : 1 - 4 - 5 - 6 -7
1 - 5 - 6 - 3 - 7
1 - 5 - 6 - 7

· Critical path 관련 단위활동 : B, C, E, G, H

11.2 -1) 단위활동의 기대 소요시간과 분산은 다음과 같다.

기대 소요시간 = (OE + 4*Me + PE) / 6

분산 = ((PE - OE) / 6) · 2

단위활동	기대 소요시간	분산
A	5.00	1.00
B	5.83	0.03
C	5.00	0.44
D	7.67	0.44
E	10.00	1.78
F	7.00	0.44
G	5.00	0.44
H	7.17	0.69
I	5.67	0.44

11.2-2) PERT 계산표와 Critical Path는 다음의 표에서와 같다

Node	Te	Tl	여유시간	Critical Path
1	0	0	0	*
2	5	5	0	*
3	10.8	16.5	5.7	
4	18.5	24.2	5.7	
5	10	10	0	*
6	17	17	0	*
7	17	17	0	*
8	24.2	24.2	0	*
9	29.9	29.9	0	*

· Critical Path : 1 - 2 - 5 - 6 - 7 - 8 - 9
1 - 2 - 5 - 7 - 8 - 9

· Critical Path 관련 단위활동 : A, C, F, G, H, I

12장 재고분석

12.1-1) 경제적 주문량 : 100개

2) 주문회수 : 50회

12.2-1) 경제적 주문량 : 112개

2) 주문회수 : 45회

13장 수요예측 및 회귀분석

13.1-1) 이동평균법

시각	인 구	이동평균1	이동평균 2	예측치
1	106,100	-	-	-
2	107,595	-	-	-
3	109,103	107,750	-	-
4	110,572	109,250	-	-
5	111,939	110,710	109,400	-
6	113,088	112,050	110,840	109,400
7	114,154	113,190	112,170	110,840
8	115,174	114,260	113,300	112,170
9	116,133	115,270	114,360	113,300
10	117,060	116,230	115,370	114,360
11	117884	117,140	116,320	115,370
12	118,693	117,960	117,220	116,320
13	119,483	118,770	118,050	117,220
14	120,235	119,560	118,850	118,050
15	121,047	120,320	119,630	118,850

2) 지수평활법

시각	인 구	이동평균1	예측치
1	106,100	106,450	-
2	107,595	203,400	106,450
3	109,103	292,160	203,400
4	110,572	373,520	292,160
5	111,939	448,110	373,520
6	113,088	516,380	448,110
7	114,154	578,900	516,380
8	115,174	636,180	578,900
9	116,133	688,700	636,180
10	117,060	736,890	688,700
11	117884	781,080	736,890
12	118,693	821,670	781,080
13	119,483	858,980	821,670
14	120,235	893,320	858,980
15	121,047	925,040	893,320

3) 1차식 : y=106,190.4 + 1,045.04 *t

2차식 : y=8,793.53 + 28,548.13*t - 14,038.40*t^2

4) 대수식 : y=ln(106,190.4 * 1,045.04 ·t)

5) 지수식 : y=106,360.8 * 1.01·t)

6) 수정지수 : y=200,000-94,061.03 * 0.99·t

7) 수정지수 : y=130,495 -25,093 *0.934·t

8) 곰뻬르쯔 : ln(y)=11.77 - 0.1988*0.927·t

13.2-1) 회귀식 : y=-16.64 -0.11x1+0.14x2+0.05x3

2) 6.86

13.3-1) MATLAB 프로그램은 다음과 같다.

```
>> plot (x,y,'+');
```

2) MATLAB 에서는 “tstool”을 이용하여 시계열 분석을 수행한다. 프롬프트에서 “tstool”을 입력하여 다양한 시계열을 검토한다.

14장 의사결정과 게임이론

14.1-1) 기대값 기준 : (15.9, 12.6 8.9) -> 대안 1

2) 기대 기회손실 기준 : (7.3 3.95, 0.35) -> 대안 1

3) 최우 미래기준 : 최고 발생확률 (0.4) : 17, 16, 9) -> 대안 1

4) 요구수준 기준 : (0.35+0+0.4 =0.75), (0+0+0.4=0.4), 0 -> 대안 1

14.2 -1) 라플라스 기준 : (15.7, 12.3, 9.0) -> 대안 1

2) Maximin 기준 : Max (14, 9, 8) -> 대안 1

3) Maximax 기준 : Max (17, 16, 10) -> 대안 1

4) 후르비츠 기준 : Max (15.8, 13.2, 9.2) -> 대안 1

5) Minimax 기준 : Min (0, 3.4, 7.0) -> 대안 1

14.3) 순수전략 : 사업대안 a1, 사업대안 b3 -> 안점 33

15장 AHP

15.1 중요도 = 0.3023 0.2046 0.1086 0.1615 0.2229

CI = 0.0595, CR=0.0536

15.2 종합평가치 = (0.5525, 0.4475)

CI = 0, CR = 0

16장 ANP

16.1 2 Super Matrix : 다음 페이지 참조

16.3 실행계획 비중 : (s1, s2) = (0.60, 0.40)

16.4 평가기준 : (c1, c2, c3) = (0.47, 0.19 0.39)

16.5 실행 대안 가중치 : (A1, A2, A3) = (0.42, 0.28, 0.35)

· Super Matrix : Feed Back 없는 경우

	계획 1	계획 2	주민성	상징성	이용성	A1	A2	A3
계획 1	0	0	0	0	0	0	0	0
계획 2	0	0	0	0	0	0	0	0
주민성	0.682	0.143	0	0	0	0	0	0
상징성	0.216	0.143	0	0	0	0	0	0
이용성	0.103	0.714	0	0	0	0	0	0
A1	0	0	0.784	0.117	0.084	1	0	0
A2	0	0	0.135	0.693	0.211	0	1	0
A3	0	0	0.081	0.200	0.705	0	0	1

· Super Matrix : Feed Back 있는 경우

	계획 1	계획 2	주민성	상징성	이용성	A1	A2	A3
계획 1	0	0	0	0	0	0.750	0.833	0.125
계획 2	0	0	0	0	0	0.250	0.167	0.875
주민성	0.682	0.143	0	0	0	0	0	0
상징성	0.216	0.143	0	0	0	0	0	0
이용성	0.103	0.714	0	0	0	0	0	0
A1	0	0	0.784	0.117	0.084	0	0	0
A2	0	0	0.135	0.693	0.211	0	0	0
A3	0	0	0.081	0.200	0.705	0	0	0

17장 마르코프 분석

17.1 (1) 전이확률 t = $\begin{pmatrix} 0.8 & 0.2 \\ 0.7 & 0.3 \end{pmatrix}$

(2) $\pi 1, \pi 2 = 3/5, \quad 2/5$

(3) 365 * 3/5 = 219 (일)
365 * 2/5 = 146 (일)

17.2 (1) 전이확률 =

0.625	0.313	0.063	0.000
0.000	0.522	0.348	0.130
0.000	0.000	0.778	0.222
0.000	0.000	0.000	1.000

(2) 4년후, 불량으로 변화 될 확률은 0.452

0.000	0.272	0.452	0.276

(3) 안정상태 = [0.25 0.25 0.25 0.25]

찾아보기

G

H

I

L

M

N

O

P

Q

저자약력_이재길

한양대학교 졸업
일본 쓰쿠바대학, 대학원 박사
현재 한양대학교, 아주대학교 출강 중

MATLAB®을 활용한
의사결정

A-JIN

지은이와 협의 인지 생략

인　　쇄 : 2012년 12월 10일
발　　행 : 2012년 12월 15일
저　　자 : 이재길
발 행 처 : 도서출판 아진
135-010
서울시 강남구 논현동 148-19 한미빌딩 201호
TEL:02-737-0663 FAX:02-737-0664
Homepage:ajin.to
E-mail:kgb@ajin.to
발 행 인 : 김 근 배
등록번호 : 제300-1995-56호
ISBN : 978-89-5761-340-5 93320

가격 25,000원